◆ 新时期教师职业技能强化训练丛书

U0664353

新时期班主任工作技能
强化训练

李素敏　主编　　王子悦　　副主编
　　　　　　　　肖海洋

中国林业出版社

图书在版编目（CIP）数据

新时期班主任工作技能强化训练/李素敏主编. —北京：中国林业出版社，2011.4（2016.9 重印）
（新时期教师职业技能强化训练丛书/杨国全主编）
ISBN 978 – 7 – 5038 – 6102 – 4

Ⅰ.①新…　Ⅱ.①李…　Ⅲ.①中小学 – 班主任工作 – 教师培训 – 自学参考资料
Ⅳ.①G635.16

中国版本图书馆 CIP 数据核字（2011）第 035974 号

本书编者：（以姓氏笔画为序）
　　　　王子悦　刘行英　安　平　吕　娜　李　明
　　　　李素敏　肖海洋　郝伟岐　秦美静　傅祥南

出版：中国林业出版社　（100009　北京西城区刘海胡同 7 号）
E-mail：Lucky70021@sina.com　电话：010 – 83143520
发行：新华书店北京发行所
印刷：三河市祥达印刷包装有限公司
印次：2016 年 9 月第 1 版第 3 次
开本：700mm×1000mm　1/16
印张：14.75
字数：220 千字
印数：4001～6000 册
定价：28.00 元

序

　　我国现在的基础教育，一方面国家大力推行课程改革，要求更新教育观念，树立新课程理念，转变教学方式，全面关注、尊重、理解、信任、爱护学生；另一方面"应试教育"还大有市场，社会、家长甚至学校大都仍以升学率特别是名校升学率作为评价教师水平的唯一标准，使得许多教师既不适应"转变教学方式"的要求，又承受着"管又不敢管，不管又不行"的多重压力，感到不堪重负，有心力交瘁之感。"教师难当"感慨万千。

　　"感慨"反映了新课程改革形势下素质教育与"应试教育"及传统课程教学观念、行为方式的多重冲突。从深层上看，"教师难当"既反映了广大教师做好教育工作的拳拳之心，也反映了新课程改革下的"素质教育"、"全人教育"，对教师业务素质、职业技能的更高要求。

　　新课程标准十分强调学生的自主学习、自主选择、自我发展，要求指导学生把接受学习与探究学习很好地结合起来，把自主学习与合作学习很好地协调起来，把课内学习与课外学习很好地结合起来。

　　新一轮课程改革要求改变课程过于注重知识传授的倾向，强调形成积极主动的学习态度，使获得基础知识与基本技能的过程同时成为学会学习和形成正确价值观的过程；改变课程结构过于强调学科本位、科目过多和缺乏整合的现状，整体设置九年一贯的课程门类和课时比例，并设置综合课程，以适应不同地区和学生发展的需求，体现课程结构的均衡性、综合性和选择性；改变课程内容"难、繁、偏、旧"和过于注重书本知识的现状，加强课程内容与学生生活以及现代社会和科技发展的联系，关注学生的学习兴趣和经验，精选终身学习必备的基础知识和技能；改变课程实施过于强调接受学习、死记硬背、机械训练的现状，倡导学生主动参与、乐于探究、勤于动手，培养学生搜集和处理信息的能力、获取新知识的能力、分析和解决问题的能力以及交流与合作的能力；改变课程评价过分强调甄别与选拔的功能，发挥评价促进学生发展、教师提高和改进教学实践的功能——新一轮基础教育课程改革对原有课程体系和课程观念进行的彻底变革，对原有课程价值观和课程教学观进行的重大调整，都对教师的业务素质、职业技能（专业化发展）提出了崭新的要求。

新世纪之初，教育部颁布了《基础教育课程改革纲要（试行）》确定了改革目标，研究制定了各门课程的课程标准或指导纲要，启动了新中国成立后第八次大规模的基础教育课程改革，在全国全面推行新的基础教育课程体系；2010 年，教育部还颁布了《国家中长期教育改革和发展规划纲要（2010－2020 年）》，这个教育规划纲要提出了"优先发展、育人为本、改革创新、促进公平、提高质量"的 20 字工作方针。

教师职业技能是教师综合素质的重要组成部分，其职业技能水平的高低，直接影响着教育教学的效果，所以不断提高教师职业技能水平，提升教育教学质量是教师继续教育的重要内容之一。"新时期教师职业技能强化训练丛书"是中国教育学会"十一五"科研规划重点课题"名师教学思想与教法研究"的组成部分，是依据《基础教育课程改革纲要（试行）》《国家中长期教育改革和发展规划纲要（2010－2020 年）》的 20 字方针，基于新时期教师职业技能培训，归纳新时期基础教育必备的基本功。编写目的是为新课程改革形势下我国中小学教师和管理者专业技能与业务技能培训、学习提供教材、参考用书。在编写上，融有关规定、最新经验与理论整合、理论分析与操作指导于一体，力争做到理论概括与操作指导的统一，突出即学即用的操作性、时代性，期望本套丛书能够对现阶段中小学的管理者与广大教师专业技能提升发挥切实的指导作用。

编　者

2011 年元月

目　录
CONTENTS

导 论

一、班主任基本任务及专业化对班主任工作技能的新要求

（一）班主任的概念

班级是构成学校教育的基本单位，班级的教学管理工作、学生管理工作是学校教育的重要环节。班主任是由学校任命，全面负责每个班级管理工作的教师。我国 1988 年颁布的《中学班主任的暂行规定》指出："班主任是班集体的组织者、教育者和指导者，是学校领导者实施教育、教学工作计划的得力助手。班主任在学生全面健康的成长中，起着导师的作用；并负有协调本班各科的教育工作和沟通学校与家庭、社会教育之间联系的作用。"

因此，班主任工作对于班级几十名学生的成长，班集体的建设及学校教育工作都起着十分重要的作用。这就要求班主任除了有较高的思想政治觉悟，较好的道德品质，能够以身作则，热爱学生，认真贯彻党的教育方针，组织工作能力强，教育经验丰富之外，还必须掌握相应的工作技能。班主任是学校中负有特殊使命的教师，只有掌握了班主任的特殊工作方法，具备班主任的工作技能，才能做好班主任工作。

（二）班主任的基本任务及专业化标准

1. 班主任的基本任务

班主任的基本任务是在学校领导的指导下，按照德、智、体、美全面发展的要求，开展班级工作，培养良好的班集体，全面关心、教育和管理学生，使他们的身心得到全面健康的发展，长大能够成为有理想、有道德、有文化、有纪律的社会主义公民。

班主任工作的任务有以下几个方面：

（1）管理班级

管理班级是使班级在班主任组织领导下，成为一个团结向上、井然有序、运作正常的集体。这中间，班主任的任务就是通过教育、组织工作，通过规章制度和发挥学生的多方面积极性、主动性，使班级按预期目标发展。班主任管理班级，有对学习活动的常规管理，如上课、课外作业、考试、自学等；有对学生生活纪律的管理，如考勤、作息安排、清洁卫生、执行守规等；有对班级组织建设的管理，如选建班委会、指导班干部工作、选拔活动负责人等；有对班级活动的计划管理，如制定班主任工作计划与工作总结、短期活动计划、分项工作计划等；有对班级评价的管理，如学生的总体评价，单项评价（操行

评定、学习评定、身体评定、阶段评定等），对学生的奖励、惩罚、表扬、批评等；有对偶发事件的管理等。班级管理是一项复杂工作，做好这项工作是班主任的基本功，是对其工作要求的集中体现。

（2）指导班级工作

班主任要对班级的各种活动加以指导帮助。班级活动包括日常学习活动，团队活动，组织文娱与体育活动、社会实践活动、班会活动、科技特长兴趣活动、参观访问调查活动、军训与旅游活动等，范围十分广泛丰富。班主任要认真思考，精心计划，周密组织，切实领导好这些活动，以此加强班级的凝聚力，促进学生成长。是否具备该方面的技能，是班主任能否胜任工作的衡量尺度。

（3）教育影响学生

班主任的工作任务要求其具有教育影响学生优势和责任，如对学生进行思想政治方面的教育、政治态度的教育；伦理道德及行为规范养成上的态度与方法的教育；身心健康的教育；适应社会的人际交往礼仪等能力的教育等。班主任要把这些任务归结到培养学生立志、修身、成长、进取、适应社会等方面。这也要求班主任有相应的工作技能。

（4）协调科任教师关系

班主任要与班级任课教师共同协调以求达到一致的教育目的，还要与校内各部门协调以取得支持和理解。协调、合作技能也是班主任工作技能的重要组成部分。

（5）沟通家长

班主任的工作职责要求其注重学生的家庭教育，密切与家长的联系，以使学校和家长取得教育上的共识，得到家长的支持并共同研究教育方法。

（6）联系社会

班主任的工作职责要求其重视沟通社会的工作，加强与社会的联系，使社会和学校形成积极的正向教育合力，降低不利的社会影响。为此，班主任要加强沟通技能训练。

（7）为学生服务

上述各项技能都是为学生服务应具备的技能。班主任要为学生的生活服务，像身体保健、卫生状况、具体困难等；为学生的文化学习服务，如提高其文化素质和学习水平等。班主任要实现服务育人，也须具有较好的工作技能。

班主任要完成工作任务，就必须有与之相适应的教育技能，以此保证班主任工作的顺利进行。

2. 班主任的专业化标准

班主任是特殊类型的教师，班主任专业化是一种特殊类型的教师专业化，或者说是教师专业化的一个特殊方面。班华教授在《专业化：班主任持续发展的过程》一文中指出：班主任是学校任命或委派并负责组织、教育、管理学生班级的主任教师。组织、管理班级是班主任的工作，班主任的教育劳动与班主任的组织、管理工作是相互联系、相互渗透的，但又是有区别的。班主任教育劳动主要的、内在的目的就是育人，就是促进学生的精神发展，因此实质上是一种精神劳动，班主任是学校中的主要进行道德教育的教师；而在现实生活中，更多、更好地关心学生全面发展的是班主任，更多、更好地关心学生精神生活、精神发展的也是班主任，班主任是一个特殊类型的教师。因此，班主任专业化是特殊类型的教师专业化。精神关怀是班主任教育劳动的核心内容，也是班主任专业化的核心内容。[①]

关于班主任专业化的标准，国家还没有一个统一提法，但已有学者从国内外"专门职业"的标准，以班主任专业化内涵的理解为出发点，进行了初步探讨。比如杨连山在《班主任专业化刍议》中对班主任专业化标准归纳以下几个方面，即达到国家规定的学历标准，能在学习与实践中更新观念，逐步树立以素质教育观为核心的现代教育观念；深刻理解并掌握教师的职业道德规范，负起班主任应该负起的班主任职责；具有崇高的人格，把职业道德规范真正变成自觉的行动；树立终身学习的观念，坚持经常性在职进修，具有合理的知识结构，具有深厚的专业知识和专业技能，能广泛地吸纳班主任工作的最新理论，并运用到实践中；能够坚持以实践为基础，以先进的德育理论和班级管理理论为指导；对班集体的功能、运行机制等班集体建设中的诸多问题进行理论联系实际的研究，逐步成为发展教育文化的生力军；具有较强的专业能力，这不仅包括课堂教学能力，还包括学习能力、获取信息能力、研究学生家庭和社会的能力、交往能力、班集体的组织管理能力、组织班集体活动能力等等；使自己的专业具有较强的自主性和较大的权威性，学术地位和社会地位不断提高。[②] 这些标准均对班主任的工作技能提出了更高的要求。

二、班主任工作技能的理念、训练目标与原则

（一）班主任工作技能的理念

班主任工作技能是指教师在教育理论的指导下，在班主任工作实践中经过反复练习而逐步形成的迅速、准确、娴熟地开展班主任工作，及时、有效地完成班主任工作任务的一系列教育活动方式的总称。

班主任工作的行为方式是多种多样的，具体包括了解学生的行为、建设班集体的行为、做好个别教育工作的行为、统一各方面教育力量的行为、工作计

①　张芹，段作章．国内关于班主任专业化发展的研究综述［J］．文教资料，2008（21）．
②　刘国材．专业化是新时期班主任发展的必由之路［J］．甘肃教育，2009（02）．

划行为、工作总结行为、对学生进行日常行为规范训练行为、处理班级偶发事件行为、组织班会活动行为、组织节日及纪念日活动行为、组织学生开展文体活动行为、组织团队活动行为、对学生进行综合评定的行为、进行班级思想品德教育的行为、对学生青春期教育的行为、培养学生健康心理的行为、对学生进行升学与就业指导的行为等等。与上述工作行为相对应，班主任的工作技能也相应地分为了解学生技能、建设班集体技能、做好个别教育工作技能、统一各方面教育力量技能、班主任工作计划技能、班主任工作总结技能、对学生进行日常行为规范教育的技能、处理班级偶发事件技能、组织团队活动技能、综合评定技能、班级思想品德教育技能、青春期教育技能、培养学生健康心理技能、升学与就业指导技能等。

　　班主任工作实践性强，任务既广泛又具体。班主任工作的顺利开展与顺利完成，需要担任班主任工作的教师掌握相应的工作技能。班主任工作技能的基本作用表现为它是保证班主任顺利开展工作、完成班主任工作任务、促进学生个人和班级集体全面健康发展的重要因素，直接决定着教师班主任工作的质量与效率。因为技能表现为行为方式、心智活动的迅速性、准确性、有效性及其娴熟程度。教师能够迅速、准确、娴熟地了解学生和班级集体，组建班集体，做好个别教育工作，统一各方面的教育影响，组织好班级的各类教育教学活动，这是保证班主任的时间得到充分有效利用、班级活动得以正常开展、班主任工作任务得以全面完成的重要前提。

　　（二）班主任工作技能训练的目标与原则

　　班主任工作技能训练目标又称教师班主任工作技能训练任务，是指根据班主任职责、教师职业道德规范、班主任工作行为特点以及班主任工作技能形成发展的规律确定的科研技能训练必须达到的基本要求，表现为科研技能训练必须使自己掌握哪些具体技能，以及掌握技能的基本措施与程度。

　　确定科学、全面的班主任工作技能训练目标是教师班主任工作技能训练的首要问题。教师掌握必要的班主任工作技能是十分必要的。但一方面班主任工作技能具有种类多、复杂程度高、技术构成高等特点，另一方面影响班主任工作技能形成、发展的因素具有种类繁多的特点。因此，为使训练富有成效，就需要根据一定的依据确定出科学、全面的技能训练目标。

　　班主任工作技能由各种具体的技能构成，其形成和发展既具有周期性长的特点，又具有影响因素复杂多样的特点。确定班主任工作训练的首要目的，就是要控制班主任工作技能训练的方向与进程，把各个时期、各种具体技能的训练，协调到训练目标的要求上，使具体的训练工作自觉地按照训练目标的要求，防止训练的盲目性和其他不利因素的影响，进而最大限度地全面提高班主任工作技能训练的质量和效率，迅速有效地使自己掌握并不断提高班主任工作技能水平。其次，班主任工作技能训练目标也是确定训练内容、检查教师班主任工作技能形成与发展情况及班主任工作技能训练工作的基本依据。班主任工作技能训练是以一定的内容为中介，凭借一定的方式方法来进行的。技能训练的效果、教师班主任工作技能掌握与提高的水平也需要评价。由于班主任工作的复杂性与繁重性，班主任工作技能训练在时空上是相对有限的。因此，要提高技能训练的质量及效率，就必须有一定的目标规定，以指导内容的编制、活动的组织与效果的检查。有关技能训练的实践经验也表明，训练有没有明确的目标，教师对基本目标认识的程度如何，对于训练的质量、效率，教师班主任工作技能掌握及发展的方向与程度的影响是重大的。在班主任工作技能训练中，教师要明确认识训练的基本目标，按照基本目标的规定来制定和执行各种技能训练指导的具体目标，使具体目标反映基本目标的规定，并且按照基本目标的要求，认真对待技能训练的各个环节。

教师的班主任工作技能是教师在班主任工作实践中，经过反复练习、训练而逐步形成的。根据我国班主任的职责、班主任工作及班主任工作技能的特点，影响教师职业技能形成与发展的个体因素和职业技能形成与发展的规律，可将教师班主任工作技能训练的基本目标概括为"提高认识"、"掌握相关知识"和"形成技能技巧和职业活动能力"。

（1）"提高认识"目标

该目标包括两个方面：一是提高对从事班主任工作工作的认识及对掌握班主任工作技能必要性的认识，从思想认识上提高班主任工作技能训练的自觉性；二是认识班主任工作技能形成与发展的规律，通过了解、熟悉班主任工作技能的性质、特征、形成阶段等，从训练方法上提高技能训练的有效性。

（2）"掌握相关知识"目标

这一目标是要求在了解、熟悉的基础上，掌握与班主任工作技能训练有关的方式方法，目的在于使自己知道班主任工作技能在行为、活动方式方面的运作要求，以及如此运作的原因，以此提高班主任工作技能训练的操作性和成效。

经验和研究表明，知识和技能二者之间存在着密切的关系。在二者的关系中，技能的学习与获得是以一定知识，特别是处理具体事物方式方法的知识（包括惯例的知识、趋势和顺序的知识、分类和类别的知识、经验的知识、方法论的知识等）为基础的；离开了对有关知识的掌握和运用，学习某种技能是不可能的。一个人已经具备的知识是指导其需要怎样进一步认识和如何获得某种技能的向导。虽然技能学习过程中获得的直接经验（也属于知识的范畴）对下一步技能的训练，有一定的指导作用，但事先熟悉与技能有关的知识，在训练过程中有针对性地掌握某种行为方式在构成上的特点及操作要求，无疑地能够减少失误或不规范操作的次数，提高训练的效率。

所有技能在形成上都有一个认识阶段。所谓"认识"包含着对有关知识的熟悉和掌握。因此，是否熟悉、掌握有关知识，对技能的学习与形成有重大的影响。心理学是从"认知"的角度揭示知识在技能形成中作用的，认为人的身心内部存在着一种执行决策系统，其作用在于指引行为达到一定的目标。心理学对"认知"因素在技能形成和发展中作用的强调，表明知识是影响技能形成和发展的重要因素。他们的研究从发生学上说明了知识的作用。对于教师从事班主任工作来说，如果事先熟悉班主任工作技能的行为构成、操作要领等，其效果自然要好；若要进行自我训练，熟悉这些有关的知识就更为必要了。鉴于班主任工作技能的复杂性和多样性，以及教师工作的特点，教师自身的知识存量、理解水平和实践经历，教师进行班主任工作技能训练，应以有关方法论知识的学习为主。

（3）"形成技能技巧与职业能力"目标

这一目标是教师班主任工作技能训练的最终目标。它包括两个方面：一是掌握职业活动必需的技能技巧，二是形成与其班主任工作需要相一致的职业能力。前者是指通过训练熟悉并掌握各种班主任工作技能，即在班主任工作技能的训练中，要了解、掌握各有关的班主任工作技能，并在此基础上逐步能够灵活运用班主任工作的各种技能，达到能够顺利、准确运用的熟练化程度。

形成职业能力，这是教师班主任工作技能训练目标的深化，其要求是在保持、巩固科研技能基础上，进一步增强训练意识，掌握班主任工作技能的运作要求和训练方法，并增强创新意识，不断巩固、完善各有关的班主任技能，经过进一步的刻意训练提高，使形诸于内（心智活动）外（动作行为）的技能，内化为稳定的心理特征，形成一套具有独特风格的班主任工作技能体系，最终形成相应的班主任工作能力。

将职业技能内化为相应的职业能力，其目的有三：第一，巩固技能训练成果、提高技能水平的手段。班主任工作技能训练的直接的终极目标是形成一系列的班主任工作技能。但是初步形成的班主任工作技能，一方面需要巩固，另一方面也需要提高水平。这些都需要通过进一步的训练练习来实现。进一步训练学习的结果将使业已形成的班主任工作技能内化为稳定的心理特征。这样就能实现巩固技能、提高技能水平的双重目的。如果不在班主任工作技能形成的基础上进一步训练学习，使其内化为稳定的心理特征，形成能力，那么不仅会使技能停留在较低的水平上而得不到提高，而且业已形成的个别班主任工作技能也会因为得不到巩固而降低水平，直至丧失。虽然班主任工作技能和其他技能一样，具有形成后有不易遗忘的特点，但若不进一步强化训练，就不能使班主任工作百尺竿头更进一步。

　　第二，内化为班主任工作能力也是提高教师班主任工作能力的需要。能力俗称本领，是保证人们成功地从事实际活动的心理活动特征，它属于实际活动的范畴，反映着人从事实际活动的有效情况。班主任工作的复杂性、特殊性对班主任的工作能力有特殊要求：既必须具有一些基本能力，又必须具有诸如全面了解学生、科学运用思想工作方法、合理组织班级活动、准确评定学生操行等方面的特殊能力。具备并提高班主任工作能力需要加强学习、加强训练。根据著名心理学家艾宾浩斯的观点，过度学习、过度训练的结果，能使习得的知识技能转化为能力，并且一个人的能力常常是过度学习、过度训练的结果。因此，经过反复训练能使班主任工作技能内化为能力，不仅是巩固班主任工作技能训练成果、提高班主任工作技能水平的手段，而且也是形成班主任工作能力的手段。

　　第三，使习得的技能内化为职业能力，也是进一步掌握职业技能并提高职业技能的基础。这是因为班主任所需的工作技能，其复杂程度和技术构成都较高，掌握这一技能需要较高的认识及操作能力。同时由于教师劳动时空无限和复杂程度高的特点，班主任工作技能的训练主要取决于教师自身的觉悟和能力水平，加上班主任工作技能与能力之间具有互为因果性的联系，因此，将班主任工作技能进一步强化训练内化为能力，对于教师学习、训练、掌握其他技能具有很大的促进作用。

　　基于上述原因，班主任工作技能训练不能仅仅止于"形成技能"的目标上，应该在此基础上继续努力，将其内化为教师的职业能力。

　　综上所述，教师进行班主任工作技能训练所依据的原则为：

　　①通过学习与训练，掌握班主任工作相关技能的知识与理论。这是有效开展班主任工作的前提条件。

　　②通过训练掌握各项技能，并能熟练应用各项技能。

　　③不断巩固、完善相关技能，形成班主任工作能力。

第一章　班主任沟通工作技能

本章主要介绍了班主任沟通的工作对象：学生与家长。对学生个体生活的基本情况：学校环境、家庭环境以及社会环境进行了深入探讨，并深入分析了学生的个体特征，包括本质特征、生理特征以及心理特征，最后列举了一些常见的班主任与学生沟通的方法。除了学生以外，家长也是班主任工作的重点对象，学生的发展不只是学校的任务，家长更是担当着重大责任，班主任则是使学校教育与家庭教育有机结合的关键桥梁，所以班主任要充分了解家长的特点，针对不同特点的家长采取不同的方式与其沟通，并建立完善的家校联系制度，使家长真正参与和配合班级或学校的工作，促使学校与家长共同为学生的健康发展做出努力。对学生和家长的探讨是班级管理工作以及班级活动顺利实施的基础，是班级教师集体与班集体建设的前提条件，是班主任顺利实施心理辅导与问题生教育的重要保障。

第一节　班主任与学生的沟通

一、了解学生的意义

班主任工作的核心就是管理学生，包括在学业方面以及生活的方方面面，若想正确地管理、指导学生，就要对学生有深刻的了解。了解学生是班主任应具备的基本素质，它体现了班主任的工作水平与教育艺术。不能了解学生，就不能做好班主任工作，就不能成为一个好的班主任。缺乏对学生的了解会造成对学生的不良影响，甚至会影响学生以后的发展，所以了解学生是班主任工作的基本要求，对搞好班主任工作具有重要的意义。

了解学生是教育学生的基础，是培养学生的前提，是班主任工作顺利完成的基本保障。当今的学生具有丰富的个性特征，他们的智力因素与非智力因素都不一样，每个人之间都存在差异，并且青少年时期学生的智力因素和非智力因素处在一个急剧变化的时期。青少年的身心发展特征具有差异性和发展性，教师应抓住学生的差异性因材施教、对症下药；抓住学生的发展性，用发展的眼光来看待学生。

了解学生还有利于良好师生关系的建立。教师主动深入了解学生，敲启学生的心灵之门，真诚地引导学生，尊重学生，学生反过来也会更加信赖老师，师生关系融洽，彼此相互理解和信任。

二、学生个体存在的环境

（一）学校环境

1. 学校环境的基本要素

这里所提到的学校环境是指学校内部环境，主要包括学校教学的硬件设施、学校的自然环境、学校领导的行政管理、任课教师的教育教学、丰富的文化活动、同伴的交往、校风等。学校环境是实现学校教育培养目标的主要条件，良好的学校内部环境，是班级取得教育成就、实现班级培养目标的根本保证①。良好的学校环境对学生个人的成长发展有很大的影响。

（1）学校教学硬件设施

学校的硬件设施主要包括教室、教学设备、实验室、图书馆、活动场地、学生食堂以及学生宿舍。学校的硬件设施是实施教育教学的基础，没有相应的硬件设施，教育教学就不能顺利进行。教室是实施教学的主要场地，首先，教室为学生的安全提供保障，这是最基本的，所以，班主任要定期对教室进行严格的检查，确保消除安全隐患。其次，教室要为学生提供良好的教学环境，要保持教室的卫生与整洁，使学生在良好的教学环境下学习，班主任要培养学生良好的卫生习惯，将卫生工作落实到学生的实际行动，保障学生每天都在干净整洁的教室学习。班主任在班级卫生工作中要指导学生做好值日工作，在每天上课前检查清扫是否到位；利用学校卫生评比工作，培养班级荣誉感，增强班级凝聚力，并逐步使良好的卫生习惯真正变成学生的内在需要。

教学设备是教育教学顺利实施的主要条件，基本的教学设备包括课桌、黑板、粉笔以及书本等。另外，学校现代化视听设备的逐渐丰富大大提高了学生的学习效率，例如，电脑、电视以及其他多媒体设备的安装。班主任首先要增强自己使用现代化教学设备的能力，并指导学生正确使用先进的教学设备，不仅要让学生体会到现代化设备的高效性，也要让学生体会运用现代化教学设备学习的趣味性。比如，运用电脑制作生动的 Flash，观看一些感人的电视，通过这些鲜活的实例来告诉学生电脑不只是用来玩游戏，电视也不只是用来消遣。实验室与图书馆也是学校必不可少的建筑设施，他们为学生的学习提供了更广阔的空间，扩大了学生的视野，所以，实验室与图书馆越来越成为学校不可缺少的硬件设施。班主任要多鼓励学生去图书馆学习更加丰富的知识，扩大自己的视野，而不只是限于书本知识的学习。比如，可以开展"每周一本书"活动，让学生将一周内读过的书做好读书笔记，并在课堂上进行交流。活动场地主要是对学生实施智力培养以外的发展学生其他方面才能的教学场地，如操场是实施体育教育的场所，对学生的身体发展起着重要的作用。有的学校还拥

① 刘福国等．班主任工作概论［M］．重庆：重庆出版社，1991：11.

有一些实施艺术教育的教室、比如美术室、音乐室等，培养学生的艺术才能。学生食堂与学生宿舍是学生生活不可缺少的基本场所，饮食与住宿是学生生活的基础方面，良好的饮食与住宿环境对学生的身心发展有好的促进作用，反之则会不利于学生的身心发展。班主任不仅要关心学生的学习，也要时时刻刻关心学生的生活。关系生活条件差的学生是否吃得饱穿得暖，同时，也要时时刻刻引导学生尤其是条件好的学生不要奢侈浪费，养成勤俭节约的生活习惯。

（2）学校自然环境

学校自然环境即表面上的校容、校貌，也是学校环境的一个重要方面，校容校貌整洁、优美、充满生机，有利于学生心理上感到舒适、静谧；建筑物规划实用、美观，保护好那些能反映学校优良传统的物质设备和环境，赋予其教育的象征意义；环境布局应充分体现知识化、美化和绿化，使一草一木、一砖一瓦起到陶冶性情、激发美感、热爱知识、热爱学校、热爱生活的作用[①]。环境布局所体现出来的美化与绿化是指学校的自然环境要给人一种视觉上的舒服感，能够使学生神清气爽，在美丽舒适的环境下生活学习。而自然环境的知识化指的是更深层次的意思，就是说，学校的自然环境不应该只是表面的美丽，不应该只给学生一种视觉上的享受，更应该使自然环境具有一种人文气息，具有教育意义。例如学校的花园可以布置成具有教育意义的汉字形状，例如"自尊，自爱"；校园的石头上也可以刻上名人名言等。班主任应该充分利用这些鲜活的自然教材。例如，美术课上班主任可以让学生自己设计学校的花园面貌，提出一定要有美观化与知识化的要求；在留作业时，可以让学生观察并记录学校里既美丽又有教育意义的一角，并让学生记录自己的感受与建议；另外，利用学校整洁干净的自然环境，班主任还可以对学生进行环保教育。

（3）学校领导的行政管理

学校行政领导集体是以校长为首的学校一切工作的指挥中心，是学校的神经中枢[②]。学校领导的行政管理是一个学校健康运行的前提，是教师教育教学顺利进行的有力保障。学校领导的行政管理主要包括对学校发展规划的管理、对教师的管理以及对学生的管理。科学有效的行政管理方式有利于学校的健康发展、有利于教师有效的工作、有利于学生的顺利发展。

学校管理要坚持科学化、民主化的管理原则，二者的有机结合符合学校系统自身特点和管理规律，能够促进学校组织系统的正常运转，提高学校的教育质量和办学效益。

所谓学校管理科学化，就是使学校管理这一主观活动符合客观事物实际的

---

① 校园环境在学校心理生态环境中作用的研究，http：//shzx.jm.e21.cn/bencandy.php？id=61.

② 潘彬深．中学行政管理的和谐艺术［J］．中外教学研究，2008（1）．

过程。学校管理的科学化是相对学校管理的经验化而言的。它的内涵是指在正确理论和科学思维方法的指导下，按照法定和预设的规范程序，运用科学方法和技术手段进行管理的过程。学校管理的科学化主要包括学校管理观念的科学化、机构设置效率化、管理方法和手段的现代化、领导班子结构的最优化、学校管理人员的职、权、责统一化、决策科学化。

管理民主化是学校管理的客观需要。实行民主管理，实质在于调动全体师生的积极性。教师是管理的对象，又是管理的主体；学生是管理的客体，管理的对象，也是教育的主体。学校的每个成员，既参加管理又接受管理，都是处在管理与被管理的体系之中，都应该为实现学校的整体目标而相互合作，相互监督，相互协调，群策群力把学校管好。因此要实行民主化管理，充分发扬民主作风，调动全体师生的积极性、主动性和创造性，共同参与教学管理工作，依靠群体的智慧和力量把学校办好。实行民主管理，既要注意民主与集中的辩证统一，又要有一定的组织机构和制度作保证①。

学校领导对学生的管理大部分时间是间接地指挥，而直接对学生实施管理的就是班主任，班主任将学校的管理任务直接下达给学生，指导学生正确完成，所以班主任的管理理念与方式会直接影响学生的行动，班主任要坚持科学化和民主化的管理，科学化的管理可以促使管理的有效性和准确性，而民主化管理则可以促进学生的积极性和主动性。

（4）任课教师的教育教学

教育教学是学校工作的核心环节。学生在学校的大部分时间也是在教师的教育教学环境下成长的。教师的教育教学构成一种精神文化环境，这种精神文化环境由以下几种因素构成：教师的讲解与指导；学生的积极参与；同伴之间的探讨与竞争。教师的讲解与对学生的指导要遵循一定的科学指导思想，遵循一定的价值观念以及道德行为准则，科学的指导思想对学生的智力发展有促进作用，教师的价值观念与道德行为准则对学生有很大的作用，教师要有为教育事业作出重要贡献的伟大精神以及正确的价值观，同时教师要有高尚的品德，以身作则，言传身教。除了教师的讲解与指导外，最重要的就是学生的积极参与，学生要主动地学习，学生的主动学习会充分调动老师的情绪，与教师形成良好的互动。同伴之间的探讨可以使学生之间交换思想，互相帮助和提高，促进学习的积极性、趣味性，活跃班集体的学习氛围。

（5）丰富的文化活动

学校除了正规的教育教学活动外还有许多丰富的文化活动，例如，开学典

---

① 坚持以人为本和依法治校相结合推进学校管理民主化和科学化，http://stqz.stedu.net/jybk/qzjy/qzjy3/2-1.htm.

礼、升国旗、团员活动、举办艺术节、知识竞赛、校运动会等，这些活动丰富了学生的课外生活、激发了学生的兴趣、培养了学生的实践能力，有利于良好校风的形成。所以，学校不应只注重学生的学习成绩，还应该不断开展丰富的文化活动，给学生创造展示自己的机会，这样也有利于学生身心健康发展，促进和谐校园的形成。

丰富的校园文化活动对学生的身心发展具有重要的作用，班主任一定要高度重视。通过校园文化活动不仅可以培养学生的智力因素，更能够激发学生的非智力因素，不仅可以对学生进行智育，更能够对学生进行德育、体育、美育、劳育等，促进学生的全面发展。另外，丰富的文化活动具有较强的实践性，可以充分调动学生的主动性与积极性。班主任要充分挖掘校园文化活动所蕴含的教育性因素。例如，通过升国旗与团员活动可以对学生进行爱国主义教育，培养学生高尚的道德品质；通过举办艺术节可以充分挖掘学生的艺术才能，激发学生的兴趣；通过知识竞赛，让学生在竞争中取得进步，学会正确地对待竞赛结果，失败了不气馁，胜利了要懂得谦虚，并通过胜利或失败促使学生进一步努力；校运动会可以说是最能增强班级凝聚力的活动形式，学生总是充满了斗志，情绪情感比较丰富，运动会是最能激发学生斗志与情感的活动形式，运动场上响起的鼓励运动健儿的口号就足以使学生感到体育所蕴含的魅力，篮球比赛、足球比赛、接力比赛等团体项目可以使同学之间变得团结，无论比赛输赢，都会得到老师和同学的肯定，无论是胜利的喜悦还是失败的泪水都会激发学生坚毅的性格以及勇往直前的斗志。

（6）同伴交往

交往是人生活的基本方式，人不可能没有交往而独自生活，人生活在关系之中。同伴交往是学生在学校的基本生活方式，是学生所处的学校基本生活环境。学生通过同伴交往来认识自己，提高自己，逐步培养自己的社会意识。进入中学阶段，青少年的人际关系发生了明显的变化，他们对父母和教师的心理和情感交流日益减少，而对与同伴建立良好的人际关系的依赖却在增强，同伴交往是中学生人际交往的主体，是其身心健康发展及顺利社会化的基本要素[①]。不同的个体择友的标准不同，有的人喜欢与成绩好的人交朋友，有的人喜欢与人品好的人交朋友，有的人喜欢与志趣相投的人交朋友；有些学生能够主动地结交朋友，在交往过程中能主动与同伴进行交流、表现积极，而有些学生在结识新朋友时会比较被动，他们不愿主动出击，但在相处的过程中会变得积极主动，而有些学生既不会主动结交朋友也不会与朋友有积极的沟通交流，

---

① 韩仁生．中学生同伴交往的现状及其教育对策［J］．当代教育科学，2003（21）．

他们比较喜欢独来独往。中学生交友的目的性与小学生比起来也有了很多质的变化，变得更加复杂。班主任要多留意同学之间可能出现的矛盾，及时帮助他们解决矛盾，帮助学生理解什么是真正的友谊。

（7）校风

校风是一个学校的"人格"，对外表现了学校的魅力和个性，体现了学校的哲学信念和目标要求，对内营造了学生生活、学习的教育环境和组织氛围，影响校内成员价值选择、思维方式、精神风貌、心理健康、道德情感、行为习惯等[①]。校风由学生风气、教师风气和组织风气三大部分构成。校风表现在学校生活中时，与学校有关群体密切相关，与学生自己的生活、学习有关的各个方面，如同伴交往、人格特点（自尊自强、自立自信）、学习气氛（纪律氛围和学习氛围）以及兴趣爱好构成了学生风气；与教师的生活、教学有关的各个方面，如师生关系、教学态度、教学方式构成了教师风气；与学校整体有关的生活、工作方面，如学术氛围、集体生活、服务氛围以及学校特色构成了组织风气[②]。

南开中学从建立以来就一直以良好的校风而著称，在其成立之初，张伯苓校长高度重视校风建设，他认为："个人应具固有之人格，学校亦当有独立之校风。"[③]杭州师范大学的项红专研究员揭示了八条南开校风建设的成功经验和有益做法，对目前中学校风建设有很大的借鉴意义，这八条分别是：严格校规校纪、注重文明习惯养成、抵制社会不良影响、校长教师以身作则、培养集体意识、弘扬学校精神、注重环境熏陶、强调自觉自立[④]。

规章制度和组织纪律为校风建设提供强有力的保证，在成立之初，南开中学在教学和生活管理上就形成了一套完整的校规校纪，各项规章制度明确、详细地规定了学生该做什么，不该做什么；南开中学将学生的文明素养摆在突出位置，特别注重学生良好行为习惯的养成，并从生活、学习中一点一滴的小事入手对其进行培养；教育不只是学校的事情，家庭、社会对学生的成长同样具有很大的影响，南开中学为抵制社会不良环境对学生的影响，狠下工夫，使学生远离社会环境中的污浊；一所学校里，教职员工的精神面貌、行为举止会对学生产生重要的影响，张伯苓校长要求全校教职工："正人者，必先正己。要教育学生，必先教育自己"；南开中学非常重视集体意识、团体精神以及合作能力的培养，通过班集体和社团组织等集体的共同生活和学习使学生逐渐形成学校集体意识；学校精神是校风的精髓，张伯苓校长倡导百折不挠、艰苦奋

①② 范丰慧，黄希庭．中学校风因素结构的探索性分析［J］．心理科学，2005（3）．

③④ 项红专．南开校风建设揭秘［J］．中国德育，2009（1）．

斗、自强不息、勇于进取和一心为公的南开精神，正是依靠这种精神，张伯苓团结和凝聚广大师生员工，同心同德，艰苦奋斗，铸造了南开的辉煌①；校风建设需要营造文明、整洁和优美的校园环境，优美的环境可以陶冶学生的性情，养成良好的品格。正如张伯苓所说："青年学生日处此安定秩序、优美环境中，自必潜心默修，敦品励学，养成一种笃实好学之良好校风。"校风建设最终不能依赖严格的规章制度和组织纪律，关键要成为个人的内在需求和自觉行动，1923年9月3日，在南开中学第20周年的开学典礼上，他说："此次开学后，新生甚多，高二、高三学生一切行动务须自检，以作新生之表率。""本学期改革，在教务上，注重学生自修，以期养成学生自己负责任之习惯，庶几当将来应事，不致如旧日未受此种训练之学生，只是能盲从，不能自动。"

　　南开学校的校风建设既强调学校的作用，又重视家庭和社会的影响；既强调纪律强化，又重视人格感化；既强调物质环境，又重视精神建设；既强调个人习惯，又重视集体意识；既强调制度约束，又重视自觉自立②。

　　2. 学校环境存在的弊端

　　（1）学业负担不断加重

　　尽管现在素质教育吵得沸沸扬扬，然而，应试教育观念仍在支配着学校的教育教学活动，使得学生的学业负担越来越重，在应试教育的影响下，教育机构在为争取优秀生源和提高升学率的压力下不断给学生施加压力，中学重智育轻德育的现象仍然普遍存在，教育者主要还是以学生的考试分数作为衡量学生的标准，只要考试分数高就是好学生，每到考试，学生的心情就会十分紧张，总担心考试会失败。在强大的学习压力之下，有些学生常常表现为焦虑、失意、注意力不集中、对老师和同学的言行敏感、失眠、神经衰弱等症状。

　　大力推行素质教育既是时代的必然要求，也是教育事业兴旺发展的不竭动力。班级是学校对学生进行教育和教学工作的基层单位，而班主任则是班级的组织者和领导者。一个班级能否培养出高素质的学生，在很大程度上取决于班主任。为了适应时代的要求，班主任必须改革传统的教育管理方法，不断探索新的教育管理模式，寻求一条适应素质教育发展的新路子。在实施班级素质教育的过程中，班主任要注意做到以下几点：转变教育观念，深入学习现代教育理论，不断提高自身的素质。应试教育观念下，一些班主任常把学生的成绩放在第一位，对学习好的学生宠爱有加，对成绩差的学生则往往只看到他们的缺点，这种做法造成了后进生的心理负担，使其逐渐对自己失去信心，产生自卑心理。班主任要秉持素质教育观念，既要看重学生的学习成绩，又要看重他们的思想品质，既要重视能力的提高，又要重视良好的个性心理品质，并深入挖

―――――――――――

①② 项红专. 南开校风建设揭秘［J］. 中国德育，2009（1）.

掘学生在某些方面的潜力。

（2）教师错误的教育方式

教师的教育方式直接影响教育教学活动的结果，正确的教育方式会得到好的效果，而错误的教育方式不仅不会得到好的效果，甚至还有可能带来更多的问题。教师的教育方式作为影响学校教育教学活动的重要因素，是学校环境的一个重要方面，直接影响学生的身心发展。

在面对如何教育学生的问题时，许多教师不能够采取正确的教育方式，对学生的身心发展造成了很大伤害，有些老师不能够尊重学生，不能与学生平等相处，学生有一点事情做得不对就对其恶言中伤或是体罚学生，当然，这样的老师只是少数，然而许多老师对学生的关心、热爱不够，不能准确地了解其身心发展特点，尤其是学生在青春期阶段容易产生许多心理问题或矛盾，老师往往忽视学生的这些特点，而对学生的品行进行错误的评论。学生出现行为反常问题，就简单地认为学生的品行不正，而不注重引起学生行为问题的心理因素，在这种情况下对学生运用不恰当的管理方式，不但不利于问题的解决，反而使问题更加复杂化，逼学生走向极端，甚至有可能导致少数学生在人格上发育不健全。在具体的教育教学过程中教师要充分尊重学生、平等地对待学生、耐心地教导学生、不侮辱学生的人格、不体罚学生、包容学生的心理问题，对其进行科学地指导，最重要的就是用心去发现孩子的闪光点，并用孩子的优点去建立他们的自信，使其能够拥有自己的理想，并为自己的理想而奋斗。

案例 电影《放牛班的春天》

1949年的法国乡村，音乐家马修到了一间外号为"池塘之底"的男子寄宿学校当助理教师。学校里的学生大部分是难缠的问题儿童，体罚在这里司空见惯，学校的校长只顾自己的前途，残暴高压。性格沉静的马修从一群魔鬼般顽劣的孩子身上发现了原始的纯真——爱唱歌，马修尝试用自己的方法来改变这些孩子，他重新创作音乐作品，组织合唱团，决定用音乐的方式来打开学生们封闭的心灵。其中一个名叫皮埃尔·莫安琦的孩子是众多孩子中描述的焦点，通过他的改变历程可以看出马修是怎样用自己的人格魅力一步步将这个问题少年感化，并使其实现理想，获得成功的。

皮埃尔·莫安琦拥有非同一般的音乐天赋，但是单亲家庭长大的他，性格异常敏感孤僻、桀骜不驯，同时对母亲的依赖却不愿意表露，让马修头痛不已。

随着马修对孩子们的真诚感化，合唱团每天都在进步着，马修通过与皮埃尔·莫安琦的漂亮母亲沟通交流，使其对自己的儿子有了正确的看法，然而马修对皮埃尔·莫安琦母亲的感情也逐渐微妙起来，这一切都被皮埃尔·莫安琦看在了眼里。一次，马修与皮埃尔的母亲正在针对皮埃尔的将来交谈，皮埃尔从楼上把一瓶墨水洒在了马修的头上，皮埃尔的母亲当场气愤离去，马修追上去替皮埃尔解释。在随后的几天里，马修开始冷淡对待皮埃尔，每次合唱团唱歌，马修都跳过皮埃尔的独唱部分，并冷静地对皮埃尔说，少了你的独唱部分大家仍可以唱下去，所以，每次合唱团唱歌，皮埃尔只能在一旁旁观。

公爵夫人听说了马修的故事，所以特地来"池塘之底"聆听孩子们的合唱，而马修在这一天也有自己的打算。演唱开始前，公爵夫人发现了站在一角的孤立的皮埃尔，马修回答夫人"他是个特例"，之后，马修指挥，孩子们开始了演唱，优美的声音使观众似乎已经遗忘这个被孤立的孩子，可出乎意料的是，在合唱团唱完了前一段优美的旋律之后，轮到独唱部分了，马修转过身，像什么事情都没有发生过一样对皮埃尔作出了起唱的手势，导演对皮埃尔的反应作出了细致的刻画，马修三次邀请，而皮埃尔从惊讶，到直起身，再到手从裤袋里拿出来，从满是疑惑到惊喜，进而微笑感激。正如马修的画外音响起，"从皮埃尔的神情，我突然读到了很多的东西，自豪、被谅解后的快乐、还有，对于他是第一次的，懂得去感激。"

【分析】 马修用心去了解皮埃尔，用智慧去引导皮埃尔实现自己的理想，在他身上举手投足都闪现着人性的真实与光芒。马修对皮埃尔的了解是从他未参加合唱团以前，独自一人在教室里尽情歌唱的那一刻开始的，马修断定自己发现了一个天才，并将皮埃尔的敏感孤僻的性格看在眼里，帮助他改掉不好的习惯，引导他通往光明的道路，在皮埃尔将墨水泼到他身上后，马修对皮埃尔采取了冷处理的方式，这是正确的，马修并未与皮埃尔进行语言上的争辩，而是在关键的时候给予皮埃尔希望，这样能让皮埃尔更清楚地认识马修的人格魅力。没人比马修更了解皮埃尔，包括皮埃尔的母亲，马修正是用心发现了孩子的闪光点，从一开始就对这些被世人抛弃的孩子抱有信心，他相信自己一定可以改变他们，正是这种坚定，使马修获得了孩子们的尊重和爱戴，使孩子们重新看到了光明。

我们的学校里还存在着许多不能够用心了解学生的老师，尤其是作为班主任，在学生的生活与学习上担负着更多的责任，而班主任真正要做的就是用心发现每个孩子的优点，不放弃任何一个学生，这就需要马修一样的人格魅力与智慧，去引导每一个学生通往光明。

（3）良好同伴关系的缺失

随着时代的变化，当今的学校同伴关系也与以往不同，以往的同伴关系比较单纯，现在的中学生大都是 90 后，他们的世界观、价值观产生了很大的变化，其交往过程中功利性增强，同伴之间的攀比关系非常严重。90 后是心理脆弱的一代，在成长过程中备受宠爱，长期以自我为中心，使他们难以客观地认清自己在社会中的地位和作用，在与他人交往过程中表现得过于敏感，容易产生矛盾冲突，现在学校中常见的同伴之间的矛盾就是打架，欺负弱小同学。

另外对异性的吸引与好奇导致早恋问题的产生。

中学生处于生长发育的关键时期，如果处理不好人际关系，极易受到孤独、寂寞、自卑和疑虑等心理问题的困扰，甚至导致扭曲人格的形成。和谐的人际关系对学生具有特殊的激励和陶冶作用，在一个和谐、温馨、人人互相爱护的集体里，可以较大限度地调动学生的积极性，充分发挥学生的创造性。

中学生的身心特点，决定了他们迫切需要交往，需要与人分享。他们不再满足于老师和父母的教导，而是转向同伴和社会。他们交往的对象主要是同龄人，因为觉得有同感，所以同龄人之间相互影响。班主任要鼓励同学之间多沟通交流，指导学生参加班级的各项活动，在活动中学习与同龄人交往的能力，比如，让更多的学生做班干部等，促使学生积极、主动地交往。

班主任要教给学生交际的必要技能。首先，在外表上要给人以良好的印象，衣着整洁，修饰得体，养成良好的语言习惯。其次，在与人交往时要有一颗与人为善之心，要有友好相处的愿望，在交谈中要学会倾听别人的心声，真诚地对待你的同学，那么你的同学才会真诚地对待你，友情才可以继续下去；要学会互相帮助，积极帮助同学能够在学生集体中树立较高的威信；在自己的同学面前要谨防自傲，骄傲的人难以容人，别人也不愿意和骄傲的人在一起。再次，要启发学生解决交往中的矛盾。由于中学生的不成熟性，他们在处理问题的过程中常常是情感大于理智，容易产生不稳定的情绪，从而产生各种误会和矛盾。当学生中存在矛盾时，教师不要包办代替解决，而要及时给予引导和启发，让学生学会共同协商解决问题，学会冷静分析，必要时让学生作一个角色换位。对于经常与他人有冲突的学生，要请心理辅导教师给予专业的训练。最后，要教导学生谨慎交友，俗话说"近朱者赤，近墨者黑"，中学生正处于身心发展时期，其人生观与世界观还没有完全成熟，其辨别能力比较差，思想较易受人影响，在择友时，有时只是凭感觉和一时的意气，班主任虽然不能过多干涉学生的交往，但是也不能不管不问，谨防学生受到不良朋友的影响。

在以上不良校园环境的影响下，学生的身心正在不断遭受着摧残，问题学生不断产生，学校领导以及教师应该引起高度重视，改变教育观念，促进学生全面、健康地发展。教育是一种培养人的活动，既然是活动，就必须在一定的环境中进行。实施素质教育应当有一个与之相适应的环境，这个环境要靠人去创设。在实施素质教育中，既要转变教育观念，改革教学内容和方法，同时也要努力营造一个优美、和谐、催人奋进的校园环境①。校园环境从总体来看可以分为物质环境和精神环境，物质环境为教育教学提供可靠的保障，而精神环境则是最重要的，是整个学校环境的核心，所以，在学校环境建设方面，要重

---

①　校园环境在学校心理生态环境中作用的研究，http：//shzx. jm. e21. cn/bencandy. php？id =61.

视物质环境的丰富，更要重视精神环境的良性发展。

（二）家庭环境

家庭环境对学生的成长起着至关重要的作用，家庭的物质环境、父母的工作生活状况、父母的人格特征、教育观念、教育方式以及家庭氛围都直接影响孩子的心理健康，影响孩子健全人格的形成。

1. 家庭环境的基本要素

（1）家庭的物质环境

生活中所需要的各种设施和必备品构成了家庭的基本物质环境，物质环境是家庭生活的基础，优越的物质环境与贫困的物质环境会对学生的成长产生不同的影响。家庭经济条件好的学生会从内心深处产生一种优越感，比较自信，更愿意与人交往；家庭经济条件不好，会对孩子产生很大的心理压力，产生自卑感，不愿意与人交往。家庭环境干净、整洁有利于孩子养成良好的生活习惯，家庭的脏乱环境不利于培养孩子的良好习惯。

（2）父母的工作与生活交往状况

父母的工作状况会影响家长对孩子的关注程度，有些家长工作比较繁忙，与学生相处的时间比较少，对学生就可能了解不够，不能及时发现学生的问题。有些家长的闲暇时间比较多，可以有很多的时间来与孩子接触，能够及时教导学生。另外，家长的职业品质对孩子性格形成也有影响。据研究，工人的团结性、组织纪律性；矿工的吃苦耐劳和坚韧性；仪表工人的细心、精确性；农民的勤劳、朴实、诚实；解放军指战员的敏捷性、纪律性和自我牺牲精神；知识分子的爱科学、独立钻研、勤学好问的精神；中小幼教师的活泼、冷静、机智、敏感，对人的文明礼貌；医务人员的爱整洁、安静、沉着、耐性、富有同情心；商业上优秀服务员的和蔼、耐心、细致等等，都程度不同地影响着孩子性格和良好品质的形成[①]。家长的生活交往状况也会对孩子产生一定的影响，家长良好的社交关系与社交方式会对学生的人际关系产生正面的作用，反之则会对学生产生一定的负面作用。

（3）家长的修养与教育方式

家长的修养如品德、文化教养、操行等等对孩子的发展具有重要的影响。学生通过耳濡目染也会逐渐形成与父母相似的修养，所谓"近朱者赤，近墨者黑"讲的就是这个道理。父母的品格修养是父母修养的重要内容，对孩子性格、品德的形成起着举足轻重的作用。老一辈革命家为后人做出了很好的楷模，如董必武的女儿董良翚在回忆她父亲时说："他老人家总是站在社会、国家和人民的高度，去分析处理每一件事情，包括生活中的小事。父亲从不把我

---

① 陈佑兰. 家庭教育［M］. 北京：北京大学出版社，1990：82.

们看作自己的私有财产，他不赞同也不允许我们凭借父母的功绩和职权去经营个人的安乐窝，他要我们投身社会，自己踏出生活的路"①；父母文化知识的修养是培养教育孩子的重要条件，同时也能在孩子心目中获得较高的威信；父母在孩子面前除了必要的说教以外，更主要的是行动。孩子观察父母是细致的，父母言行不一，说一套做一套，就失去了对孩子的说服力，就无法对孩子严格要求。②

根据中科院王极盛教授的调查，可以把家长的教育方式分为四种类型：过分保护型、过分干涉型、严厉惩罚型、理解民主型③。过分保护型的家长什么问题都替孩子解决，其实质就是溺爱，培养出来的孩子对父母有强烈的依赖感，缺乏独立能力，容易造成自我中心，不懂得替他人考虑，不能够发展自己的个性；过分干涉型家长就是按照自己的意志来安排孩子的一切，孩子不能违背家长的命令，这种教育方式所造成的结果就是孩子缺乏主见，缺乏发散性思维与创造力；严厉惩罚型的教育方式很普遍，家长缺乏对学生的主动理解，通常很少正面肯定孩子，孩子做错事情以后，对待孩子态度生硬，方法简单，只是一味地责怪甚至打骂孩子，这种教育方式会严重伤害孩子的自尊心，从而产生自卑心理，并且还会使孩子的性格压抑，遇事唯唯诺诺，影响孩子健康人格的发展，然而有时候，这种高压式的教育方式也会使学生产生暴力心理，容易造成孩子的攻击性行为，甚至有可能会走上犯罪道路；理解民主型的家长能理性地指导孩子成长，尊重孩子的主体性，重视孩子个性的发展。

（4）家庭氛围

这里所指的家庭氛围主要是父母之间的关系所营造出来的气氛。夫妻和睦是良好家庭教育的开端。夫妻之间的爱情是维护夫妻、亲子关系的先决条件，从而也是良好家教与家风的开端④。

夫妻恩爱，父母对孩子慈祥和挚爱，就会在家庭中造成融洽温暖的心理气氛，这样的家庭心理气氛必定会成为孩子身心发育最深厚的土壤。孩子得到关心和爱护，获得爱和尊重的体验，就会心情愉快，身心皆健；反之则影响孩子的发展，甚至会毁掉孩子一生的幸福。不良的父母关系主要包括父母对抗、父母分居、父母离异、父母再婚。父母对抗又包括热对抗和冷对抗。热对抗是指父母之间有明显的矛盾冲突，常常激烈地争吵和打架，热对抗达到一定的严重程度就是家庭暴力，对抗时有的父母把子女当作自己发泄的工具，在这样的家庭环境下长大的孩子通常会产生两种异常行为，一是强烈的攻击心理，二是犯罪行为，许多研究表明，青少年犯罪与家庭暴力有关。冷对抗是指父母没有争

---

① ② 转引自陈佑兰．家庭教育［M］．北京：北京大学出版社，1990：86.
③ ④ 张书欣．成功家庭教育一本通［M］．东营：中国石油大学出版社，2005.

吵，但在心理和情绪上互相仇视对方，彼此很少交谈，夫妻感情淡薄。在这种家庭氛围下生活的孩子往往会产生心理抑郁；父母分居情况下，孩子容易产生分离焦虑情绪；父母离异对孩子来说无疑是一种沉重的打击和创伤，父母离异后孩子的心理异常表现常因人而异。有的孩子敏感厌烦、有的恐惧退缩、有的自卑猜疑、有的攻击性强或产生犯罪行为，多数孩子学业明显下降。父母再婚后，孩子突然进入了一个新的家庭环境、新的家庭关系中，不少子女对这种家庭关系有抵触心理，他们常常表现出情绪混乱，对父母产生仇视心理，易怀疑他人，容易产生自卑感。

对于处在不良家庭关系下的学生，班主任要给予更多的关爱，要时常对学生进行心理疏导，鼓励孩子多参加集体活动，还要走访学生家长，让其认识到家庭的氛围会对孩子造成什么样的影响，让家长对孩子投入更多的关心。

2. 家庭环境存在的弊端

家长给予孩子最多的是物质上的满足感以及对学生的智力发展的关注，可谓是望子成龙，望女成凤。家长对孩子物质上的要求比较重视，造成学生对物质的追求变得越来越严重，使学生变得功利化，家里条件不好的学生，物质上不如有钱人家孩子丰富，从而产生自卑感。对学生心理发展的忽视，使得很多家长不注重孩子健康人格的养成，有时甚至不知道孩子在想什么，孩子也觉得父母不了解自己，同时由于这一时期孩子的独立意识显著增强，从而使得学生更加封闭自己的内心，不愿与家长交谈，造成家长与孩子之间的隔阂。另外，现在的家长对孩子期望太高，尤其是在应试教育的影响下，许多家长只重视学生的学习成绩，希望孩子能够考上好的大学，而对孩子的兴趣、孩子本身所具有的身心发展水平、认知水平、智力水平都不够了解，认识不到孩子的发展空间，一味地把自己的期待加在孩子的身上。在学校给予的学习压力之下，再加上家长带给孩子过高的期望，许多学生的身心不能得到健康的发展，无论是学生的智力因素还是非智力因素都不能被充分挖掘。

家长要做到以身作则，在对待孩子的态度上，要尊重孩子是一个独立的个体，给孩子成长的空间，尊重孩子的理想和兴趣，善于肯定孩子，不要践踏孩子的自尊心，善于发现他们的优点，与孩子建立良好的关系，对孩子出现的心理问题要及时引导、及时解决。

（三）社会环境

中学生的心理健康不仅不能离开学校、家庭的教育和辅导，而且也离不开社会环境的熏陶。环境能够育人，不良的社会环境会直接影响青少年的心理健康。

1. 社会环境的基本要素

社会环境是指人类生存及活动范围内的社会物质、精神条件的总和。广义包括整个社会经济文化体系，如生产力、生产关系、社会制度、社会意识和社会文化。狭义仅指人类生活的直接环境，如家庭、劳动组织、学习条件和其他集体性社团等。社会环境对人的形成和发展进化起着重要作用，同时人类活动给予社会环境以深刻的影响，而人类本身在适应改造社会环境的过程中也在不断变化。

在此谈论的是学生所处的广义上的社会环境。社会环境的构成因素是众多而复杂的，但就对传播活动的影响来说，它主要有四个因素：政治因素、经济因素、文化因素、讯息因素。政治因素包括政治制度及政治状况，如政局稳定情况、公民参政状况、法制建设情况、决策透明度、言论自由度、媒介受控度等；经济因素关系到经济制度和经济状况，如实行市场经济的程度、媒介产业化进程、经济发展速度、物质丰富程度、人民生活状况、广告活动情况等；文化因素是指教育、科技、文艺、道德、宗教、价值观念、风俗习惯等；讯息因素包括讯息来源和传输情况，讯息的真实公正程度、讯息爆炸和污染状况等。如果上述因素呈现出良好的适宜和稳定状态，那么就会对大众传播活动起着促进、推动的作用；相反，就会产生消极的作用。在当今时代，对学生产生影响最大的是经济因素、文化因素以及讯息因素。

随着经济的快速发展，物质文明的不断积累，现在的学生处在一个衣来伸手、饭来张口的时代，他们几乎不用为物质生活所担忧，物质生活的丰富给学生的身心发展将会造成很大影响。文化所包含的教育、科技、文艺、道德、宗教、价值观念、风俗习惯等因素对学生起着非常关键的作用。与过去单一、稳定、封闭的环境不同，国际化、全球化的进程使我们已经进入了一个多元文化的时代，人类原来具有的文化单一性正在受到多元文化的挑战，人类原有的相对稳定的价值体系与行为方式也正在逐渐趋于多元化。随着现代全球化和信息化的不断加快和我国社会现代转型的完成，传统社会的价值体系和个人的行为方式受到严重的冲击。面对多元文化带来的挑战，怎样重新认识和评价青少年学生的价值观和生活方式，作为教育机构的学校如何正确引导他们，是当前迫切需要解决的问题①。随着现代科学的进步，诸多信息将通过各种传递媒介——电影、电视、广播、报刊等源源不断地涌入学校和家庭，学生获得信息之快，数量之大，内容之多，均是前所未有的。它给学校教育带来新的活力，也带来了巨大的冲击②。

2. 社会环境存在的弊端

随着物质生活水平的提高，学生的消费水平也越来越高，学生之间的攀比

---

① 冯建军. 多元文化背景下学生生活方式及价值观教育研究，http：//www. docin. com/p - 10821668. html.

② 刘福国等. 班主任工作概论［M］. 重庆：重庆出版社，1991：183.

现象严重，往往导致学生不顾及家长的负担，使很多家长不堪经济重负。随着中学生过度消费现象的日益突出，学校和家庭的消费和理财教育显得格外重要，这不但关乎学生的行为习惯，还关乎其道德修养和心理素质的培养。合理引导中学生消费，使其形成合理、文明、健康和理性节约的消费理念和消费方式尤为重要。

面对文化的多元化趋势，我们的传统文化正在受到外来文化的侵袭，有些人盲目崇拜外来文化，我们的传统文化正在被人们逐渐忽视，文化的多元化代表了文化的复杂性，并不是所有的文化都是好的、健康的，还有一些是文化当中的糟粕，青少年正处在这样一个文明与糟粕相互交错的时代，健康的文化将会对学生的价值观以及生活方式产生正面的影响，如果是文化中的糟粕将会对学生的身心发展造成巨大的伤害。教师与家长要随时关注学生的成长环境、预防不良社会环境对学生产生不良影响，另外社会各方也应该做出努力，为学生创造一个积极健康的社会环境。

信息时代的来临，让学生与老师都措手不及，学生还不能够很好地具备筛选信息的能力，一些不健康信息常常会走进学生的视野。尤其是互联网的迅速发展将人类文明带进了一个信息化的社会，使得社会的发展与时空结构发生了根本性的变化，各种思想、宗教信仰、价值观念、风俗习惯和社会方式及各种文化思潮给传统道德教育观念带来了极大的冲击，并且使人与人的关系迅速转变并日趋复杂化①。

班主任要及时把握信息的动向，广泛接触社会，了解学生正在接受的社会信息，在广泛了解社会信息的基础上，要认真分析各种社会信息的来源、性质，研究学生的思想、表现与某种社会信息的关系。经过筛选和过滤，预测社会信息给学生身心发展可能带来的有利因素和不利因素，考虑对信息处理的意见和对策②。班主任要善于利用积极的社会信息，积极的社会信息可以作为教育学生的最新鲜、最生动、最丰富的教材。班主任要高度警惕不良社会信息对学生的腐蚀，及时疏导学生对不良信息的识别能力，进行正面引导，提高学生抵制不良信息的免疫能力。

家庭环境、学校环境以及社会环境均与学生的身心发展息息相关，解决和预防中学生心理问题，既要学校与家庭紧密配合，共同加强学生心理健康教育，也要社会营造一个有利中学生成长成才的良好环境③。

三、学生的个体特征

中学时代是一个人从儿童时代向成人时代过渡的阶段，这时的青少年具有

---

① 梁萍．网络时代学生思想道德教育的新思路［J］．教学与管理，2005（12）．
② 刘福国等．班主任工作概论［M］．重庆：重庆出版社，1991：183.
③ 郑然．浅谈新形势下的中学生心理健康教育［J］．中国科技信息，2009（23）．

特殊的生理特征和心理特征，他们更倾向于融入同辈群体，渴望被同龄人接纳，期望得到友谊。

（一）本质特征

从本质上来讲，人是一切社会关系的总和，这是人区别于其他动物的本质之处，中学生的本质特征当然就是人的本质特征，中学生的社会属性处于起始阶段，他们还在学习做社会的人，是准备进入社会的人。他们对社会所持的态度，他们的表现等，是社会存在的反应，是随着社会的变化而变化的，他们自身形成不了与社会相脱离的独立的特点。既然学生的本质属性是社会属性，那么我们就不能离开学生生活的社会背景来认识学生。但是，学生又是有主体意识、主观能动性的人。人类意识是人脑对客观事物的自觉反映。这种反映首先是社会存在决定的，这种反映也是主体的。学生的主体意识支配着他们的需要、选择、愿望、尊严等，所以，班主任在教育过程中也要高度重视学生主观能动性。

（二）生理特征

中学生的年龄一般处在十一二岁至十七八岁之间，初中生处在少年期，年龄一般在十一二岁至十四五岁之间，高中生为青年初期，年龄一般在十五六岁至十七八岁之间。中学生处在青春发育期，这是人生发育的第二次"生长高峰"，生理上正在发生着急剧的变化。在这个阶段，首先他们的身体器官的结构与机能正逐渐成熟，性腺机能开始起作用。由于性激素的刺激作用，使其身体的各器官、系统的发育成长明显加快，在体态上已表现出明显的两性差异[①]。以下几方面是这一时期学生生理上所出现的某些明显特征。

1. 外部形态急剧变化

身体迅速地长高，体重迅速地增加，胸围加大加宽是青春发育期形态发育最明显的特征。中学生身高和体重的增加存在着性别差异，这表现在快速增长时期开始的早晚以及增长速度和增长量上。另外，他们的骨骼、肌肉也正处于迅速生长的阶段，脊柱、胸廓和四肢骨骼的发展尤为显著[②]。这一时期骨骼、肌肉发育迅速，然而骨化过程尚未完成，容易出现弯曲和损伤，且肌肉纵向生长多于横向发展。这一时期，应注意培养学生正确的坐、立、行、走、睡等动作的姿态，并宜多作速度、弹跳、灵巧和柔软性等方面的技能训练，班主任在高度重视学生的学业成绩时也要高度关注学生的身体发育，多鼓励学生参加课外活动。

---

① 姬玮娟，戴宁新．班主任工作方法［M］．北京：中国人民公安大学出版社，1997：9 – 10.

② 刘福国等．班主任工作概论［M］．重庆：重庆出版社，1991：30.

2. 内部机能的变化

（1）大脑和神经系统逐步完善

人的大脑是脑的高级部位，占全部脑重的 60～70%，是人的心理活动的主要器官。人的大脑很像一个核桃仁，正中有一道纵沟，把大脑分成左右两个半球，半球的表面有很多皱襞。大脑两半球的表面层，有大量的神经细胞，叫做大脑皮层，它是人进行记忆、分析、判断等思维活动的神经系统的中枢[①]。

虽然脑容积自十岁左右以后增加不多，但青春期大脑机能有了显著发展，尤其是在大脑皮质的发展上，神经系统发生了巨大变化，联络神经纤维大量增加，脑神经细胞的分化机能已达到成人水平，第二信号系统的作用显著提高[②]。所以，这时期学生的认知能力有了很大的发展，记忆力明显增强。

另外，从神经系统活动的基本过程来看，初中生的兴奋过程较强，兴奋与抑制的相互转换也较快，但神经活动的兴奋与抑制过程却不稳定，对行为的调节、控制作用有所降低[③]。所以，神经系统的这一发展特征决定了学生的情绪不稳定性，遇事容易冲动，缺乏克制力。

（2）心血管系统功能稳定

心脏活动增强，但由于学生此期心脏发育快于血管直径发展，这就会导致血液循环的暂时失调，以至于出现血压升高、心跳加快、头晕目眩、易疲劳等现象。所以，在组织初中生的体育锻炼时，时间不宜太长，运动量不宜过大[④]。

3. 第二性征出现

青春期是性的萌发和成熟的阶段。性的发展是由于下丘脑和垂体前叶迅速发育，促性腺释放因子和促性腺激素分泌量增加[⑤]。青春期，中学生的第二性征发生了明显的变化。所谓第二性征是指性发育的外部特征。如男孩子开始出现上唇生须、喉结增大、声音变粗或嘶哑、腋毛、阴毛的生长、第一次遗精等，女孩子乳房突起、声调变高、腋毛、阴毛的生长、骨盆增宽、第一次月经出现。

班主任要正确认识学生生理特征的变化，按照学生的身体发育情况安排教育教学活动，尤其是体育活动，促使学生养成良好的身体素质，尤其要针对学生性的成熟，对学生进行性生理和性心理教育，使学生养成良好的卫生习惯和性心理品质。

（三）心理特征

由于学生生理的巨大变化以及所处的家庭背景、学校背景以及社会背景的

① 易连云. 班主任工作［M］. 重庆：重庆出版社，2006：19.

②③ 刘福国等. 班主任工作概论［M］. 重庆：重庆出版社，1991：30.

④ 边守正等. 班主任必读［M］. 大连：大连海事大学出版社，1996：27.

⑤ 白铭欣. 班主任的科学与艺术［M］. 北京：华龄出版社，1996：42.

复杂性，处于中学阶段的青少年具有更加复杂的心理特征。生理特征是心理发展的基础，生理上的显著变化是心理变化发展的重要原因和条件，青春发育期学生的生理产生的巨大变化，也必然会引起这一阶段心理上的巨大变化。由于这一阶段学生的身体成熟要先于心理成熟，出现了认知能力、思维方式、生活能力、交往能力、自控能力等方面同年龄相比处于相对滞后的矛盾，这些矛盾如果得不到及时解决，就可能在情绪情感、性格特征和日常行为方面出现诸如自杀倾向、青春期精神分裂症等心理疾病和自杀等行为①。另外，进入青春期，学生所处的生活背景有所扩大，学校环境的改变、家长要求的扩大、社会交际的深入，这些因素无时无刻都在对学生的心理发展进行着冲击，所以说，"很多人都把青少年时期看作是人生独一无二的骚动时期，处于这一阶段的个体身体和心理上都经历着'风雷激荡'般的变化，每个青少年都会体验到不稳定的情绪以及强烈的无助感与孤独感。这种突如其来的巨大压力常常使他们透不过气。"②

这个时期是学生心理发展大变化的转折期，在整个心理发展的过程中占有特殊的位置。中学生心理正处在迅速发展、趋于成熟但又尚未成熟的阶段，人的成长过程中，每一个成长阶段都有其独特的发展矛盾，中学时代是人生矛盾发展关键的时期，也是教育的关键时期，这一阶段如果针对青少年的身心特点对其进行恰当的教育，则会促进学生的发展，如果不能遵循学生的身心发展规律，教育方式不恰当，此阶段学生具有的发展矛盾将不会较好的被解决，也就不会取得好的发展，青少年则会带着这些矛盾进入人生的下一个阶段，这将会对中学生的身心发展极其不利，很有可能使其产生人格障碍。

这一时期学生心理特征的巨大发展与变化给班主任工作带来了一定的难度，班主任一定要把握学生心理特征的变化，充分了解这一阶段学生所具有的发展矛盾及其身心发展规律，运用科学的教育方式来教导学生，使其获得健康的发展。

1. 认知能力的发展

中学生的思维已由具体的形象思维过程逐渐发展到抽象的逻辑思维为主，并且由经验型转向理论型，他们逐步摆脱对感性材料的依赖，应用理论来指导抽象思维活动。在教学活动中，已能根据事物的本质特征和内在联系进行恰当的判断和进行归纳或演绎。同时思维的深刻性、独立性和批判性有了飞速的发展，这一时期，学生比较能够抓住问题的主要矛盾，喜欢独立批判地思考，喜

---

① 朱红芳．当前中学生心理问题成因及对策探析［J］．产业与科技论坛，2009（4）．

② 石杨．从埃里克森自我同一性理论探析我国青少年心理健康发展［J］．牡丹江教育学院学报，2008（6）．

欢探求事物的根源，喜欢怀疑和争论，敢于发表自己的观点，不盲从别人的意见，如果他们的想法得到老师同学的肯定，就会对自己的思维更加自信，更喜欢独立思考。如果自己的想法被否定，他们也会开始分析主观原因，考虑为什么会产生这样的错误。抽象思维的发展促进了观察力、记忆力以及想象力的发展。中学生的观察能力开始增强，观察的目的性、自觉性提高了，能够主动地根据教学要求去观察某种事物或现象，并能较为持久地进行观察，另外，在观察的概括性和精确性上也有所提高，开始能够抓住所观察事物的主要特征并对其进行分析；随着学习内容的深入，中学生的想象力也越加丰富。例如，随着立体几何的学习，学生的空间想象越来越丰富。他们的想象大多是有意识、有目的的，想象中的创造成分也逐渐增加，所以在教学中要充分发挥学生的想象力与创造力，为其以后的发明创造打下良好的基础。

2. 自我意识增强

自我意识是指人们对于自己及自己与周围关系的认识，其中包括自我观察、自我评价、自我监督、自我教育等形式。自我意识不是一个人与生俱来的，它是人们在社会交往中，随着逐渐认识到自己的存在和力量，认识到自己和周围人们的关系，认识到自己的义务而逐步形成和发展起来的[1]。自我意识具体表现为：一是强烈关注自己的外貌和体征；二是深切重视自己的学习能力和学业成绩；三是十分关心自己的人格特征和情绪特征[2]。然而，在当今复杂多变的社会背景下，受现代文化的冲击，许多学生自我意识的范围更加广泛，更加趋向于物质化，功利化，许多学生受到金钱的诱惑，盲目的攀比，把金钱、地位放在第一位，而忽视了自己人格品质以及学业的发展，导致学生没有健康的发展目标以及远大的人生理想，学业逐渐荒废。

前面提到，学生的本质属性是社会属性，学生是社会现实中的人，随着年龄的增长，与社会广泛接触，社会意识逐渐增强，不断内化为自我认识，并在不断认识自己的基础之上，通过他人对自己的评价来修正自己已有的形象。自我意识的增强使得学生产生了一系列的心理特点，自尊心强、好胜心强、成人感增加、独立意识显著、逆反心理的产生等。

（1）强烈的自尊心与好胜心

青春期的学生具有很强的自尊心，由于自我意识的增强，他们更加深刻地认识到自己是一个独立的个体，认识到他人对自己的关注与评价，渴望得到他人的肯定。因此，这一时期，学生们开始对自己的外貌、学习、性格等方面高度关注，更加在意别人的看法。老师和家长要充分利用学生好胜心强的心理特

---

① 姬玮娟，戴宁新．班主任工作方法［M］．北京：中国人民公安大学出版社，1997：5.
② 王兴国．中学生的心理特点分析与引导［J］．新西部，2010（4）．

征，对学生进行针对性的教育，然而，这并不代表对学生实施压力，更重要的是针对学生的兴趣、爱好、性格特征以及特长等来发展学生的潜力，而不是按照家长和老师的意志来塑造学生。由于这一时期学生的自尊心非常强，所以，老师和家长在充分利用学生的好胜心的同时要高度保护学生的自尊心，要采用肯定与鼓励的方式教育学生，不能在学生做错事情或没有达到老师和家长的期待时就对学生失望或是训斥，因为自尊心强，所以心灵更加容易受到伤害或挫折，更有可能变得一蹶不振，产生更多更严重的心理问题，影响以后的人生。

案 例 重新寻回"真美"

晓丹是个很爱美的学生，她黑黑的辫子上满是装饰物，脸上的胭脂过于浓重。别的女孩子都穿着夏季校服，她却穿着一套很鲜艳的花裙子；别的学生的脸上充满了天真、稚气，在她的脸上，却是与她年龄不相符的妖艳。她是我们班中问题比较多的学生。

有一次期末考试，全班数学考试成绩都很理想。连平日成绩差的学生也考了 89 分以上，而平时学习中等的晓丹却考了个 70 分。

我开始大发雷霆，批评她说："晓丹你看看你的卷子，你上课都在想些什么？你看看你得了多少分，你给全班带来多大影响！"

她站在我面前，脸上挂着泪。

我感到她藏在内心深处的自尊心今天终于被触动了。我拿了一条湿毛巾，把她的眼泪擦干净，很客气地说："刚才老师言语过重，伤了你的自尊心，请你原谅。"她感到很意外，把头低了下来。

"请你理解老师，没有一个老师希望自己的学生成绩下降。只是老师对你的教育不够耐心，语言过于伤人，老师向你检讨了。"

"不，老师……是我做得不好，没有把精力放在学习上。"

"你现在还是中学生，你想想你现在能做的事就是学习，为什么不把精力放在学习上呢？"

"因为我爱美，上课溜号。"

"爱美之心，人皆有之。不用说是你，老师也是爱美的。老师每天都要把最美的姿态展示给学生看。"

"老师，这就是您美的姿态吗？您不化妆，不涂口红，不穿漂亮衣裙，不穿高跟鞋。"

我笑了，说："你认为的美，就只有这些吗？美不是盲目的，不单指外表美，更重要的是心灵美。做老师，要把她的行为美、语言美、知识丰富的美……传授给学生。如果只讲外表美，那么，学生到学校是学科学文化知识还是学美容呢？"

"你现在是一名中学生，就应该有中学生的美：自然、活泼、纯净、天真。你现在的打扮不适合你的身份，而且白白浪费了时间和精力。"

晓丹欣然接受了我的意见，从此以后她再也不化妆，像别的学生一样穿校服，把更多的时间用在了学习上，并最终取得了优异的成绩，得到了同学们的尊重。①

【分析】　班主任最初对待晓丹的态度伤害了她的自尊心，但是班主任及时地认识到自己的错误，并向晓丹道歉，然后，告诉晓丹什么是真正的美，说话的态度和语气都做到了对晓丹的尊重，晓丹在老师语重心长的教导下，终于改变了自己的坏习惯。

（2）独立意识增强

青春期学生生理上的成熟以及自我意识的增强使学生开始产生成人感，独立意识开始觉醒。这时候的学生主要表现在想脱离老师和家长的管束，在某些事情上比较坚持自己的观点，听不进老师和家长的劝导，这时候的学生也开始写日记，有什么事情不愿意对家长讲，开始了一段心理封闭期。这时候的学生好像突然意识到外面的社会有多么广阔，他们不再单单迷恋于自己温馨的家庭，而是渴望到更广阔的天地，去见识更多的东西。即使在家里，孩子与父母之间的交流也比以往少了些，他们渴求有自己的小天地，开始对许多事情有了自己的看法、想法与做法。学生们有了心事更愿意在朋友面前倾诉，而不愿对老师或家长提起。同时，因为性生理和性心理开始成熟，第二性征的出现，学生们开始对异性充满好感和幻想，但又不好意思公开，情绪较为敏感，易冲动，加上缺乏对生理知识的学习和了解，许多的情感困惑也就自然而然地产生。这一时期的学生更加渴望社会、老师以及家长尊重他们和信任他们，而对老师或家长的强制性管束更加反感，对家长或老师站在自己角度对他们的苦口婆心而感到厌烦。现实中，当孩子上初中以后，大部分家长总是有这种感觉：好像开始不了解自己的孩子了，与孩子之前的距离突然拉大了。每当这一时期，家长总是很焦虑，他们渴望知道自己的孩子在想什么，在做什么，对孩子的管束心理反而更增强了，与以往不同的是，还带着一种焦虑心理。所以，班主任要多观察，多与其他任课老师进行沟通，及时发现学生的问题，并在处理问题时，科学地、客观地理解学生在这一时期的心理特点，冷静客观地对待学生所产生的变化，并采取相应的策略，主动去解决这一时期学生可能会出现的一些心理矛盾。另外，班主任在与家长探讨孩子所产生的变化或问题的时候，要耐心地开导家长，让家长懂得学生之所以产生变化的心理原因，并指导家长的教育方式，使得学校与家长能获得一致，在教导孩子的过程中采用正确的方法为学生解决矛盾。

---

①　史爱华．班主任工作典例与研究［M］．北京：北京师范大学出版社，1997：156－158．

3. 情绪、情感的不稳定性

人的情绪是沿着从泛化到分化、从肤浅到深刻、由易变到稳定、由外显到内隐这四条线索发展的，青少年的情绪正处在急剧发展时期，其主要特点是：强烈、粗暴与温和、细腻共存；不稳定、易激动同时又很固执；情绪的内向性与外露性共存；情绪的直觉性与理智性并存。① 青少年的年龄和身心特点决定了他们心理发展具有不稳定性，随着生理、心理的发育、社会阅历的丰富，社交范围的扩大，思维方式的变化，使他们的情绪变得很不稳定，另外，这一阶段学生身心自我调节能力不够高，意志力不够坚定，很容易由于情绪的不稳定，导致其不能正确地思考，容易走入思想的误区，从而产生这样或那样的心理障碍和心理疾病，直接影响他们的身心发展。

通过对青春期阶段学生某些重要心理特征的分析可以发现，处在青春发育期的青少年具有复杂的心理特征，不能简单地把某些心理特征分开来说，这些心理特征相互交错在一起构成了青春期学生心理的复杂性，心理特征的复杂性导致中学生时常存在一些心理矛盾，由于认知水平与思维水平的不足，他们仍处在一个半成熟的阶段，许多事情还不能够像成人那样顺利思考与解决。青春期的中学生存在以下几种矛盾现象，心理上的成人感和半成熟现状之间的矛盾，心理断乳与精神依赖之间的矛盾，心理闭锁与开放之间的矛盾，成就感与挫折感的交替。因此，他们在相互矛盾的心理状态中挣扎，从而会出现很多的心理问题。通过反复的尝试、碰撞、回视，慢慢地在师长的引导之下走向成熟②。初中生面临着多种矛盾的困扰，感情是比较脆弱的。因此，对初中生进行心理教育特别是心理辅导是十分必要和非常重要的。进行心理教育，就是采用多种方式帮助初中生正确认识自己，正确认识社会，正确处理好个人与他人、个人与集体、个人与社会和家庭的关系，提高心理自我调控能力，增强对社会的适应能力。

四、了解学生的方法

了解学生的方法很多，主要有：观察法、谈话法、书面材料分析法、访问法、问卷法、测量法。不同的方法有各自不同的特征，有的情况比较适合运用观察法，有的情况比较适合运用谈话法。教师要针对不同的学生、不同的事件运用最为恰当的方法来了解学生，这样才能获得客观准确的答案。

（一）观察法

观察法是一种凭借感官感知学生及与学生有关的人和事，搜集学生思想信息材料，并进行分析与综合的方法。

---

① 赵世平，赵贤吉等．现代家庭教育咨询［M］．天津：天津社会科学院出版社，1992：196．

② 王兴国．中学生的心理特点分析与引导［J］．新西部，2010（4）．

观察法是班主任了解学生最常用的基本方法之一，教师对学生的观察主要是直接观察，老师通过观察学生在课堂教学、课外活动以及师生交往、同伴交往等不同的情境下的言行举止来判断学生的智力发展状况、身体发展状况、道德品质发展状况、人际关系情况等。教师要在课堂教学中注意观察学生学习的主动性与积极性、学生的注意力，学生学习的效果等来了解学生的学习情况，针对观察结果对学生的缺点进行批评指正，对学生的优点进行表扬，在课外活动中观察学生是否表现积极活跃、是否自信，通过师生交往观察学生对老师的态度，是否尊敬老师，通过观察同伴之间的交往来观察同学之间是否能够互相帮助、建立良好的友谊。

观察法的优点是能够观察到真实可信、生动具体的材料信息，可以随时运用，缺点是不易对观察信息量化，观察容易受老师主观因素的影响。

班主任在观察中要注意做到以下几点：观察的目的性、计划性。观察要有一定的目的，并依据观察的目的制定相应的观察计划，计划要包括观察对象、时间、地点等，明确的观察目的和周详的观察计划是做好观察工作的基础。观察要保持客观性，要平等对待学生，摒弃自己的偏见，不妄下结论，还要注意挖掘学生表现背后的影响因素。在日常观察中，班主任一定要细心、敏感。比如，一个成绩优秀的学生为何突然成绩有明显下降，一个活泼的学生为何突然变得沉默等等。

（二）谈话法

在教学中，谈话法是指班主任引导学生运用已有的经验和知识回答提出的问题，借以获得新知识、巩固旧知识或检查知识的教学方法。这里的谈话法不仅仅限于课堂教学，还包括班主任针对学生所表现出来的某些问题，与其进行交谈以促进问题的解决。谈话法是班主任常用的了解和研究孩子的重要方法，通过谈话，班主任可以深入了解孩子的内心世界，谈话法的成功与否与教师的个人魅力与谈话技巧有很大关系，可以说班主任的谈话技巧直接影响着谈话的结果是否真实。谈话法的优点是可以深入了解学生的想法，缺点是要求很高的谈话技巧，否则会影响谈话的效果。

谈话法的运用要注意以下几个原则：首先要以尊重学生为前提，与学生之间建立一种良好、平等的关系，与学生亲切、坦诚地交流，用谈的语气而不是训的语气，只有这样才能使学生放下防备之心，信任老师。其次，要学会倾听，倾听是一种社交技巧，更是一种修养，在学生倾诉的过程中，班主任要耐心地倾听，仔细分析学生所说的话，不要随意打断学生的谈话，打断孩子的思路或是对学生做出武断的评价，应该让学生毫无顾忌地畅所欲言。班主任在倾听的过程中，要深入揣摩孩子的心理，这样才能有利于班主任的开导，帮助孩子解决矛盾。

案 例 远离不良社交关系

一天，老师发现女生郝某有一封无寄信人地址的信，老师拿着信找到她。她不安地拆开信，默默地看着。老师关切地问是谁来的信，她表情不自然地回答是同学来的。为了帮助她，提高她的认识，老师轻声暗示说："这信上的邮戳说明它是发自一个劳改单位。""老师遵守宪法，没有拆开你的信。你相信老师就要说真话，到底是谁给你的信？"通过耐心地启发，她说出了是一个判刑五年的盗窃犯写给她的信，这个人判刑前是她的第一个男朋友。老师见她很紧张，就亲切地对她说："你不要害怕，宪法规定公民有通信自由，劳改人员也有通信权，如果你的回信能使他更加努力改造自己，那倒是一件好事。"从此以后，郝某把老师看作是自己的知心朋友，有什么心事就找老师谈。①

通过这个案例可以看出，班主任在说话态度上对郝某以诚相待，耐心疏导，在谈话方式上对郝某的隐私暗示启发，并不是大声地公开，这样保护了郝某的自尊心。最后老师终于得到了郝某的信任。

（三）书面材料分析法

书面资料分析法是指班主任在了解班级学生情况时，借助有关班级学生的各种书面材料，通过查阅书面资料来获取有关学生的信息，从而对学生的思想、学习、生活态度、个人爱好、班级基本状况进行间接了解的方法，是班主任初步认识班级和学生，了解学生基本情况最简易的方法。书面资料主要包括入学登记表、作业、日记、答卷、笔记、班级日志、健康检查表、成绩通知单以及记载学生情况的各种表格等。② 书面材料分析法的优点是可以充分地了解学生过去的发展历程，对学生的过去有所了解，缺点是书面材料所呈现的只是一个结果性的评判，至于评判的客观准确性无法准确把握，容易造成对学生的不正确的认识。

另外，了解学生的方法还有访问法、问卷法、测量法等等。访问法主要是通过对学生家长或身边的朋友进行访问，以期获得对学生的了解，问卷法与测量法是对学生的一种定量研究，其研究结果可以进行量化分析。教师在对学生的了解过程中，可以针对具体情况采用不同的方法，有时候可能不只用一种方法，还可以同时运用多种方法来获得学生的信息。

第二节 班主任与家长的沟通

学校是专门从事教育工作的机构，是促使学生健康成长的专门场所；家庭

---

① 转引自涂光辉. 班主任工作技能［M］. 长沙：湖南师范大学出版社，1996：9-10.
② 杨同银. 班主任工作技能训练指导［M］. 北京：中国林业出版社，2001：15.

是孩子成长的摇篮。家庭、学校作为学生教育过程中的两种主要教育力量，其基本教育目的是一致的，如果能形成合力，就能相互支持与配合，就能强化教育作用。现代教育越来越需要学校与家庭更广泛更密切的合作。能否吸引家长的参与和支持，已成为学校是否成功的关键。[①] "家长参与学校教育"是近几十年各国教育改革中理论与实践关注的一个焦点。[②] 史秋琴与杨雄认为"家长参与学校教育"可从以下四个角度来把握：首先，从内容而言，"家长参与学校教育"包括多种方式，凡是与学生学习有直接或间接联系的均在此列；其次，从过程而言，"家长参与学校教育"需要学校和家长共同协作完成；再次，从目的而言，"家长参与学校教育"是为了更好地促进儿童的发展，共同实现对儿童的教育目标；最后，从本质而言，"家长参与学校教育"是家长行使家长教育权的体现。从内容而言，他们认为家长参与学校的一切活动，无论是与学生学习直接相关的教学活动，抑或是与之间接相关的教学活动，再或是与学校发展相关的校务活动，都应属"家长参与学校教育"的范围之内。[③] 以上所说的教学活动，不仅仅指智育方面，它包含有关学生的学习、生活、思想等方方面面的发展。目前，我国学校与家长的共同协作主要是班主任与家长之间的沟通和交流，因为，尽管"家长参与学校教育"的内容丰富，范围很大，然而我国"家长参与学校教育"的内容主要是针对学生在日常生活学习中的表现，针对与学生有直接关系的教育教学活动，而班主任直接对学生的各个方面进行管理。班主任是学校与家长之间联系的主要桥梁，学校与家庭能否默契配合，产生最大教育合力，其关键就在于班主任能否在教育过程中成功与家长获得一致，共同为学生的健康成长做出努力。所以，班主任要密切联系家长，经常与家长就孩子的生活学习状况进行深入探讨，及时发现学生的问题。

一、班主任与家长沟通需要注意的问题

在班主任的日常班级管理工作中，需时常与学生家长进行沟通、交流。如何艺术地、有效地与家长进行沟通是班主任工作的一项重要内容，也是必须要掌握的一种能力。及时、有效的沟通不仅有利于双方及时全面地了解学生的学习、生活、习惯等方面的情况，而且有利于采取有效的办法帮助学生克服缺点和不足。那么班主任该如何与家长沟通呢？

首先，认清与家长之间的关系。班主任在与家长交流前一定要认识到学校教育与家庭教育的目标是一致的，班主任与家长交流的目的也是一致的，都是为了学生更好的发展，所以，班主任一定要认清与家长之间的关系，他们之间

---

① 周月朗. 近年来美国家校合作的研究与实践［J］. 湖南师范大学教育科学学报，2006（4）.

②③ 史秋琴，杨雄.［M］. 城市变迁与家庭教育，2006.

不存在领导与被领导，教育与被教育的关系，而是互相合作的伙伴关系，所以，班主任与家长之间应相互信任，班主任不能认为接待家长是一种负担，不能对产生问题的学生家长以教育批评的方式沟通，在与家长交流的过程中不能采取命令的口气，而应该采用协商的态度，互相交换意见和看法，真正体现双方的主体地位。

其次，要做到热情周到、公正无私。无论面对什么样的家长，班主任一定要热情相待，与家长建立知心朋友关系，诚心诚意地与家长共同研究和解决学生的问题，真诚地与其交谈，决不能对家长态度冷漠，缺少耐心、缺乏友善，也决不能因为学生成绩的好坏或家长的身份地位而产生不公的待遇，在与家长沟通时要尽量做到公正客观。

再次，正确评价学生。班主任要让家长知道自己对孩子的重视和关心，这样，才能让家长放下防备心理。班主任在与家长沟通前，事先要对学生的方方面面作充分的了解，包括学习成绩、性格特点、优点和缺点等，这样既能体现出对学生的关心，同时也能反映出班主任工作细致，认真负责的态度，给家长留下良好的印象并且使家长对学生有一个全面的认识。班主任也必须认真倾听学生在家的生活、学习习惯，对学生作出进一步深入的了解。家长与班主任对学生全面、深入、客观地了解有助于发挥学生的优点，改掉缺点。目前，许多班主任不能对学生作出正确的评价，当学生犯下错误以后，班主任通常是向家长抱怨学生的缺点和错误，就好像是学生犯错误是因为家长没有教育好，班主任的抱怨往往会伤害家长的自尊心，而家长也因为老师的抱怨，对孩子又打又骂，结果就是老师与家长同时伤害了学生的自尊心，从而会使孩子产生一种自我否定的心理，并逐渐对老师和家长的教导产生逆反心理。

最后，针对不同类型的家长，采取不同的沟通方式。交流要因人而异，对待不同的家长需要不同的方法策略。对于溺爱型的家长，交谈时，要先肯定学生的长处，对学生的良好表现予以真挚的赞赏和表扬，然后再适时指出学生的不足。要充分尊重家长的感情，肯定家长热爱子女的正确性，使对方在心理上能接纳你的意见。同时，也要恳切地指出溺爱对孩子成长的危害，耐心热情地帮助和说服家长采取正确的方式来教育子女，启发家长实事求是地反映学生的情况，千万不要袒护自己的子女，因溺爱而隐瞒子女的过失；对于放任不管型的家庭，班主任在交谈时要尽量多提学生的优点，少提学生的缺点，使家长认识到孩子的发展能带给自己荣誉感，激发家长对孩子的爱心与期望心理，改变对子女放任不管的态度，吸引他们主动参与对孩子的教育活动。同时，还要委婉地向家长指出放任不管对孩子的影响，使家长明白，孩子生长在一个缺乏爱心的家庭中是很痛苦的，从而增强家长对子女的关心程度，加强家长与子女间的感情，为学生创造一个温暖的环境；对性格粗暴，蛮不讲理的家长，要以冷对"热"，要坚持动之以情，晓之以理，千万不能与家长硬碰硬，家长越是蛮横，班主任越要冷静，针对家长的话，见招拆招，打通家长的心理防卫，使家长对自己心服口服；对于有教养的家庭，尽可能如实向家长反映学生的表现，主动请他们提出教育的措施，认真倾听他们的意见，充分肯定和采纳他们的合理化建议，并适时提出自己的看法，和学生家长一起，同心协力，共同做好对学生的教育工作。

只有做到以上几点，才能使家长真心参与到学生的教育过程中，才能使班主任与家长之间不造成矛盾，以至于解决不了学生的问题，反而造成家校冲突。

二、班主任与家长的沟通途径及其存在的问题

（一）沟通途径

1. 家长会

家长会是班主任和学生家长密切联系、相互了解、相互沟通，帮助学生提高自己的主要渠道和良好方法。家长会的成功召开，会收到事半功倍的效果。家长会的一般流程是：确立家长会的主题；了解学生与家长的基本情况；与家长真实客观地交流学生的表现；做好会后工作。家长会召开的时间短、频率低，通常是采取老师在课堂上发表言论的方式来汇报学生的学习情况。家长会的主题主要是多围绕考试展开，家长几乎无从对自己孩子或班级的其他方面进行了解。班主任与家长的关系近似领导与被领导的关系。

2. 家访

家访主要是班主任针对某一个学生的表现情况，而到学生家走访，与家长进行面对面地交谈。班主任主要是利用寒暑假或周末时间到学生家庭走访。由于面谈的对象只是一个学生的家长，这时候班主任和家长的交谈会比较放松自如，更能像聊天一样进行交流。家访中与家长交流的话题很多，包括学生的学习、习惯、兴趣爱好、为人处世、思想动向等。家访不仅仅是与家长的交流，更重要的是与学生沟通，平日班主任与学生都是在学校里接触，突然改变了环境，学生的心理感觉与在校时完全不同。班主任也可以换一种身份、换一种语气与学生交流，也许会收到意想不到的效果，家访活动的效果可能比找学生谈话要好很多倍。①

（二）存在的问题

由于我国相关法规制度的不健全；教育是学校的事情，这种根深蒂固的思想；学习至上的价值观，与家庭合作的内容仅限于督促学生学习以及沟通障碍等等，目前我国的家长参与仍存在不少问题。②

---

① 曾蓉蓉．班主任如何建立家校联系制度［J］．教育理论与实践，2008（6）．
② 程福蒙．家长参与——常被课程改革忽略的一环［J］．教育发展研究，2006（16）．

1. 家长参与意识淡薄

有些家长缺乏参与学校教育的意识，不能够认识到参与学校教育的必要性和重要性，从而不能真正实施自己的教育权利，一些家长认为教师是教书育人的专业人员，既然把孩子送入学校，学校就应该完全承担起孩子的教育职责，学校要负责对学生各方面的教育。持有这种思想的家长一般不会热心参与学校教育，相反，他们还会把自己参与学校教育活动看作是学校推卸责任，是学校无能的表现①。家长参与学校教育的意识淡薄不仅不利于学校教育，有时甚至会妨碍学校教育的有效实施。有些家长处在社会的中下层，文化知识水平低，心理上有深深的自卑感，他们认为自己没有能力参与学校教育活动，或是担心由于自己的社会地位而被老师歧视，或担心自己的孩子遭受其他学生的嘲笑而产生自卑心理，所以即使他们非常关心孩子在学校的学习和生活，但是由于自卑感作祟而不能够真正做到配合班主任工作。还有一些放心乐观型家长，特别是学习成绩好的学生家长，他们认为，教师完全有能力教好孩子，自己没必要对学校的事情插手或干预。

2. 班主任与家长都不能正确理解家校沟通的真正作用

一般家长会的召开都只是在期中或期末考试之后，其作用是让家长了解学生的学习成果，而很少针对学生的学习发展的整个过程与家长交流，只是告诉家长学生哪个科目成绩好、哪个科目成绩差，或是学生进步了多少、退步了多少，其他家校沟通方式也大部分是针对学生的学业成绩或是生活、思想上出现的问题进行交流。有些班主任除了针对学生的考试成绩召开家长会以外，只把与家长联系作为处理偶发事件的手段，给学生和家长一种印象，只要是班主任家访或是叫家长去学校，就一定是孩子出现问题了，结果就造成家长对参与学校教育的恐惧心理，与学校产生了障碍和隔阂。班主任如果不理解家校合作的内容与目的，就不能做到真正意义上的家校合作。

3. 家长参与学校教育的形式单一

家庭参与学校教育的形式其实有很多，但目前我国常用的渠道单一。除了家长会、家校联系册让家长签字，就是教师家访、家长陪读。而这些活动也以学校为中心、了解通报情况为主，至于如何解决存在的问题是各自的事情。家长参与缺少有计划、有深度的共育层面上的合作②。

通过以上分析可以看出，目前家校合作不尽如人意，不仅有家长的原因，也有学校本身的原因，家庭与学校都未能认识到家长参与学校教育的必要性和重要性，另外，还缺乏对参与内容的了解以及沟通形式单一。要想家长真正参与到学校教育中来，发挥家庭与学校的合作力量，除了增强家长参与学校教育

---

①②　程福蒙．家长参与——常被课程改革忽略的一环［J］．教育发展研究，2006（16）．

的积极性以外，还需要加强班主任老师的主动性。最重要的就是家长和班主任要对"家长参与学校"的基本内容、意义以及过程和形式等进行深入的学习。

三、美国家长参与学校教育的基本形式

美国对"家长参与学校教育"的理论研究比较早，其实践过程是一个逐步深化和完善的过程，美国家长对学校教育管理的参与经历了从参与学校教育到参与学校管理、从消极被动参与到积极主动参与、从一元管理主体到多元管理主体、由封闭走向开放、由"局外人"向"局内人"角色演变的过程。20世纪80年代以前，家长参与侧重于学校的教学业务性活动，80年代以后，随着美国基础教育的深刻变革，家长参与逐步深入到学校的决策层面，其角色由"局外人"转为"局内人"，作为集决策者、合作者和公共教育购买者于一身的家长，他们以主人翁的身份参与学校决策，积极承担管理责任、履行服务义务，从而形成了富有美国特色的民主开放型的家校合作的教育管理文化①。

美国家长参与学校教育的范围广阔、内容丰富、形式多样。从整体上而言，美国家长参与学校教育的基本模式主要包括两类：一类为家本参与（home – basedinvolvement），即为了学生的发展，家长基于家庭的实际而在家庭中围绕着与学校相关的活动与孩子之间进行的双向互动活动。另一类为校本参与（school – basedinvolvement），即家长为了学生的发展基于学校的实际而在学校中参与的一系列活动，主要是指家长参与学校决策以及学校管理的活动。这类参与是家长参与学校教育的核心实践，也是家庭和学校之间进行沟通和交流的主要途径。校本参与又包括对家庭和学校之间信息传递活动的参与、家长对学生在校学习和生活的直接参与以及家长对学校管理活动的参与。家长参与家庭和学校之间信息传递活动的方式主要包括家访、家长会、开放日、学生作业展览等活动；家长还直接参与课堂教学相关活动、学校日常生活，并可为其子女选择就读学校、选择相关的课程、要求学校保护子女在学校的宗教信仰自由、查阅学生在校的一切档案资料、对学校给予学生的纪律处分进行申诉、向学校追究法律责任和经济赔偿；家长通过地方学校理事会和家长教师联合会来参与学校管理②。

由于本节主要是介绍班主任与家长的沟通协作，而我国班主任与家长常见的沟通方式是家长会，这里只对美国的家长会详细进行探讨。在美国，家长会有两种含义。一种是指学校召开的家长会，另一种是指由家长组成的带有协会

---

① 杨天平，孙孝花. 美国家长参与学校教育管理角色的嬗变［J］. 教育研究，2007（6）.

② 贾莉莉. 美国家长怎样参与学校教育［J］. 上海教育科研，2007（3）.

性质的组织①。这里主要谈的是前者。

美国中小学一般是每个学期召开一次家长会，时间可定在一个学期之间也可定在学期结束后，地点可选在校内宽敞的房子里。美国学校家长会的形式，不是各班孩子的家长同时到校开会，而是家长单独到学校与孩子的主要科目老师见面。学校会在召开家长会之前，提前一个月给家长寄去一封预约信，告知学校将在某月、某日某个时段内召开家长会，一般都会有三、四天不同的时间段，供家长挑选预约，以便家长安排好工作，抽出时间，按时到校参加孩子的家长会。家长只要把这封预约信填好寄回学校，到时按预约时间就可以分别与自己孩子的主要任课老师见面交谈②。

美国家长会包括前期准备工作、正式召开时的组织工作、后续工作。准备工作包括时间、地点的安排；硬件上的准备；还要对一些问题进行充分的考虑，如是否让学生也出席家长会。孩子的出席有可能对会议有利，也有可能不利，这要依据不同情形而定；家长也要为家长会的召开做好准备，由于会议时间有限，家长最好把自己的问题和关心的问题在会前列出来。这些问题可以包括自己孩子的在校表现、自己能为孩子现阶段的发展做些什么等等。如果家长有特别的要求，如希望邀请特别的顾问或专家，也可在会前与学校协商寻求解决的途径③。组织家长会的召开是开好家长会的关键环节，美国教师认为一个成功的家长会取决于教师诚实对待学生的表现、教师与家长建立信任尊重关系、制定家长参与的行动计划，学校与家长在互相磋商之后，对改善孩子的行为表现和学业成绩达成协议，使家长明确自己要做什么；会后，学校与教师对家长会及时进行总结与反思。学校及时汇总会议情况，以改进校内教育教学工作，把会议收益落实在实际工作中。教师与家长继续加强联系，并写信向家长表示感谢，同时重申他们双方在家长会制定的行动计划。在几个星期后，向家长查询行动计划的进展，并提供其他的信息。美国家长会对我们的启示：

首先，正确认识家长会的目的。正确认识家长会的目的是家长会成功召开的基础，它将指导班主任的具体工作。目前，许多班主任不能认识到家长会深层次的目的或是最终的落脚点，只是简单地把家长会作为传递学生学习成绩或其他方面信息的一种方式。美国中学家长会不是为了单纯地向家长通报孩子的学习成绩和在校表现，而是为了和家长一道为孩子的个性发展和学习进步研究制定更好的方案，并将方案落实到实际行动。我们的班主任应深刻认识到家长

---

① 李忠东．美国家长参与办学贡献大［J］．上海教育，2005（22）．
② 杨慧敏．美国的家长会［J］．广东教育，2004（11）．
③ 李亦桃．美国学校如何组织好家长会［J］．外国中小学教育，2004（7）．

会的根本目的，那就是为了学生的将来，而不是重在评定过去。

其次，做好前期准备工作。目前，班主任的前期准备工作还太单一，通常就只是准备学生的成绩单，这也是由于未认清家长会目的的缘故，而美国的家长会非常重视前期准备工作，并且工作是建立在家长立场之上的，考虑家长的时间来安排家长会的时间，并准备详尽的会议资料，以使家长在同老师交流时有章可循。例如，中美文化交流教师罗炯彬和于平被邀请参加华盛顿州高中家长会并介绍了家长会的具体情况，为使家长会顺利召开，学校为教师和家长准备了三份材料：《达到更高目标——华盛顿州学生学习过程评估办法家长指南手册》、《自尊的建立——家长、学校、社区帮助学生建立自尊行为指南》、《学年度学生、家长通用手册》①。这三份资料可以为家长的行动指明方向。目前，我们的家长参加家长会都不知道自己要做什么，对参与学校教育的重要性以及学校教育教学状况了解不够，更不清楚怎样配合学校教育学生。学校作为教育的专门机构，应对家长作出一定的指导，所以，我们可以借鉴美国的方式，在家长会前，针对家长会的主题，发放相应的资料，以使家长能更好地与班主任交流，提出有益的建议。

再次，准确定位自身角色。目前，我们的班主任在与家长沟通时不能够认识到双方的平等关系，只重视单方面的向家长传递学生的信息，而不能与家长形成良好的互动，而家长往往认为自己是被教育的对象，被告知自己孩子的情况。以罗炯彬和于平参加华盛顿州高中家长会的亲身体验为例，学校规定，家长会上每位教师与家长个别交换意见不超过 6 分钟，而家长们的问题是五花八门，无奇不有。有的要求教师说明教育目标；有的要求解释教学手段；有的想确认发生在子女身上的某一事件；有的要同教师探究考试方法。家长们有权质疑教师的教学水平，也可以让教师帮他（她）找离婚的另一方一起协助教育子女。教师怎样备课、怎样给学生记分、怎样写评语、怎样同学生谈话……所有这些内容都可能是家长要求交流的话题。如果教师的谈话水平不高，教育、教学方式及诠释得不到家长和学生的认可，第二年选修这门课程的学生就会减少，这就意味着教师的收入也会相应减少。可见，美国家长在家长会上占有更多的主动权，我们的班主任和家长也要对方方面面的教育教学问题进行交流，为学生提供更好的教育环境。

最后，做好家长会的后续工作。目前，我们的家长会结束后就是工作的终结，而对家长会所起到的效果，家长的行动、孩子的动向等不进行追踪了解。而美国家长会的后续工作是非常重要的，通过后续工作的实施，才能检验是否

① 罗炯彬，于平 . 在美国中学开家长会［J］. 教师博览，2001（7）.

真正实现了家长会的目的，即孩子是否取得了进步。我们的班主任也应该学习美国的做法，在家长会后同家长继续保持紧密的联系，督促、指导家长为孩子的发展做出努力。

本章对班主任的工作对象——学生与家长进行了深入探讨，对学生的探讨重在学生个体的基本情况与特征，对家长的探讨重在班主任与家长的合作。对学生和家长的充分了解是班主任工作顺利完成的基本保障。

第二章 班级日常管理工作的技能

所谓班主任的班级日常管理工作是指班主任通过制定和执行计划进行班级管理的经常性工作。班级日常管理工作在班主任全部工作中所占的比重最大，如果把班主任工作做一个浓缩，班主任对班级的日常管理工作就会突兀地显现出来。班主任作为一个管理者，要带领全班学生实现一系列的教育目标。而要实现这一系列的目标，就需要班主任制定详细的工作计划、严格实施、随时检查、认真总结、客观评价，通过这五个紧密相连的步骤，形成一个有效的日常管理工作流程。对班主任班级日常管理工作的研究，将有助于提高班主任对日常管理工作的认识，提高班主任工作的管理水平，促进班主任能力的提升。

第一节 班级日常管理工作流程

班主任的班级日常管理工作流程简而言之包括计划、实施、检查、总结、评价这五个步骤，每一个步骤都对班主任工作有着重要的意义。

一、班级日常管理工作计划

计划是工作或行动以前预先拟定的具体内容和步骤，是工作或行动前预先确定的工作目标，要做什么，何时做，怎么做。总之，计划是未来工作或行动的方案。班级日常管理工作计划是班主任对某一时期班级工作的目标、任务、方法等预先作出的安排和设想，是班主任在某一时期的工作方案。

（一）制定班级日常管理工作计划的意义

班主任在班级日常管理工作中的成绩，常常有赖于精细的计划。[①] 《礼记·中庸》中有曰："凡事豫则立，不豫则废。言前定则不跲，事前定则不困，行前定则不疚，道前定则不穷。"豫，亦作"预"。毛泽东在《论持久战》中说："'凡事预则立，不预则废'，没有事先的计划和准备，就不能获得战争的胜利。"即不论做什么事，事先有准备，就能得到成功，不然就会失败。班主任工作亦不例外。

制定班级日常管理工作计划对班主任工作有着十分重要的意义。

---

① 许高厚、郑维新、王新凤、张忠山．初中班主任［M］．北京：北京师范大学出版社，1997：208.

第一，制定班级日常管理工作计划是班主任有的放矢进行工作的重要步骤。班主任的班级日常管理工作内容纷繁复杂，涉及面颇为广泛，若没有一个详细的工作计划，常常会顾此失彼，在纷乱的工作中陷入被动的境地。因此，制定班级日常管理工作计划是五步骤中最重要的一个步骤，堪称"班主任工作的地图"。每一位班主任都应该制定工作计划，按照工作计划有条不紊地开展工作。

第二，班级日常管理工作计划有助于班主任协调班级内外的各种因素。通过工作计划，班主任能协调学校要求、领导指示与班级目标和任务之间的关系，在班主任、学科教师、家长以及学生等各种教育力量之间取得平衡，使人力、物力、财力、时间、场所等各种因素都得到合理、适度的运用。同时，通过工作计划，班主任对班级事务的安排能够做到全盘考虑、统筹规划、班级内外各种因素共同发挥作用。

第三，班级日常管理工作计划是班主任对班级进行管理和建设的纲领。班级日常管理工作计划是班主任教育管理工作的具体化，除了说明班主任在某一时期内的工作任务外，班主任还可向全班学生公布自己的工作计划，使全班学生在班主任工作计划的指导下形成各自的学习、生活计划，使全班学生建立明确的奋斗目标、方向和方法。同时，还能有效调动全班学生关心和建设班集体的积极性，增强班集体荣誉感。

第四，班级日常管理工作计划有助于班主任对工作进行检查和自我督促。班主任制定工作计划后，就开始依计划逐步开展工作。在工作过程中，班主任可依据计划对自己的阶段性工作进行检查，是否达到阶段性目标，是否能够完成定期计划，还有哪些方面可以改进等等。同时，工作计划作为班主任日常管理工作的参照，可以督促班主任努力工作，不管遇到什么困难，也要完成工作目标。

第五，制定班级日常管理工作计划有助于提升班主任对班级事务的规划能力。每一次制定班级日常管理工作计划的过程，都伴随着班主任对以往工作的总结、对当前状况的分析以及对未来工作的预测，伴随着对工作对象、工作目标、工作任务以及开展工作的现有条件等的认真分析、审慎规划。因此，制定班级日常管理工作计划，不仅有助于班主任深化对班集体的认识，更有助于提升班主任对班级事务的规划能力。

（二）制定班级日常管理工作计划的依据

班主任班级日常管理工作计划的制定不是主观想象、不是闭门造车，而是必须建立在对客观现实的认识和各种主客观条件的基础之上的，包括学校条件、任课教师条件和班主任自身条件等，确保工作计划实施的可行性。

第一，班主任制定班级日常管理工作计划必须以上级指示和学校要求为指导。上级指示包括党和国家的教育方针、政策和法规，以及上级教育行政部门的指示和要求。学校要求指学校工作计划为整个学校管理规定了明确的任务，对教育目的和当前形势做出了明确论述，它是制定班主任工作计划的直接依据。因此，班主任制定工作计划时必须以这两方面的要求为指导，才能保证工作计划有正确的方向。

第二，班主任制定班级日常管理工作计划必须以教育理论、管理理论和青少年身心发展的规律为基础。班主任工作计划是班主任实现日常管理工作的路桥，其中，为实现教育目标而采取的方法和措施是班主任工作计划的重要组成部分。这些方法和措施的制定和实施必须符合教育理论和管理理论以及青少年身心发展的规律，才能使计划得到科学的、合理的、顺利的实施，才能科学地实现教育目标。因此，班主任应努力研究教育理论和管理理论，按照教育和管理规律制定班主任工作计划，科学合理地组织开展各种班集体活动。

第三，班主任制定班级日常管理工作计划必须以班级学生的实际情况为出发点①。班级学生的实际情况包括学生个人和集体两方面，学生个人情况包括思想品德，健康水平，学业成绩、兴趣爱好、性格特征、生活习惯、成长经历、家庭情况及社会生活环境等。要把学生个人情况同学生集体情况结合起来，在把握学生个人情况的基础上，进行全面分析综合，把握学生集体轮廓，把握学生集体除德、智、体、美、劳几方面基本情况外，各类学生的特点和比例，干部状况，作风传统等。在此基础上，制定工作计划才能符合学生的实际情况，才能具有针对性、可行性，更好地促进班级学生发展。此外，学生的情况是在不断变化发展的，班主任应不断掌握新情况，研究新问题，以便全面深入地了解学生，防止教育工作计划存在盲目性和片面性。

（三）制定班级日常管理工作计划的原则

第一，目标性原则。班主任制定班级日常管理工作计划，首先要确定目标。班主任工作计划的总体目标应以培养适应新时期社会发展需求的人才为主体。有了这个总目标，工作计划就有了时代感和方向性。各种其他一系列计划就能做到有目的、有层次。

第二，整体性原则。班主任班级日常管理工作计划是学校整体工作计划的一个组成部分，它必须服从于使学生德智体美劳诸方面得到全面发展这一教育目的。在整体性原则指导下，不同阶段、不同具体活动还应各有侧重。

第三，群众性原则。班主任班级日常管理工作计划关系到全班师生，工作计划的设想、确定目标、制定措施都必须走群众路线。整个工作计划制定过程

---

① 许高厚、郑维新、王新凤、张忠山．初中班主任［M］．北京：北京师范大学出版社，1997：210.

应广泛征求校领导、任课老师、学生及其家长的意见，集思广益，群策群力。

第四，稳定性和灵活性原则。班级日常管理工作要想井然有序，班集体要想稳定团结，班级日常管理工作计划的连续性和稳定性是其保证。然而，管理工作中客观情况的偶发性则要求工作计划具有灵活性，使工作计划灵活调整以适应新情况。

第五，超前性和现实性原则。班级日常管理工作计划的制定必然带有预测性，勾画出理想的发展前景，这就是超前性。而理想必须建立在现实的基础上，根据现实情况制订计划，这就是现实性。超前性与现实性紧密结合，才能使工作计划具有长效的适用性，保证实施可行性。

（四）班级日常管理工作计划的种类和内容

班级日常管理工作计划有很多种，根据不同的维度，划分为不同的种类。从时间维度分，有学期工作计划、月工作计划、周工作计划等。从工作内容维度分，大的方面有智育工作计划、德育工作计划、体育工作计划等；小的方面有班干部选拔培养工作计划、问题生教育工作计划、集体活动工作计划、家长联系工作计划、班级文化建设工作计划等。

1. 时间维度

（1）学期计划

这是学期开始时制订的计划，是整个学期班主任工作的总纲。这种计划由三部分组成：

第一，分析基本情况。包括班级的自然状况、现状和历史状况的分析。班级的自然状况如：总的人数、男女生人数、年龄、团员、队员、班干部、三好学生和差生的比例等。班级的现状分析如：班级学生的思想品德状况、学习现状、体质状况、学生的特点、班干部的能力素质、班级学生中的人际关系和班级的优缺点等。对班级基本情况的分析是确定教育任务的基本依据。因此，班主任要在全面分析的基础上，善于抓住班级面貌最本质的东西和主流。至于分析的详细条目需视其具体情况而定。

第二，确定教育任务

这部分内容是在对班级基本情况分析的基础上，根据教育目的和学校本学期中心任务的要求，明确规定本学期应达到的教育目标。确定教育任务应抓住重点，突出中心任务；同时，确定教育任务还要注意有针对性，不要过分笼统。

第三，安排具体工作

这部分包括为完成教育任务而打算采用哪些内容、方法和时间安排等。这部分应具体些。常见方式有两种：一种是以时间顺序为主线，纵向安排各种具体的活动内容、方式、时间和地点等。另一种从德、智、体、美、劳几方面横向列表安排各方面的工作。要注意的是，无论采用哪种方式安排工作，都应考虑计划的可操作性。

（2）月或周工作计划

这是根据学期计划和某一阶段的任务，在本月或本周开始时制订的。这种计划要订出具体的内容、时间、地点、方式、措施和执行人员等。

案例 一中高 156 班班级工作学期计划（2005 年 3~7 月）

一、情况分析

班级共有学生 54 名，分别来自 21 所中学，其中男生 30 名，女生 24 名，共青团员 37 名，校三好学生 13 名（市三好学生 1 名）。在全国学科竞赛中获奖的 1 名，在省、市级的学科、体育竞赛中获奖的计 4 人次，在省级以上刊物发表文章的 4 名。校运会成绩居年级第二，只有一人体育未"达标"。

该班 2004 年组建至今，班级建设已初具规模。班内人际关系融洽，班级组织比较完善，班内有统一的行为规范，全班同学共同的奋斗目标——争创市优秀集体，力争毕业会考合格率 100%。

与平行班比较，班级有如下特色：①思想意识比较单纯。班内没有发生过大的违反校风校纪的行为，暂未发现早恋现象。②智力水平中偏下（据各科任老师反映），学习成绩不稳定，在平行班中大约居于中等。③思维特性主要表现为"锁闭型"、"单线性"。好独自沉思，不善讨论；能深入苦想，不善"发散性"思维。④个性特征主要表现为内向、含蓄，但并不失热情。

二、指导思想

全面贯彻党的教育方针，培养学生自尊、自爱、自信、自强的自觉意识，使学生在学习上全面打好基础，培养能力和特长。

三、具体安排

1. 德育：①针对高一学生将面临"升学分流"的现实，加强理想人生的教育，举办"天生我材必有用"的主题班会和"人生能有几回搏"的演讲比赛。②针对班内学生性格过于内向的特点，引导学生认识当代的"竞争"趋势，增强参与意识。由每一位同学出一次专刊，以照片的形式介绍自己的成长史和自己的家庭。以"君子当仁不让"为主题开展日常生活教育。③针对班上普遍存在的"代沟"现象，教育学生尊敬父母、尊敬师长，协调家庭、师生关系。以"理解是双方的"为主题进行日常生活教育，同时以"为孩子提供良好的学习心理环境"为目的进行家庭走访。④进一步完善班级建设、增强班级成员自我教育自我管理的能力。开展"像爱惜生命一样爱惜自己的名誉"为主题的日常生活教育，坚持班级"每日小结制"，指导学生干部制定工作计划。⑤净化日常生活用语，以小幽默、漫画、小品的形式举办主题班会

——"美不美"。

2. 智育：①提倡勤奋、刻苦的学习精神，开展"勤能补拙"、"天才来自勤奋"的日常教育。②改进学习方法，养成良好的学习习惯。利用班报、黑板报、经验交流会介绍先进的学习方法。③针对班上学习"锁闭型"的弱点，创造活泼、生动的学习气氛。在教室内开辟学习专栏、外语角、"每日一练习"栏目。④在学好基础知识的前提下，让每个学生各有专长。

3. 体育：①认真上好每一堂体育课和课间操。②实现全班体育"达标"。③开展各项体育活动，成立班级足球队，举办班级运动会。

4. 美育：①提高艺术欣赏水平。请专业教师进行音乐讲座，举办班级绘画展览。②培养艺术创造能力。举办文艺晚会，举办"插花"比赛。

5. 劳育：①上好劳技课，掌握英文打字技术，熟悉家电维修知识。②加强劳动观念，参加社会公益劳动，制作、互赠小礼品。③养成良好卫生习惯，制定班级卫生奖惩制度。

一中高 156 班班主任吴老师

2005. 02. 28

2. 工作内容维度

从工作内容维度进行分类的话，主要是指各项具体活动的执行计划。这是指为开展某一项教育活动而制订的具体计划。如：组织一次主题班会，开展一项文体活动等。这种计划要订得十分具体，各种准备工作都应作详细而具体的考虑，这样开展工作才会做到胸有成竹，有条不紊。制定计划要注意征求科任老师、班干部和学生的意见。计划订好交学校领导批准后要认真执行。若客观情况发生了变化则应及时做出相应的修改和调整。另外，还应随时检查计划的执行情况；计划执行完后，还要做认真的总结。

二、班级日常管理工作的实施和检查

（一）班级日常管理工作的实施

班级日常管理工作的实施是指班主任带领全班学生，协同任课教师和学生家长，执行制定好的工作计划，逐步实现教育目标的过程。该步骤在班主任的班级日常管理工作流程中具有举足轻重的作用，如若没有该步骤，班级日常管理工作计划将成为一纸空文，班级管理也将陷入混乱状态。因此，该步骤是班主任和全班学生将班级发展的目标转化为现实的重要环节。

在实施阶段，班主任的管理工作主要有以下三个方面：

1. 充分发挥调节作用

在贯彻实施工作计划过程中，班主任要充分发挥自己作为班集体的组织者、教育者和指导者的作用，从整体上做好组织、指挥和协调工作。要营造一个良好的指导气氛，促使任课教师、学生、家长做好自己的本职工作，并与之建立良好的合作共事关系。

2. 组建班委会

班主任要想成功地管理一个班级，首要的是选择一些品学兼优、责任心强、身体健康、乐意为同学服务的学生担任班干部，组成班委会，建立实施班主任工作计划的班级组织机构，协助班主任管理班级。班主任对班干部要知人善任，既要进行班级工作指导，又要将他们作为班级日常管理工作计划实施的反馈系统。要从他们那里及时了解到有关活动开展的情况，以及学生在活动中的态度、情绪、表现和建议等等。必要时对预先制定的工作计划进行适时的调整和补充。

3. 调动全班学生参与

班主任除了培养班干部成为自己管理工作计划实施的得力助手外，还要调动和激励全班学生积极参与班级管理工作的各项活动，发挥全班学生的主观能动性，让学生既是教育管理工作的客体，又是教育管理工作的主体，特别是在具体的教育活动中，学生就是主角。因此，调动全班学生积极参与到班级日常管理工作计划中来，让每一个学生都成为班级的主人，让每一个学生都为班级的发展、建设优秀班集体，出主意、想办法。这样，班主任的工作计划就能顺利实施。

（二）班级日常管理工作的检查

班主任对班级日常管理工作的检查是班级日常管理工作流程中一个非常必要的步骤。检查既是班主任对工作计划的预见性的检验，又是对工作计划执行情况的监督。

在班级日常管理工作计划实施的过程中，班主任及时检查工作计划开展的进度、成果、工作中存在的问题等情况，既能推动班主任管理工作计划的实施，又能使班主任对自己的工作计划进行适时的调控，发现问题，解决问题，避免或减少失误。

班主任对班级日常管理工作计划执行状况进行检查时，可采取多种方式。既可以是对工作计划的全面检查，亦可根据实际情况对某项具体工作计划进行检查；既可以是班主任个人根据工作计划执行状况进行检查，又可以是班主任和班干部或全班学生共同对工作计划执行状况进行检查，还可以是学生对照工作计划进行自我检查或相互检查。在检查过程中，班主任要对工作计划的执行状况进行阶段性总结和评价，及时表扬先进，鞭策落后，促进全班学生为班级共同目标的实现继续努力。

三、班级日常管理工作总结

班级日常管理工作总结是班主任"对一定阶段（学年或学期）班级各方

面工作所作的整体回顾和分析评价"①，是班主任工作实践的反思，是对实践检验的理论性思考。工作总结是班主任日常管理工作流程中必不可少的步骤，写好班主任管理工作总结，对于班主任积累育人经验、提高管理水平和教育成效具有重要意义。

（一）班主任班级日常管理工作总结的意义

1. 班主任对班级日常管理工作进行总结有助于提高工作质量

班主任日常管理工作是一项有目标、有计划、系统的管理工作。在班主任的工作过程中，每一个步骤都是循序渐进的，是一个周期接着一个周期进行的。在每一个周期结束时，对该周期进行工作总结，就能发现工作计划在执行中有哪些优点、缺点，对实际工作的指导作用如何，实际工作取得了什么样的成效，学生在班级工作中的表现如何，怎样做能取得更好的效果等等。班主任通过工作总结不断地获得新的理论思考和方法，进而在制定新的工作计划时能更加切合实际地考虑，不断提高班主任工作的质量。

2. 班主任对班级日常管理工作进行总结有助于提高自身能力

班主任日常管理工作既是一门科学，又是一门艺术。班主任若只是凭借自身经验开展工作，而不注意对经验进行总结并不断把经验上升到理论高度，是不能成为优秀的、受学生和家长欢迎的班主任的。通过工作总结，班主任就能整理自己在管理过程中的工作经验，分析成败得失，并逐步和教育理论相结合，同时，把自己探索出来的适合不同班级情况的管理艺术和教育理论相结合，这个整理、总结、结合的过程是班主任提高自身素养，强化自身能力的最有效的途径。

（二）班主任班级日常管理工作总结的种类和内容

班主任班级日常管理工作总结的种类有很多，按时间维度分，有学年工作总结、学期工作总结、月工作总结、周工作总结等，可统称为阶段性总结；按工作内容维度分，有全面总结和专题总结。

阶段性总结是指班主任对班级某一时期（学年、学期、月、周等）各方面工作的总结。全面总结是指班主任对班级学生在德、智、体、美、劳等各方面受教育的情况进行全面、综合、整体的总结。专题总结则是班主任对班级某一专项活动进行情况的总结，例如班级学习情况总结、体育情况总结、班风建设情况总结等。

班主任工作总结的内容主要有四个方面：

1. 班级工作的基本情况

班级工作的基本情况包括班级概貌，总结的时间期限，该阶段内的工作计

---

① 涂光辉等. 班主任工作技能［M］. 长沙：湖南师范大学出版社，1997：53.

划要点和执行的基本情况，开展了哪些教育活动，成绩有哪些，问题有哪些；

2. 对成绩与问题进行基本分析

对成绩与问题进行基本分析要全面、准确、深刻，不得留于事物的表面，不满足于对事物的感性认识，而是努力上升到理性认识，只有这样才能揭示班主任工作的规律；

3. 心得体会

心得体会即在对班主任工作的规律分析的基础上，谈谈自己的心得体会；

4. 对下一阶段班级工作的建议

即通过总结，通过对班级前一阶段工作的认识，提出对下一阶段班级工作的设想，应突出抓好哪几项教育活动，应注意什么等等。

案例 2007～2008 学年度下学期八年级一班班主任工作总结

现在学校教育教学工作已接近尾声，我感慨岁月匆匆，回想这一学期以来开展的各项工作。班主任工作是复杂的、细致的，下面我谈谈我的点滴工作经验：

一、分析班情，制定目标

进入八年级下学期，只有对学生们的基本情况进一步了解，并作一个初步的分析，才能有的放矢，因材施教，我对八年级一班情况分析如下：

1. 学生学习基础相对较差，有三分之二的学生没有养成良好的学习习惯，也有部分学生，上课总是讲话，捣乱，不写作业等，他们的学习习惯有待进一步培养。

2. 整个班集体比较活跃，班干部队伍有明显的号召力。

3. 具有表现欲望的学生不是很多，很多学生的性格较为内向。

4. 动手能力不强，不积极参加劳动，有的学生甚至斤斤计较。

根据以上情况，我制定本学期的总目标：继续培养学生形成良好的日常生活习惯、学习习惯；掌握正确的学习方法；形成积极向上的班级整体风貌；促进学生的个性发展。

二、营造氛围，促进班风建设

狠抓日常行为规范和养成教育，做到"抓反复、反复抓"。我一开学就组织学生重新学习《中学生守则》和《中学生日常行为规范》，在此基础上，订出切实可行的、为绝大部分学生所能遵守的《八年级一班班级量化考核管理办法》，尽可能贴近学生的生活。所出台的惩罚条例更有人情味，容易为学生接受。比如要求违反课堂纪律的学生写说明书和批评扣分，让违者明白做错事要付出一定代价。

严格落实《中学生日常行为规范》的要求，特别是课堂纪律、仪容仪表、早操、升旗仪式、礼仪、卫生值日等方面。早在本学期报名期间，我密切关注学生的头发，如果有某个男生留长发或染发，我暂时不给他报名，直到他听从劝告把头发理短或染黑。我一向注重仪容仪表，不赞同学生穿奇装异服来学校。由于有的学生素质偏低，口无遮拦，满嘴粗话，于是我着手抓学生的养成教育：首先广泛调查爱讲粗话的学生的家庭背景以及相关情况；其次广泛向全班同学征求民主意见以及整改措施；然后制定具体实施方案，下放权利给学生干部自己管理，班干部和团员充分发挥监督作用。经过一番整改，学生的日常用语文明多了。

三、任用人才，放手管理

开学初期我结合本班学生在过去一年的表现，以及通过各种渠道了解他们的详细成长变化情况，本着用人唯贤的原则，选出得力班干，组成班委。李君龙同学原是我班的双料差生，但是他具有很强的组织能力和领导能力，这学期我大胆任用他当班长，专管纪律。果然，他一上任，就积极发挥才能，把调皮捣蛋的学生管理的安安稳稳的。一个班的管理是否好，关键还要看班干部的素质。我本着"用人不疑，疑人不用"的原则，选好班干，安排好职务，下放权力，大胆放手让他们去管理班级，效果不错。

四、因材施教，关心后进

考核评价学生不能一刀切。要承认个体差异，给予多元化的评价，公平评价学生，激励他们进步。后进生的改变，更渗透了班主任的心血。本班后进生比较多，我一开始就制定好后进生的花名册，通过各方面了解他们的详细情况，从他们感兴趣的事情或话题入手，与他们交流，渐渐地打开他们的心扉，会诊"顽疾"，对症下药，药到病除。

不得不承认，每一个学生，包括后进生都有他们的闪光点，经过努力，有号召力的李君龙担任了班长，学习差又内向的蔡永医在班级篮球赛表现优异，自卑的刘刚在小型运动会获得跳远冠军……八年级一班在多次集体活动中团结一心，获得第一。

五、了解时事，关心社会

除了搞好班级常规管理，我还利用班会积极组织学生了解时事，了解社会，培养他们的社会责任心，历史责任感。

面对即将召开的2008北京奥运会，召开"我们的2008，我们的奥运会"主题班会，大家围绕奥运会，畅谈梦想，大大激发了同学们的爱国心和民族自豪感，同时也激励了他们的学习上进心。

5月12日14时28分，四川汶川发生8.0级地震，我及时组织同学们了解这场浩劫，并组织召开了《骨肉同胞，血脉相连——关注5·12汶川大地震》主题班会，让同学们真实真切地体会民族情、爱国心，体会团结、互助，体会坚强、勇敢……班会上，大家热泪盈眶，踊跃捐款，奉献爱心，那一刻，我觉得大家真的长大了。

本学期八年级一班虽然有了很大进步，但仍然存在许多不足，如学习成绩还不能令人满意，个别同学纪律差等。但是，我相信我自己，也相信我的学生们，下学期我们会很努力，我们会不断进步。

××中学八年级一班班主任王老师

2007.06.23

（三）班主任做班级日常管理工作总结应注意的问题

作好班主任工作总结，要注意以下几点：

1. 工作总结要以工作计划为依据

工作总结和工作计划有密切的联系，班主任进行总结要全面检查工作计划完成情况，反映执行效果。对未能如期完成或完成情况没有达到预期效果的计划应分析原因，这样才能有助于班主任在制定新的工作计划时有所改进。只有工作计划而没有工作总结，或者完全抛开工作计划做工作总结都会使班主任管理工作质量下降。

2. 要全面了解情况，充分收集资料

班主任进行工作总结的前提是全面准确地了解掌握班级各个方面的情况，因此，班主任要认真做好调查研究工作，不仅自己要善于观察，还要注意收集各科任课老师和班级学生的反映，不仅要听取正面的意见，还要善于听取反面的意见。只有情况了解全面，掌握透彻，资料收集得详尽，班主任所进行的总结才能比较全面、准确、可靠。

3. 要以科学的理论为指导，努力探索教育规律

班主任要善于学习和运用教育学、心理学和管理学等有关理论，对班级工作情况、成绩和问题进行科学分析、总结和概括，使经验上升为理论，从而有效地探索和掌握班主任工作的客观规律，促进班主任工作的科学化、专业化。

4. 要发动班级全体成员进行总结，发挥总结的激励作用

学期结束时，要通过座谈讨论的方式以及书面的方式，发动并布置全班学生和任课教师自己总结一个学期以来的工作、学习和生活，肯定成绩，找出不足，使总结成为鼓舞全班成员继续前进的力量，从而有效地发挥总结的激励作用。

四、班级日常管理工作评价

班主任日常管理工作评价是根据我国中学教育管理工作的标准，对班主任所实施的各种教育计划和活动的效果进行考核和评定。具体说，它主要考核和评定班主任是否切实有效地履行了国家颁布的和各校自定的《班主任工作条例》中所规定的工作职责，包括向学生进行思想政治和品德教育，教育学生遵守学生守则，增强法制观念；教育学生努力完成学习任务，会同各科教师，帮助学生明确学习目的，端正学习态度，养成浓厚的学习兴趣和强烈的求知欲望，掌握科学的学习方法，不断提高学习效率，提高各科成绩；关心学生身体健康，关心学生安全，关心学生课外活动，鼓励学生发展正常的兴趣、爱好和特长；指导班委会和本班的团队工作，培养班干部，提高学生的自立、自理能力，把班级建设成为奋发向上、团结友爱的集体；协助学校做好德育考核和奖惩工作；联系本班学生家长，争取家长和社会的支持、配合，共同做好学生教育工作等等。

（一）班主任班级日常管理工作评价的目的

班主任班级日常管理工作评价本身是通过教育价值判断的过程，引导班主任树立正确的教育观和质量观，实现教育目标的手段。运用评价的导向、激励、鉴定和调节改进的功能，为班主任树立明确的奋斗目标和客观的标准，增强提高自身素质的自觉性。通过对班主任工作的评价，可以使班主任工作的成绩得到客观的、充分的肯定，使工作中的问题得到及时的解决，起到适时调节、改进工作的作用。评价工作能为班主任考核、奖励、选拔、职称评定和聘任工作提供客观依据，启动其内在活力，调动其积极性，有利于加强班主任队伍的科学管理，实现班主任队伍的整体优化。实践证明，通过评价可以引起校内舆论和社会舆论对班主任工作的重视，使班主任在教育事业上获得应有的尊重与地位。

（二）班主任班级日常管理工作评价的原则

班主任工作评价的原则是指班主任工作评价必须遵循的基本要求。班主任工作评价作为学校教育管理工作的一项重要内容，它的各阶段各环节必须符合学校教育的特点和规律。[①]

1. 客观性原则

班主任工作评价的客观性原则是指班主任工作评价应以正确的资料为基础，实事求是，准确反映被评对象的真实状况，切忌主观随意性。要提高评价的客观性，首先应在确定评价指标时做到统一、可比、具体、稳定，避免笼统和随意。其次，应在信息或资料的收集和处理过程中讲求精确性和可靠性，即在充分认识各种信息收集手段的特点、功用和长短之处的基础上选用它们，提高信息或资料的质量。再次，应做到在作出判断或结论的过程中努力减少各种心理效应和外界因素的影响。

2. 方向性原则

班主任工作评价的方向性原则是指评价必须符合国家总的教育方针和本校具体的教育目标。评价班主任工作，不应只看其所带班级学生学习成绩的高

---

① 冯晓林．班主任管理手册 [M]，北京：开明出版社，1996：925.

低，而是要看其整体素质的发展状况，尤其要关注学生创新精神和实践能力的培养。要赋予评价以明确的目的性：首先，要树立评价是为了更好地教育学生和为了改进工作的思想；其次，确立评价指标要与国家的教育方针和学校的教育目标相一致；再次，以教育目标的完成情况来判断班主任工作的状况。

3. 科学性原则

班主任工作评价的科学性原则是指班主任工作评价应该有一定的理论依据，使评价的设计、组织和实施符合有关的科学原理。首先，评价应依据教育学、心理学、管理学、测量学、统计学的原理，设计方案，建立指标体系，分配权重，收集和处理资料，作出结论。其次，要重视评价过程的科学性，使评价过程按照科学合理的程序展开，以提高评价的准确性。再次，应重视评价的经验总结，不断提高评价的合理性。

4. 全面性原则

班主任工作评价的全面性原则是指班主任工作评价要全面反映学校教育工作的总体要求。班主任工作评价对班主任工作具有一定的导向作用，如果评价不能全面反映班主任工作的内容，或者说评价内容不全面，就会造成班主任工作重心的偏离，其结果必然会影响学生的发展，因此，评价必须符合全面性原则。

要使评价具有全面性，首先在选择和确定评价内容和指标时，必须充分考虑班主任工作的各方面情况。这里必须指出的是，全面性不是指评价要面面俱到，而是重点突出，以点带面。其次，在分析结果时，要有动态的眼光，不能只看结果，不看过程，防止以偏概全的现象。

（三）班主任班级日常管理工作评价的作用

班主任班级日常管理工作评价是学校领导对班主任工作进行检查督促而实现目标管理的需要，也是引导班主任按照标准或系统努力锻炼、监控自我工作进程和效果的需要，同时又是评比、总结班主任工作，量化班主任工作效度的需要。具体而言，对班主任工作的考核评估有以下四方面的作用：①

1. 导向作用

对班主任工作的考核评估，应当用具体的指标去体现正确的教育思想，体现学校总体规划要求，从而保证学校正确的办学方向，起到对教育工作的导向作用。

2. 规范作用

班主任工作纷繁复杂、千头万绪，考核评估指标的公布和实施，就从制度

---

① 曾乾炳．试论对班主任工作的考核评估［J］．成都教育学院学报（班主任工作研究），2002（4）．

上明确规定了班主任应该做的工作，班主任也明确了工作优劣的标准。班主任可以根据各项指标的检查，通过数据处理，得出结论，明了自己目前工作的长处和不足，以及学校所处的位置，有利于改进、规范以后的工作。

3. 督促激励作用

考核评估的督促与激励作用是非常明显的。按照美国心理学家和行为学家伏隆（V. H. Vroom）的观点"激发力量 = 效价 × 期望值（F = VE）"，每个人都希望自己的工作得到肯定和认可，都有赶超别人的愿望。对班主任工作的评估作为指导教师和学生的趋同价值，又给他们实现这种价值提供了公平竞争的环境，故能促进班主任提高主动性与工作热情，激励他们把主要精力投入到工作中。

4. 诊断与调节作用

单凭印象谈班务工作的好坏，很难令班主任信服。通过考核评估，各种资料都是直观的，优劣好坏都有数据和事例。考核评估的过程也是分析的过程，通过这样分析诊断出的问题，往往是真正需要解决的问题。在这种情况下，学校和班主任对工作目标、工作过程作相应的调整，改革工作方法，明确工作目标，监督工作过程，量化班主任工作的效果。具体而言，对班主任工作不断评估、不断调整、不断改进，工作质量就会呈螺旋式上升，整个学校的教育质量也会日益提高。

（四）班主任班级日常管理工作评价的方法

评价方法是评价所要选取的形式或种类。班主任工作评价中评价方法选择的适当与否也会对评价结果产生巨大的影响。评价目的不同，评价会采取不同的方法。[①]

1. 自我评价和外部评价

从评价者参与主体来看，评价可以分为自我评价和外部评价。自我评价是班主任个人对自己工作情况所进行的分析和估价。其好处是：评价比较容易进行，通过评价可以提高班主任自己的自我评价能力。同时，通过班主任对评价指标的阅读，还可使班主任及时发现自己的不足之处，以改进工作。但这种方法往往也会因受到班主任自信心、安全感以及个人评价技能技巧的影响而缺乏客观性。因此，自我评价总是要同他人评价结合起来运用。

外部评价主要有同行评价、领导评价、学生评价和社会评价。同行评价是指与班主任本人从事同一工作或相近工作的班主任、教师或辅导员等对班主任工作进行的评价，一般采用无记名投票或通讯评价的方式。领导评价主要是指由学校校级领导和教导处、教务处、年级责任人、班主任代表组成的评估成员

---

① 冯晓林. 班主任管理手册［M］，北京：开明出版社，1996：925 – 926.

对班主任工作进行的评价。班主任工作的对象是学生，来自学生方面的评价和反馈能比较准确地反映班主任工作的实际情况，因此，让学生评价班主任工作也应该是班主任工作评价不可缺少的重要组成部分。实施班主任工作的学生评价，组织评价人员要预先向学生讲清评价的目的、意义以及指标体系和评分方法。评价要采用无记名方式以消除学生的顾虑。社会评价主要是指学校所在地的政府、教育行政部门对班主任工作进行的评价，或学生家长对班主任工作进行的评价。

2. 相对评价、绝对评价和个体内差异评价

根据评价的标准不同，评价可分为相对评价、绝对评价和个体内差异评价。相对评价的目的是确定被评对象在被评价团体中的相对位置。绝对评价以预先制定的教育目标为评价参照标准，评价每个被评对象的完成度。个体内差异评价是指对被评对象内部的发展变化做纵向和横向的比较，以看其发展变化的评价。[①] 在班主任工作评价中，一个学期前、中、后三次对班主任工作进行评价，以比较他的进步情况，这种班主任工作就属于个体内差异评价。

3. 诊断性评价、形成性评价和终结性评价

根据评价所发挥功能的不同或评价的目的不同，评价可以分为诊断性评价、形成性评价和终结性评价。诊断性评价是在班主任工作开始前或一个学期开始之前，对班主任工作所做的预测性评价。[②] 如调查班主任对班级工作的了解程度，班主任所带班级的学生学习质量等。形成性评价是指为了使活动更有成效，以把握和修正班主任工作的计划进程而对班主任工作所进行的评价。正因为如此，这种评价也被称之为过程评价。这种评价的目的是为了及时了解动态过程的效果，及时反馈信息，使已经行使的计划更完善。终结性评价是指在某项活动告一段落时，为把握其成果而进行的评价，也称事后评价，这种评价一般都是为了对既定的评价对象进行全面的判断，目的主要是肯定成绩，总结经验，发现问题，明确方向。我们前面讲到的班主任工作计划评价、工作职责评价和工作效绩评价就分别属于上述三种评价。

4. 定性评价与定量评价

根据评价是否采用统计学的方法，将评价分为定性评价和定量评价。定性评价是根据评价者对评价对象平时的表现、现实状态或文献资料的观察和分析，直接对评价对象作出定性的评价结论的评价方法，如评出等级，写出评语都是定性评价。等级评定是一种方便、简单、易行的评价方法，它可以写成上、中、下三级，也可以用甲、乙、丙、丁四级制，或用优秀、良好、合格、不合格等。这种评价的缺点就是比较粗略，评价受评价者主观的影响程度大。

---

① ②　冯晓林. 班主任管理手册［M］，北京：开明出版社，1996：925 – 926.

定量评价是指采用数学的方法取得数量化的评价结果的一种评价方法，也称量化评价或数量化评价。如通过各种测量表格，通过班主任自评和他评，获取各种数据，最后得出一个总的数量化的数据，并依此数据对班主任工作进行价值判断，就属于定量评价。

由于定性评价和定量评价优缺点的互补性，因此，班主任工作评价中两者结合运用更为妥帖。

5. 单项评价和综合评价

从评价所要反映班主任工作全貌还是重点反映班主任工作某个具体的方面来看，班主任工作评价可以分为单项评价和综合评价。单项评价是指对班主任工作的某一或某几个侧面所进行的评价。如前面所讲到的工作方案评价、对学生学习指导状况的评价等，都属于单项评价。综合评价是指从班主任工作的整体情况来对其进行的全方位、多角度的评价。

第二节　班级日常管理制度

班级日常管理制度就是班主任在对班级进行日常管理时，全班学生必须遵守的规章或准则，其中包括《中小学生守则》、《中学生日常行为规范》、学习制度、考勤制度、班委会制度、学生日常生活制度等等。

中学中各年级的日常管理制度都必须在《中小学生守则》和《中学生日常行为规范》的指导下制定并执行。

一、《中小学生守则》、《中学生日常行为规范》

《中学生守则》和《小学生日常行为规范》、《中学生日常行为规范》（以下简称《守则》详细内容见附录）分别颁布于 1991 年和 1994 年，对中小学生良好行为习惯的养成，以及学校形成良好的校风、学风、教风等都起到了重要作用。2004 年，根据《中共中央国务院关于进一步加强和改进未成年人思想道德建设的若干意见》《公民道德建设实施纲要》的要求，教育部将原来的《小学生守则》和《中学生守则》合并为《中小学生守则》。新守则共 10 条，对学生思想品德形成和行为习惯养成提出了基本要求。

《中学生日常行为规范》（以下简称《规范》，详细内容见附录3）自 1988 年试行，2004 年，修订后的《规范》正式颁发。《规范》集中体现了对中学生日常行为的基本要求，目的在于使其养成良好行为习惯，促进身心健康发展，加强对中学生的道德教育。《规范》的正式颁布，是新形势下加强和改进中学德育工作的重要措施，有利于用社会主义道德规范青少年的日常行为；有利于改善当前中学生养成教育比较薄弱的状况；有利于指导中学生在改革开放复杂多样的社会环境中健康成长。

《规范》是对《守则》的细化，两者应结合使用。《守则》和《规范》除对部分内容进行修改和调整外，根据社会发展对人才培养提出的新要求，分别增加了符合时代特征的内容。① 如诚实守信、加强实践、合作意识、创新意识、网络文明、安全自护、远离毒品等。

因此，班主任在对班级进行日常管理时，应首先使学生理解、掌握与自身行为紧密相关的《守则》和《规范》，应根据学生的学习、生活实际及思想状况变化，帮助学生增强国家观念、道德观念、法制观念，懂得什么是正确的，什么是错误的，提高分辨是非、区分善恶的能力和道德选择与行为评价的能力。要组织开展多种形式的校内外教育活动，帮助学生理解、记忆，增强守法、守规、守纪的意识。

二、学习制度

学习是学生在学校的主要任务，是学生在校期间从事的最经常最大量的活动，更是学生成长的主要途径②。学生通过课本知识的学习，直接或间接地获得主客观世界的经验、真理以及规律，同时，学生个人的生理、心理、社会等各方面的经验也在学习中不断地积累和改造，结合课本理论和生活实践，学生逐渐形成自己富有特色的世界观、人生观、价值观。因此，从大的方面来说，学习能塑造学生的灵魂和人格；从小的方面说，学习是提升学生能力和修养的手段，能够使学生成为国家未来的栋梁之才。为此，加强班级日常管理的学习制度十分重要。

学生学习过程的基本环节有预习、听课、复习、作业、小结等，对这些基本环节提出相应的规则和要求，有助于提高和保障学生学习的质量。

1. 预习

预习是为学习新课作准备。学生一旦养成课前预习的习惯，学习态度就会变得更加积极主动。预习的方法和步骤是通读、标疑、思考，即把要学的新课浏览一遍，把不懂的地方标上记号，对后面的习题进行初步思考。预习是为了提高听课水平，培养自学能力。一般说来，中学的语、数、外、理、化等课程，都要养成预习的习惯。

2. 听课

听课是学生学习过程的中心环节，是学好功课的关键。听课应做到专心听讲，积极思考，重点笔记，踊跃回答老师提出的问题。专心听讲就是要集中注意力，不做与本课程无关的事；积极思考就是要边听边想，认真思考教师提出

---

① 教育部 . 关于发布中小学生日常行为规范的通知 ［R］. 2004.03.25.

② 田恒平 . 班主任理论与实务 ［M］. 北京：首都师范大学出版社，2007：151.

的问题和其他同学的回答，多问几个为什么，并敢于提出自己的问题；重点笔记就是要把教师讲课的要点，教师特别强调的结论性的论述重点地记下来，或在书上加批注；课堂上要踊跃回答教师的提问，除了能加深自己对知识的理解外，还能锻炼思维能力，即席发言能力等。

3. 复习

复习是把知识由短时记忆转化为长时记忆的过渡环节。复习的目的在于加深理解教材，消化巩固知识，使知识系统化。复习要做到认真及时，把握重点，融会贯通。认真及时就是当天的功课要当天复习，这样才能减少遗忘；把握重点就是要把基础知识、基本概念弄清楚，把不懂的问题彻底弄懂，不留下知识缺陷；融会贯通就是不孤立地死记知识，要把所学知识互相联系起来，可用摘要、列提纲等办法加以归纳，使之系统化。

4. 作业

学生只有通过作业练习，才能更加深刻地掌握知识及技能。对于教师来说，要尽可能做到在课堂上解决问题，作业要少，要适量，要有全局观念；对于学生来说，要严肃认真地做作业，要有刻苦的学习精神。"题海战术"和反对布置必要作业的观点都是错误的。

学生作业时，应注意以下要求：①先复习，后作业；先审题，后解答。有的学生看到题目，不加思考，马上就做的习惯是不好的。作业和考试时出现不应有的错误，往往是这样造成的；②做完作业后要认真检查；③书写要工整，作业格式要规范化，要爱护作业本，不要在上面乱涂乱画；④要按时、独立完成作业，不拖欠作业，不依赖父母和别人，不抄袭。

5. 小结

学生学完一单元或一阶段后，要进行学习小结，即回顾前一段的学习，哪些知识掌握得牢固，哪些地方存在缺漏，有什么经验，有什么教训。小结的目的在于把前面学的知识条理化、系统化。小结的形式应灵活多样，可采用学生自己喜爱的形式，可写成日记，或写成调查报告，或写讲演稿，或写发言提纲，只要能达到目的即可。

三、考勤制度

班级考勤制度制定的依据主要是《中学生日常行为规范》中"按时到校，不迟到，不早退，不旷课"的规定以及学校的相关制度。由于班级学习主要是在同一教室内由同一教师在某一特定时间对群体学生进行统一授课，这一教学形式就要求学生必须维护良好的教学秩序，以提高学生的学习效率。班级考勤制度就显得尤为重要。

在《中学生日常行为规范》和学校相关制度的指导下，各个学校制定的考勤制度均有自己学校的特色，并没有统一的格式和标准，但一般都包括考勤的标准和量化计算等。班主任根据班级情况可执行学校规定的考勤制度，亦可根据班级情况在学校考勤制度的基础上制定班级考勤制度。班级考勤制度具有班主任的个人特色。

案例 新街镇中学生考勤和请假制度

1. 学生考勤工作由值周老师、值周班勤学岗、所在班班主任和班长组成。考勤内容分为迟到、早退、事假、病假、旷课五项。每天由勤学岗同学在早读或午休铃响后到各班检查出勤情况，各班班主任或班长应如实告之出勤情况并在记载表上签名。每天由岗长汇总各班的考勤结果报值周老师。

2. 迟到规定：早读铃响后到校或午休铃响后到校属迟到，由勤学岗和班长负责记录，迟到者须在勤学岗记录表上签名。住校生在晚自修铃响后到教室属迟到，由班长记录。是否迟到均以铃响时有无进教室门为准。如因搞卫生或交作业等原因未在教室，由班长如实报告检查者。

3. 早退规定：上午第四节下课前离校或提前去食堂吃中饭属早退，下午第四节课下课前离校属早退。住校生在上、下午第四节课下课前去寝室均属早退。早退由班长负责记录。

4. 因病因事不能来校上学或不能到教室上课的，须凭有家长签名的请假条请假，一天内向班主任请假，三天内向班主任和年级组长请假，一周内向班主任、年级组长和政教处请假，超过一周的向班主任、年级组长、政教处和校长室请假。因特殊原因事先来不及或不能当面请假的，须电话请假或一天内补假。请（补）假条须经相关老师签名后交班长保管并记录。

5. 经常迟到、早退的，须向班主任说明原因，无特殊原因的，一周内迟到或早退共计四次及以上由政教处以公开点名批评，一月内迟到或早退共计十次以上予以警告处分。

6. 没有办理请假手续（事后又不及时补假）的，或者请假条上冒充家长签字的，或者相关老师没有准假的，擅自不来校上课的作旷课论处。旷课半天（或一周内旷课 1~4 节）的将公开点名批评；旷课半天以上一天以内（或一周内旷课 5~8 节）的，将警告处分；旷课一天以上一周以内（或一周内旷课 8 节以上）的，将严重警告处分；一学期内连续旷课一周以上（或旷课共计超过 5 天，或旷课共计超过 40 节）的视情节予以记过及以上处分。

7. 因病或因事连续请假一个月以上的，按教育局有关规定处理，可建议休学。

8. 各班班长应及时如实将学生出勤情况记载在《教室日志》和《点名册》上，每周五放学前将出勤情况汇总后填入《出勤周报表》，将《点名册》和《出勤周报表》附有关请假条一并交政教处。

9. 各班的考勤结果列入"四项红旗竞赛"勤学项目，由值周老师和政教处负责统计汇总。如班长在周五放学前未及时将《出勤周报表》等交政教处，则取消该班勤学红旗评比资格。

10. 考勤工作应认真严格地按规定操作，如实地反映出勤情况。如在考勤工作中差错严重或者弄虚作假，将对有关班级和个人予以批评，性质特别严重或者造成不良后果的，将予以必要的纪律处分。

四、班委会制度

一支强有力的班干部队伍，是开展班级工作的基础。对于班主任来说，在班级管理工作中，最重要的工作之一就是培养一支素质高、能力强、作风过硬的班干部队伍，形成具有核心力量的班委会。因此，班委会要形成明确的制度，包括班委会成员的任职条件、班委会职责范围、班委会的工作要求、班委会成员考核等，从而使班委会成为班主任班级工作的得力助手。

（一）班委会成员的任职条件

不是所有的学生都适合做班干部，只有符合一定条件的学生才能做班干部，这样的学生才能在班级管理工作中具有威信，才能使其他学生信服。

1. 政治思想品德好，热心社会工作，秉公办事，乐于助人，富有开拓进取精神。

2. 有责任心，工作能力较强，并且有担任相应工作的特长、兴趣爱好，在同学中具有比较高的威信。

3. 勤奋学习，学习成绩优良。

4. 严格遵守校规校纪，团结同学，尊敬师长。

5. 身体素质好，能顺利完成本职工作。

（二）班委会职责范围

班委会在班主任的具体指导下开展工作，通常情况下，班委会成员由班长、学习委员、宣传委员、体育委员、生活委员、文艺委员等组成。

1. 班长

（1）班长是班委会的主要负责人，在班主任的指导下主持和领导班委会、小组长工作。

（2）协助班主任组织本班参加学校的各项活动和班级活动，主持本班会议。

（3）帮助、督促其他班委工作，完成临时性代替工作。

（4）抓好全班纪律，配合班主任做好个别差生转化工作。

（5）负责本班班级日志，班会记录的收、交工作。

2. 学习委员

（1）了解掌握全班同学的学习状况，联系实际，组织学习经验交流，介绍学习方法，组织学科知识竞赛等活动。

（2）领导本班课代表工作，做好作业收发统计。

（3）制定措施，做同学的思想和组织工作，不断提高学习成绩。

（4）帮助同学与科任教师互相沟通，组织学生互相帮助。

3. 宣传委员

（1）负责本班的宣传工作，及时宣传学校、班级的有关法规、制度等。

（2）办好班级板报，搞好教室布置，积极投稿，协助学生会办好广播、橱窗等宣传阵地。

（3）做好班级德育量化、学雷锋活动的检查，统计上报工作。

4. 体育委员

（1）在各项体育活动中，负责班级队伍的组织工作。

（2）协助体育教师做好本班的体育课、课间操、眼保健操、体育比赛、达标和课外体育锻炼等组织工作。

（3）协助学生会做好课间操的检查、评比工作。

（4）推动班级各项体育活动的开展，积极组织开展全班同学的健身运动。

5. 生活委员

（1）做好本班的各项考勤统计工作、认真如实填写，按时反馈给班主任、教务处、德育处。

（2）负责本班值周工作的安排，协助班主任组织同学搞好和保持教室卫生区的清洁工作，进行检查，评比。

（3）管理好本班的公物设施，认真贯彻爱护公物，损坏公物赔偿的规章制度。

6. 文艺委员

（1）组织同学开展经常性的文娱活动，丰富同学的课余生活。

（2）组织同学排演文艺节目，安排好重大节目的庆祝、联欢活动。

（3）组织同学参加每年一次的学校艺术节及其他各种学校文艺活动。

（4）做好电影票及其他演出票的购买、发放工作。

（5）负责保管班级的文娱活动用具。

（三）班委会的工作要求

班主任除了对班委会成员有具体要求外，还必须对整体班委会做明确的工作要求，使整个班委会有明确的工作目标，团结起来，成为全班学生的核心。

（1）班委会在班主任的领导下进行工作，应成为班集体的核心，全心全意为班级服务，认真组织好班集体活动，积极参加学校的各项活动。

（2）开学初负责制定班委会学期的工作计划，并实施。

（3）定期召开全体委员会议，总结工作，研究下月的工作安排，对好人好事给予表扬，对不良行为进行批评。

（4）经常与班主任沟通，对班级情况及时向班主任反馈，期末进行书面总结，向上级推荐优秀干部（校、区、市级）。

（5）负责学校班级各种活动，会议的纪录、保管及上交，认真贯彻执行各项会议精神。

（6）坚持民主集中制，实行集体领导、分工协作的方法，敢于管理，团结奋斗，努力工作，共同进步，经常开展批评与自我批评。

（7）班委会成员应模范遵守《中小学生守则》、《中学生日常行为规范》、《中学生礼仪常规》等，事事以身作则，各方面都成为学生的表率。

（四）班委会成员考核制度

为了督促班委会成员努力工作，出色地完成任务，还需要对班委会成员制定考核标准。

（1）责任心强，热衷工作，全心全意为同学们服务；

（2）恪守职责，认真负责，按时、出色地完成任务；

（3）积极准备各项活动，努力为班级争取荣誉；

（4）团结同学，带动同学积极参加各项班级活动；

（5）思想保持先进，积极向上，心胸宽广；

（6）班干部之间要团结，互相协作。

五、学生日常生活管理制度

学生的日常生活是学习的前提和保障，班主任应加强对学生日常生活的关注，制定相应的日常生活管理制度，使学生的日常生活有章可循，使学生能够更加集中精力在德、智、体、美、劳等方面的学习上。

（一）学生仪容仪表制度

仪容仪表能体现一个人的气质，对学生的仪容仪表进行管理有助于培养学生形成正确的审美观念，提升学生自身修养，有助于消除学生中相互攀比的不良习气。学校的校服是学生身份和集体精神的双重表达，规范着装是中学生健康形象的必备条件。

（1）面容、发型、首饰：面部保持整洁自然，女生不化妆，男生不留胡须；发型符合学生身份，男生不留长发，男女生不烫发、不染发，不留怪异发型，不剃光头；男女生不佩戴首饰，如戒指、手链、脚链、耳环、十字架等饰物。

（2）服装整洁，朴素大方，提倡穿校服，禁止穿紧身衣、透明装、无袖衫、超短裙、露脐装，不得披挂衣服，禁止穿高跟鞋、拖鞋和其他怪异的鞋等。

（3）学生参加活动时，服从要求穿着统一服装，如校服或运动服；体育课要穿运动鞋，男生在操场内运动时，不得袒胸露背。

（二）学生宿舍制度

学生宿舍管理是班主任日常管理的一个重要内容，特别是一些寄宿学校，学生宿舍管理是一个重点和难点。

（1）凡需住宿学生经学校批准后按指定宿舍、床位住宿。住宿生在校住宿期间必须严格遵守学校的宿舍卫生制度和纪律要求。

（2）住宿生不得留宿他处。学校统一放假时方可回家，并于规定返校日的时间内到校。

（3）住宿生不得擅自留宿他人，如发现留宿他人者，将严肃处理。家长探望须到管理人员处登记，并在会客室会见，不得擅自到学生宿舍。

（4）住宿生在上课、自习、做操及集体活动期间不准在宿舍内逗留、睡觉。

（5）主动搞好寝室卫生，每天起床后值日生要打扫宿舍内卫生，人人整理内务，保持室内外整洁，走廊上不得乱放、乱挂物品，不乱倒污水。

（6）爱护公共财物，室内不准乱拉铁丝或尼龙绳，墙上不准乱贴、乱涂、乱挂，宿舍门锁不得擅自换配，室内物具不得任意搬离。

（7）注意安全，严防事故发生，不准私自安装高支灯泡，提高警惕，人人重视并积极做好宿舍的安全保卫工作，离开时关窗、锁门。宿舍定时上锁，落锁期间，不准采用任何形式非法入内，有事可向德育处及总务处报告。

（8）住宿同学之间要团结友爱、互相帮助、互相关心。

（9）严禁在宿舍吸烟、喝酒、赌博、看不健康书籍、使用电器烧煮食物等，一经发现按学校有关规定予以严肃处罚。发现有违纪现象应及时向班主任、教导处或校长室等有关部门反映。如学校在处理学生违纪情况时，发现有学生隐瞒实情，没有如实汇报者，学校将给予纪律处分。

（三）班级公物制度

班主任应本着节约和低碳社会的原则，严格管理班级公共财物，培养学生爱护学校和班集体公共物品的良好品质，进而减少不必要的经费支出和损失。

（1）教室内的桌椅、门窗、黑板、讲台、日光灯、电扇、电视机、投影仪、幕布、玻璃、窗帘、清洁工具等由班主任、劳动委员、电教物具保管委员清点登记造册，一式两份，一份交总务处，一份留班级。

（2）人人有责，保护好班级财产；指定专人分工负责。

（3）由劳动委员登记损坏情况，个人故意损坏的处以赔偿甚至罚款，追究不到个人责任的则扣班级的代办费，并登记在册。椅子要调换的，必须由班主任签字，劳动委员凭签字单、坏椅子到总务处调换。

（4）教室内无人时必须做到关门窗、电灯、电扇、电视、投影等，并要有专人负责此项工作。

（5）白天光照好时，不开日光灯，天不十分热，不开电扇；用水要节约，用后随手关龙头。

（6）爱护实验室、电教室、音乐教室等室内教学仪器设备，爱护运动器材图书资料及公共设施，损坏的根据情节轻重给予处罚。

（7）爱护绿化，不采摘花果，不攀折树枝，不乱踩草坪，损坏的要赔偿罚款。

（8）不在教室内外追逐嬉闹，拿公物当"武器"，不在桌凳、墙面上乱涂乱划。如有故意损坏公物（包括灯、玻璃、桌椅、墙面、投影等）一律处以赔款。

（四）考试纪律制度

考试是促进学生全面发展的有效手段。通过考试教师可以检验自己的教学效果，学生可以了解自己对知识的掌握程度。换句话来说，考试既能对教师的教也能对学生的学作出比较客观的放映。因此，考试纪律历来受到相关部门和教师以及学生的重视。班主任通过考试纪律制度的建设，可以有效而全面地提高班级总体成绩。

（1）提前10分钟进入考场，按指定位置入座，安静等待考试。

（2）学生进入考场只能携带钢笔、圆规、三角板等规定的文具用品，随带的书籍和有关的学习材料统一集中放在指定位置。

（3）考试中不准交头接耳，左顾右盼，打手势、做暗号；不准夹带、偷看、抄袭或有意让他人抄袭；不准将答卷带出考场。

（4）考试结束铃响，立即停止答卷，交卷后有秩序地退出考场；不准乘交卷之机相互交流、涂改；不准将答卷带出考场。

（5）平时进行各科测试或随堂练习，纪律要求同上。

（6）考试中如有作弊行为，该学科考试成绩作零分，品德评分降一级，必须作出书面检查，并视情节轻重和认错态度给予警告以上纪律处分。

（五）体育锻炼制度

体育是教育的重要组成部分，体育课也是中小学生的一门必修课，国家教育部规定各级各类中小学应保证学生每天有1小时的体育锻炼时间。毛泽东同志说："体育于吾人实占第一之位置。体强壮而后学问道德之进修勇而收效远"，"体育一道，配德育与智育，而德智皆寄于体。无体是无德智也。"体育锻炼是学生健康成长的有力保障之一，体育锻炼可以增强学生体质，有效预防疾病，有利于学生生长发育，有利于智力发展，同时，也有助于学生情绪和心理的调节。因此，班主任应建立有效的体育锻炼制度。

（1）整队注意静、齐、快，准时到达指定地点，按规定要求进行锻炼，并注意安全。

（2）做操动作要有力、正确、整齐、合节拍。

（3）跑步应按指定路线跑完全程，途中不准说笑打闹；未经教师同意，不得中途离开队伍；冬季跑步时不准戴帽子、围巾、手套，不准穿皮鞋。

（4）课外体育活动服从安排，体育用具借还及时，如有遗失、损坏照价赔偿。

（5）锻炼结束，体育委员负责清点人数，整队回教室。

（6）班级对各项体育锻炼均需做好出勤请假记录，无故缺席均作旷课处理。

（六）学生就餐制度

学生就餐制度主要是针对那些设有学生食堂，为学生提供餐饮服务的学校而言的。学生就餐时主要是遵守学校后勤部门的管理规定，但作为班主任也不能袖手旁观。班主任通过对学生就餐制度的管理，使学生养成良好的就餐习惯。

（1）按时就餐。

（2）进入饭厅时，不敲碗筷，不大声喧哗，不拥挤起哄，不随地泼水、吐痰，保持饭堂地面清洁。

（3）买饭时，按指定地点自觉排队。

（4）就餐时要珍惜粮食，吃剩的饭菜要倒在指定的容器内，不得随意乱倒。

（5）注意用餐卫生，饭前要洗手，清洗餐具既要干净又要节约用水。

（6）尊重炊事人员，对伙食如有意见，可向学校有关领导提出，但不得与炊事人员发生冲突。

（7）如有违纪行为，将视其情节轻重，暂停搭伙或取消搭伙资格。

（七）学生实验制度

开设实验课的目的是使学生更好地理解和掌握基础知识和基本技能。在注重素质教育的今天，实验课更是必不可少的一个环节。为使实验课科学、规范地开展，保证教学效果，班主任应制定相应的实验制度。

（1）进行学生实验，学生必须事先预习，明确实验目的，了解实验步骤，掌握实验方法，按时进入实验室，到指定位置就座，保持安静，不准喧哗、哄闹。

（2）未经教师许可，不得随意搬弄仪器、通电通水、擅自开始实验。

（3）实验前要查点器材、药品，发现短缺、破损，应立即报告老师。

（4）实验时必须严格按照实验步骤进行操作，不得用手触摸电源，用鼻闻各种化学试剂。要留心观察实验现象，实事求是做实验记录，认真填写实验报告单。

（5）废液、废纸、火柴梗及玻璃片等物应倒入废液缸或垃圾箱内，不得倒入水槽或随便抛扔。

（6）实验完毕，应整理仪器装置，清洗器皿，搞好清洁卫生，关闭电源、水源，经教师检查后，方可离开实验室。

（7）凡是违反实验操作规程而损坏仪器的均应赔偿；对故意损坏仪器、私拿仪器的除加倍赔偿外，视情节轻重，给予必要的处分。

（八）集会制度

集会活动是班级学生经常参与的全校性活动，班级集会是最能体现班级团队精神的活动，班主任可以通过集会制度来加强班级团队精神的建设。

（1）集会前，各班应整理队伍，清点人数，不准无故缺席。

（2）进场时，要秩序井然，按指定地点和要求迅速整齐入座。

（3）开会时，要保持安静，作好笔记，做到不谈笑，不打逗，不瞌睡，不吃东西，不丢纸屑，不看其他书报，不中途离场。禁止任何形式的起哄和喝倒彩。

（4）散会时，各班应按顺序列队依次出场，不得拥挤。

第三章　组织班会活动技能

班会包括班级例会和主题班会。组织班会活动技能是指班主任根据班主任工作的基本要求以及学校教育计划、班主任工作计划，熟练地确定班会活动方案并有效地指导或组织实施，保证学校教育教学工作正常、有效进行的活动方式。其训练指导目标包括三个方面：一是了解组织班级例会、主题班会的目的、意义，提高自己掌握组织班会技能的自觉性；二是熟悉班级例会、主题班会的特点、内容、形式，知道作为班主任必须从何处着手组织班会；三是熟练掌握组织班级例会和主题班会的方法和运用要求，能够准确、熟练地确定班会的主题、内容、形式，并有效地进行组织实施。

第一节　班会活动的属性

一、开展班会活动的必要性

班会是在班主任教师领导或指导下，以班级为单位组织的全班学生的会议或活动，是班主任对学生、班级进行组织管理、指导和教育的重要途径，也是学生民主生活的一种重要形式。在班会上，班级的每个学生都可以充分发表自己的意见，共同研讨解决班级中的各种问题。举行班会是最普遍、最有价值的教育学生的方式，不仅对学生崇高理想的树立、优良道德品质和高尚情操的培养、良好习惯的养成等具有重要作用，而且还有助于形成班集体正确的舆论，树立良好的班风，进而建设好班集体。所以，班主任在教育、管理、培养班集体过程中，要善于经常组织、开展各种班会活动，以此做好班级教育工作。

班会一般可分为以常规教育为主的班级例会和围绕某一主题组织的主题班会两大类。班主任经常组织开展多种多样、丰富多彩班会活动的意义有四个方面：

第一，培养学生的集体意识、民主意识，学习当家作主的主人翁精神和自己管理自己的能力；

第二，通过班会开展批评和自我批评，表彰好人好事，促使班集体形成正确的集体舆论；

第三，丰富和活跃学生的集体生活内容，促进学生聪明才智和个性的发展；

第四，是班主任对学生进行管理教育的重要途径，也是形成和巩固班集体的重要手段。

二、班级例会的特点

班级例会是班级定期举行的以对学生进行常规教育为主的班级学生会议。班级例会具有实效性和灵活性的特点。

班级例会的主要目的是使学生通过接受常规教育，做到自觉遵守学生守则，自觉维护集体荣誉，以保证班级正常秩序和学生健康成长。班级例会常常是针对班级工作的具体问题而开展的。一般要求在较短的时间内产生教育效果。因此班级例会具有较强的实效性。

班级例会的灵活性主要表现在具体安排上。班级例会应按学期进行统筹安排，但每次班会的具体内容和形式应根据变化着的班级情况作具体安排。学校常规教育以及与之有关的班集体和班级成员中存在的问题，或班级人员在学习、工作、生活、劳动、健康等方面共同关心的问题以及偶发事件的处理，都可以作为班级例会的内容。

三、班级例会的内容

班级例会大致可包括三大方面内容：

（一）班级工作方面

宣传学校各项规章制度和纪律（包括课堂纪律、课间要求、考勤制度、考试纪律、寝室规则等），教育学生严格遵守；引导学生分析研究班集体中的问题，提出巩固和发展班集体的措施；引导学生讨论集体工作任务，不断提出新的奋斗目标；选举班干部，审议班级工作计划，总结班级工作，确定与班集体建设有关的具体内容。

（二）个人行为方面

宣传"学生守则"，检查"学生守则"的执行情况，表彰先进，批评错误言行；帮助学生分析和总结自己的情况，提高他们自我道德评价的能力和刻苦锻炼自己的毅力，帮助他们巩固优良行为和不断克服不良行为。

（三）其他方面

组织讨论班级成员共同关心的问题；定期的时事教育；处理偶发事件。

第二节 如何训练组织班会活动的技能

一、班级例会的形式和安排要求

（一）班级例会的形式

班级例会有举办讲座、学习有关材料、组织经验介绍和思想汇报、讨论中心工作等多种形式。可以在一次班级例会中综合采用几种形式，也可以辅以相适应的文艺活动。如在初中一年级学生进行《中学生守则》的教育，如果仅用宣讲的形式恐怕收效不大。若采用下述方式，就可能提高效果：

同时把《中学生守则》和《小学生守则》发给学生，让学生鉴别《中学生守则》较之《小学生守则》在哪些方面提出了更高的要求，接着组织学生讨论，让学生用讲故事的方式，谈对《中学生守则》条文的理解，激发学生做合格中学生的愿望。在这个基础上，再扼要概括《中学生守则》10条的精神实质，介绍根据《中学生守则》10条制订的学校日常学习和生活的具体规定，并对学生提出适当要求。

这样的班级例会富于启发性，能够吸引学生，使学生切实受到教育，积极主动地考虑行为规范，而不是消极对待和被动地适应这些规定。

形式是为内容服务的。为了争取好的教育效果，班主任应努力选用适合内容的形式。例如召开以批评和自我批评为中心内容的班会，就应当采用比较严肃的形式；表彰先进以及宣传教育这样一些正面教育的内容，则可采用生动活泼、使学生感兴趣的形式。

（二）班级例会的安排要求

一个学期的班级例会应有一个大致的安排计划。班主任应根据学生年级的特点、本班的具体情况，拟订切合本班实际和教育要求的计划。计划可采用表格形式，把班会简明扼要地安排出来。这种班级例会计划只能是粗线条的，在具体实施前，还应根据情况加以修改和调整。

每次开班级例会，班主任还应有具体的安排计划，除了定内容、定形式、定负责人外，还要安排好会议程序，提出注意事项，从而保证每次例会的效果。

（1）班务会的组织

班务会是由班委干部组成的定期例会，或由全班同学参加的例会。

①班务会的作用。

第一，有利于端正学生的思想认识，可以通过班务会及时宣传党的政策、方针。定期地对学生开展思想教育，引导学生正确认识理想和现实的关系。

第二，有助于班主任了解学生思想动态，了解班级工作的得失。通过与学生的交流，认识工作方法上的成功和不足。

第三，利于统一全班同学的思想，部署班级工作，决定班级集体行动，发扬班集体的民主作风。

第四，利于学生开展批评和自我批评，增强其自我教育能力，发挥班集体的整体功能。

②班务会的形式。

班务会是研究班务、引导全班同学对班级实行民主管理的例行班会。其形式有以下几种：

第一，民主选举会。通常在开学之初进行。新生入学之际，因全班同学互不了解，可由班主任通过对学生家庭情况调查，档案中记载的过去工作状况临时指定班级负责人。一段时间后学生之间熟悉了，再进行民主选举班干部。一般情况下班委干部要每学期改选一次，必要时可以通过班务会临时补选、增选。也可经班务会实行自荐和竞选班委，还可实行班干部轮流制度。

第二，班级常规会。开学初，班级奋斗目标和工作计划以及各种规章制度，在制订修改工作中由班委会或全班学生在班务会上酝酿讨论。如果由班主任草拟的或由班委会讨论通过计划，也必须交全班学生讨论通过，使每个学生充分了解计划内容，发挥学生的主体功能，增强学生参与民主管理的意识和贯彻执行的自觉性。诸如班级公约、卫生制度、作业制度的修订，均需通过班务会交由全体学生分组讨论通过，然后施行。班务会一般安排在每周一次的班会课上进行，以免与学校教学计划冲突。也可安排在周末某个恰当而固定的时间举行。

第三，在期中讨论班级情况，以肯定成绩，明确下阶段努力方向，可以召开班务会（包括班委会、分组讨论会）。及时公布半学期来班级工作计划执行情况和班级规章制度执行小结，以利每个学生反省对照、更好地自律。

第四，在期末可以召开全班同学参加的总结评估会，评选三好学生、单项积极分子，布置假期小组活动等。学校常规性的德育评级，全校或全年级的先进班级和个人的推荐等也适宜在班务会上由全体同学酝酿讨论，以利今后更好地开展工作。

③班务会的环节。

第一，确立主题，心中有数。在召开班务会之前，应对班务会要解决的问题，议论的主题心中有数。在班主任工作计划中，对班务会的活动也应有具体的计划。针对全班同学的思想动态，或提出要解决属于全班共性的问题，或提出需要讨论的议题，起到指导学生的作用。

第二，发挥学生主体意识，预先做好准备。在班务会召开之前，班主任就应向班委会通报有关情况，放手让班干部积极参与，甚至可以由班委会干部分工轮流主持一般性的班务会，达到培养班干部，形成班集体核心的作用。

第三，组织会务，实施讨论。即在准备工作做好以后，实施讨论、选举、安排工作。小学阶段需要班主任确定、主持议题；初中或高中阶段，班主任可退向"幕后"指挥，由班长或各班委出面主持。

第四，进行会务小结。班务会结束后，班主任应进行分析评估小结。若是全班性的议论会，班主任还应组织班干部会议讨论是否完成了讨论议题。未完成的，应作补充或补救措施。

④组织班务会应注意的事项。

第一，发扬民主，信任学生。应抱着充分信任学生尤其是相信班干部能力的态度，不要事事躬亲过问。

第二，评选会上，应把握舆论导向，避免学生选举评比工作中的盲目性。学生容易凭个人情感、同学之间的关系、平时批评自己的次数多少来选评先进，而不能从班级集体的利益来全面衡量。班主任对一些敢于负责、工作积极的班干部应保护他们的工作热情。在班务评选会上，应适时介绍他们的成绩和优点。

（2）民主生活会的组织

民主生活会是针对班集体内出现的某种错误倾向而召开的以批评和自我批评为主的班级例会。

①民主生活会的形式。一般有两种：一是班委会里的民主生活会，二是班级全体同学参加的民主生活会。

班委会民主生活会的主要目的是针对班干部内部的一些不良作风而开展的批评和自我批评。中小学生的独立自我人格尚需不断完善。作为班干部，他们在德智体美劳各方面虽比一般学生更具有发展性、进步性，但他们毕竟属于学生中的一员，自我控制能力还不强，而班主任和一般同学对班干部的期望值往往过高。他们开展工作时，难免遇上这样或那样的困难，还可能对班级工作和班集体建设产生不利的影响，并在心理上产生委屈、悲观，甚至强烈的抵触情绪。作为班主任，如果处理这类问题方式简单、粗暴，极易引起当事人和其他班干部的不满，影响到班级工作的开展。这时，班主任最好的方法就是召开班委民主生活会。

召开班委民主生活会，班主任首先要全面调查研究，了解问题产生的前因后果，找到产生问题的症结所在，然后再对症下药。

其次，要了解班干部的心理。作为一个班干部，要协助老师，要统领同学，要在众人面前讲话，要独立思考解决一些问题，要处理各种矛盾，要学会协调人际关系。他们会因地位、角色、位置的变化，产生自傲情绪；在有了新的责任、新的权利、新的义务后，碰壁次数多了，烦恼也增多了，矛盾的心理也更复杂成熟了。应从爱护的角度出发，从关心学生成长的角度出发来对待他们在工作中的缺点错误。

再次，班主任在民主生活会上要以身作则，带头作批评和自我批评，使班干部看到民主生活会的目的不是为了整某个人，而是为了把今后的工作做得更好。这样，大家才会心情舒畅，畅所欲言，认真反省工作中的缺点和失误。通过批评和自我批评达到团结的目的，既不挫伤班干部的自尊心，又圆满地解决了问题。

班级民主生活会主要是针对全体同学思想上或行动上出现的某种错误行为或倾向而召开的班会。坚持表扬与批评，对形成正确的班集体舆论具有重大作用。为此，班主任要注意经常表扬好人好事，坚持原则，维护正确的东西。同时要利用班级民主生活会，批评错误的思想行为和倾向，抵制歪风邪气，形成人人要求进步，争做好事的班风，把舆论引向正确的方向。

②民主生活会的环节。

第一，寻准焦点，确定重心。召开民主生活会一定要先找到问题和焦点树立批评的靶子。对错误倾向或思想的造成根源、有何危害、有哪几种行为、如何处理都应了然于胸。

第二，充分准备，开渠引水。在举行班级民主生活会前，应做好充分的准备工作。如果是班干部和班级同学之间的矛盾，更应先做好班干部的思想工作。可先召开班委会民主生活会，以求得思想上的一致。这样，在班干部带头批评和自我批评的推动下，班级的民主生活会便会水到渠成，取得好的效果。

第三，讲清目的，实施活动。在民主生活会上，班主任一定要讲清召开民主生活会的必要性和目的性，消除学生的抵触情绪。

第四，认真总结，巩固成果。会后应把会议的计划、过程、解决问题的方法，收到的效果，作全面细致的总结，为今后开展工作和防止类似错误倾向提供经验教训和借鉴。最好是形成较详尽的书面材料存留下来。

③民主生活会应遵循的原则。

第一，批评和自我批评的原则。班主任在民主生活会上运用这个武器时要慎重，从治病救人出发，以自我批评为主。可以不指名的就不必指名，对被批评的学生更要尊重和关心，及时肯定进步的地方，不能讽刺挖苦侮辱学生人格，更不可采取批斗的方式。

第二，主体性原则。班主任要注意发动全班同学参加到批评和自我批评的行列中来，真正做到以自我批评为主，收到团结教育全体学生的良好效果。在集体中进行教育，促使学生为了维护集体荣誉而引起内疚和羞愧感，产生改正错误的内在动力。

第三，长善救失原则。这个原则是指利用发扬长处去克服短处。每个学生，即使是表现较差的学生，也会有长处、优点。在民主生活会上，班主任要洞察全班每个学生的特点，启发他们明确努力方向，改正缺点和错误。

（3）周会及晨会的组织

①周会的组织。

在中小学，周会一般是每周一中午读报讲评时间，由全校统一部署，各班主任负责组织对学生进行思想品德教育的一种形式。主要用来对学生进行道德教育和时事政策教育，有时也按年级联合进行。

周会的基本要求：小学周会的基本要求是宣传党和政府的有关政策，以"爱祖国、爱人民、爱劳动、爱科学、爱社会主义"为基本内容的社会公德教育和有关的社会常识教育，着重教育学生心中有他人，心中有人民，心中有祖国，从小培养学生初步养成良好的道德品质和文明习惯行为。

中学周会的基本要求是宣传党的方针、政策、纲领。其中初中阶段进行道德、民主和法制、纪律、社会生活和社会发展规律以及社会主义建设常识教育，使学生逐步养成爱国主义、社会主义人道主义的道德品质和高尚的审美情趣，了解和遵守社会主义民主、社会主义法制和民主集中制的原则，树立遵守纪律的观念，对我国的实际情况和发展方向有一个初步的认识，树立对社会的责任感。高中阶段进行初步的经济学和其他社会科学的教育，使学生正确认识人生的意义以及个人和社会、权利和义务、理想和现实等一系列相互关系，初步学会运用马克思主义的观点、方法分析和观察社会现象，逐步树立为建设高度民主、文明的社会主义现代化国家和实现共产主义事业而奋斗的远大理想。

周会的主要内容：除思想品德理论教育外还包括：总结上周学生思想品德表现的状况，表扬好人好事，指出存在问题；宣布上周本班的全校纪律、卫生、三操等单项竞赛或检查的经过；提出本周思想品德教育、纪律、卫生等方面的要求等。

组织周会的具体做法：

第一，在召开周会前做好充分准备，主要是使讲话内容实事求是。一周的学生思想品德状况要有记录，做到有案可查。在班级建立班务日记，好人好事登记簿，以利于及时查考。周会前应有与班干部的碰头会，及时了解一些尚未发现的情况和问题，以便提出相应的对策。指出问题要尖锐，批评同学要慎重。宣布上周单项竞赛成绩和检查的结果时要指出取得成绩的原因和扣分的原因及责任者，提出本周相应的措施和要求。

第二，事先明确分工。纪律、卫生、文体各部门都要有专人负责、专人总结分析。

第三，周会可以由班主任主持，也可以由班干部轮流总结。

第四，周会后要依靠班干部及有关教师，结合日常教育和教学工作具体落实，并进行必要的监督检查。

第五，每次周会内容应有记录。

②晨会的组织。

晨会又称晨间谈话，是由小学班主任组织的对小学生进行思想品德教育的途径。一般安排10分钟。晨会时间短，可以每天进行。既要紧密结合形势任务，又能密切联系本班学生的实际，具有针对性、及时性、灵活性的特点。

晨会具有以下几个特点：

第一，针对性。晨会谈话要少而精，内容有针对性。针对学生的一些不良的行为习惯进行教育往往能收到较好的效果。

第二，及时性。晨会能及时发现、解决学生之间矛盾，并通过晨会使全体学生及时受到教育。

第三，灵活性。晨会可用谈话式、表扬批评式、示范式、唱歌式等多种形式来开展。批评要贯彻说理教育为主的原则。

组织晨会应注意以下几点：

第一，晨会前要充分准备。

第二，方法要适当，以正面教育及说理教育为主。

第三，会后要检查督促，让学生自觉遵守，养成习惯。

案例 班级例会实例

班级例会安排

周次	内容	形式	目的	负责人	备注
1	迎新	班主任致欢迎辞 班主任和全体学生自我介绍 学生谈感想和打算	培养学生爱校的思想情感；尽快地熟悉老师和同学，以便形成良好的开端	班主任	
2	学习《中学生守则》	讨论 讲故事 订规划	教育学生了解《中学生守则》基本内容，使其能自觉遵守《中学生守则》	班主任	
3	选班干部	民主选举	建立班级核心	班主任	
7	检查《中学生守则》的执行情况	针对班级具体情况订《公约》	在班集体初步形成时，向全体成员提出新的希望	班主任 班长	暂定
9	期中考试动员	报告 讨论	进一步调动学生的积极性	班主任	
11	三好学生期中初评	自评：自己检查《个人规划》实现情况，修改《个人规划》 互评：提名，并提出主要优点	巩固上半学期教育成果，在学生中树立榜样	班长	
13	学习经验交流会	典型发言 优秀作业、日记展览		学习委员	注意选好典型
15	待定				考虑参观计算机或其他参观活动

（续表）

周次	内 容	形 式	目 的	负责人	备注
17	元旦晚会	待定	巩固班集体锻炼班干部	班委会	
20	总结评比	听取"班委会工作总结" 写自我鉴定 评选三好学生	摆成绩 找差距		

案例 *形式多样的周会*

（1）辨是非周会。教师根据本周内学生的思想和实际表现，把出现的好人好事和不良行为混合编号，用事先准备好的小黑板向全班公布，让学生结合《小学生守则》和《小学生日常行为规范》逐一分析。主动发言，明辨是非，进行自我教育。

（2）讲故事周会。教师在上一周作出部署，告诉学生准备讲哪一方面的故事，学生自由去搜集，可以讲书中的故事，可以讲身边发生的真人真事，也可以由教师讲有趣的故事。

（3）交流名人名言周会。许多革命领袖、英雄人物、科学家、文学艺术家、实业家等的著名言论对学生都有深刻的教育意义。师生围绕同一主题，共同搜集，一起分析，让学生抄录下来，使他们在受教育的同时，也为写作积累资料。

（4）文艺演出周会。师生共同演唱歌曲，演奏乐曲，或表演其他类型的小节目。这种形式可活跃周会气氛。

（5）新闻发布周会。教师从报纸或广播中摘录一周来国内外重要消息向学生公布，使学生从小就养成关心国家大事的习惯。

二、主题班会的基本形式

（一）专题讲座

是一种比较严肃的主题班会形式，主要特点是向学生正面灌输正确思想或介绍某方面的知识。围绕一个主题，可有计划地安排几次专题讲座。讲座的选题要针对学生思想实际。主讲人可由班主任自己担任，也可请学校有关领导、科任教师担任，还可邀请校外的人士担任，或者推选学生担任。这种形式常在某个主题教育开始时使用。

（二）主题报告会

目的是围绕某个主题，解决一个问题。根据不同的内容，可邀请各方面的人作报告。如讲传统，可请革命前辈；讲治学，可请专家、学者；讲纪律，可请解放军；讲爱国，可以请归侨等等。主题报告会主要为配合主题教育进行，也可根据学生的需要安排。如澳门回归前后，即可举办"澳门问题"报告会。

（三）座谈会

是交流思想的一种方式。在和谐的气氛中，学生容易坦露思想，发表对问题的看法与大家交流，提出尚未解决的疑惑与同学研讨。通过交流，学生能够相互启发。座谈会需有明确的主题。根据不同的主题还可邀请有关老师或校外人士参加。

（四）讨论会

是发挥集体的力量对学生进行教育的极好形式。提出讨论的问题要集中，一定要是学生中的典型思想问题，特别是多数学生认识模糊或认识不统一的问题，其目的在于统一认识。一时不能统一时不可急于作结论，可指导学生经过学习，继续展开讨论，直至趋于统一。

（五）纪念会

主题教育与纪念日的纪念内容相合时，可结合各种纪念日开展活动。例如，五四运动纪念会，可以对学生进行"继承青年运动的光荣传统，做时代先锋"的教育。

（六）知识竞赛

为了促使学生对某方面知识的学习，可举办各种知识竞赛。如为了使学生了解祖国，可以举办"我爱中华"知识竞赛；为了帮助学生了解党的光荣历史，可以举办"党在我心中"知识竞赛；为了帮助学生立志成才，可以举办"探寻科学家的足迹"的知识竞赛。

（七）展览

让学生自己收集实物、图片、报刊文摘等材料，自己办展览。展览内容要适用于教育主题。如进行爱国主义教育，可相继举办"伟大的中华，壮丽的山河——我国名胜古迹展览"、"伟大祖国在前进——我国科技成就展览"、"我爱中华，献身四化——祖国各条战线的优秀青年事迹展览"。

（八）影（剧）评

是配合主题教育的一种班会形式。应配合教育主题，组织学生观看教育意义深刻的影视剧，看后组织学生评论。

（九）参观

如可配合爱国主义教育参观文化古迹；配合"社会主义祖国在前进"的教育，参观某个现代化工程等。各科展览如能配合教育主题，都可以组织参观。参观主要是给学生一些感性认识，教育目的的实现，还需要通过参观后的座谈或写成书面体会加以落实。

（十）社会调查

走出课堂，到广阔的社会生活中，到广大群众中去了解采访新人新事，能帮助学生开阔眼界，澄清一些糊涂认识。进行社会调查要组织好，不能"放鸭子"，要根据调查目的事先帮助学生拟好调查提纲，联系好调查单位和对象，调查结束后应指导学生写出调查报告，组织好主题班会的交流。

（十一）化妆

这种班会是学生十分乐于参加的。化妆与否，化妆面多大，要根据主题需要来订。常采用的有全体化妆的"理想晚会"；也有个别主持人化妆的"知识老人"、"时间老人"或"春姑娘"的主题班会；还有在主题班会中以化妆表演作"插曲"的，如"人生观"问题讨论会中"张海迪"坐着轮椅"赶"来参加，作即席讲演；又如，"向科学高峰攀登"的主题班会，不速之客"祖冲之"光临发言，都是属于这种形式。

（十二）音乐会

是主题教育的一种辅助方式。如配合理想教育可组织不同志愿的学生唱自己的"理想的歌"；可以配合爱国主义教育举办《黄河大合唱》赏析会；配合传统教育组织"革命历史歌曲大联唱"等。

（十三）文艺演出

可围绕一个主题组织文艺演出。节目要求形式多样（诗、歌、舞、曲艺、话剧均可），最好能让学生自编自演。

（十四）演讲会

演讲会是在一个主题教育结束时组织的带有总结性质的主题班会。演讲会要求广大同学都作认真准备，积极参加。特别是要注意安排一些在教育活动中认识提高较快的同学参加演讲，因为他们的演讲一般能联系个人实际，表露真情实感。

其他还有辩论会、汇报会等形式。可根据主题教育的需要选择使用。在一次班会中可以选用一种形式，也可以安排多种形式。

概括起来，主题班会可分为三种类型：紧密配合当前形势和任务拟定主题型，根据学校统一的教育要求和班级实际情况拟定主题型，针对班级学生中有倾向性的思想问题拟定主题型。

三、组织和安排主题班会的要求

（一）成功的主题班会的主要特点

（1）主题鲜明突出，针对性强，有吸引力。

（2）内容丰富，形式多样，生动活泼，学生喜闻乐见。

（3）愿意参加活动的学生多，群众性强。

（4）有利于提高学生的思想品德，有教育性，并能充分发挥班级中学生的兴趣爱好与特长，增进其智慧、才干等。

总之，组织指导的主题班会有利于促进学生坚定正确的社会主义政治方向，提高学生的思想品德修养，增强班级的吸引力，培养良好的班风。它还是班主任发动学生进行自我教育的好形式。要搞好一次主题班会，需要花费班主任较多的时间和精力，尤其需要班主任精心设计，仔细准备，及时指导，认真督促检查和总结。

（二）主题班会的组织

指导召开主题班会，通常要经过选定主题、设计酝酿、充分准备、实施深化等几个阶段。

1. 选定主题

选好主题是开好班会的前提。主题班会的"主题"好比一支曲子的基调，是定音的。主题的选择一要符合青少年学生的心理需要，能引起兴趣，激发热点与兴奋点；二是内容丰富，具有思想性、知识性、趣味性，适于学生用多种方式表达；三是要有深度，能细细回味。为此，班主任在设定主题时，应努力做到：

①广泛发动群众，在主题设计阶段就充分把班上学生的积极性调动起来。

②达到培养学生创新能力的目的。

③达到培养干部能力的目的。

班主任唯有注重调查研究，了解学生的心理倾向，有目的、有组织地确定班会主题，才能使班会的召开达到预期的教育目的。

主题的确定还应力求题目醒目、简明、富有吸引力。

2. 充分准备

准备越充分、细致，越能收到预期的效果。主题班会的准备，可分为精神准备和物质准备两个方面。

精神准备主要是要调动班干部和每个学生的积极性，使每个学生都自觉投入到与主题班会有关的各项准备工作中。如"我们在续写雷锋日记"这一主题班会中，可这样组织指导学生进行：召开班委扩大会，研究确定主题班会的目的任务、程序；确定班会主持人和学生的发言；朗诵日记、快板表演、讲故事的内容和表达方式；宣读表扬信人员的演练；班主任自己表演诗朗诵的诗稿拟定；等等。各项准备工作的具体任务都要落实到干部、小组以及各个学生，并且要定时、定人，负责督促检查，务必做到准备充分、细致、熟练。有的准备工作，班主任还要亲自动手，督促检查，并及时帮助他们解决准备工作中的困难。

物质准备主要是把主题班会要用的东西及时准备好。如会场上布置用的鲜花、画像、横幅（黑板上、后墙上）的大字、专刊等。如果主题班会要搞小实验、表演小魔术、快板，还需要准备好乐器、舞蹈服装等，并由专人负责筹备、保管、归还等。班主任要及时了解需用的物品，并帮助学生解决困难。但整个主题班会的准备工作，应尽量发动全班学生人人参与。这样，学生在亲自积极准备的实践过程中就受到了极好的教育，真正能使每个学生在亲自实践中锻炼才干，并获得深切的体会。

3. 主题班会的实施

设计和准备两个阶段完成后，要鼓励大家全力以赴去实施。主题班会的最后结果怎样，最后要看班会上的临场发挥。临场发挥得好，就会取得良好的效果，甚至可以超出预期的效果。实践证明，为了使主题班会在实施中取得较好的效果，班主任在开会前要特别注意：

①亲自或发动班干部配合对主题班会的各项准备工作的进展情况进行全面检查，发现有不足之处尽快加以弥补。但必须控制情绪，不要在主题班会召开前，抱怨责怪学生、大声批评学生。只有这样才不至于让大家在充满期望、满腔热情的时候，泼上"一盆冷水"，弄得大家不知如何是好。要本着"气可鼓而不可泄"的精神，尽量鼓励学生设法克服困难，力争把主题班会开好。

②要讲究会场气氛。主题班会的气氛要根据主题情节的要求来创造、布置。要事先下一番工夫把会场环境设计布置好，使学生一进入会场就受到主题班会气氛的感染。

③通常都是由学生主持主题班会，因此，要选敢讲、敢指挥的学生担任主持人，不可找办事畏缩不前、吞吞吐吐的学生担任主持人。要鼓励主持人大胆主持，并学会临场应变。对于主题班会的全过程，班主任事先一定要让主持的学生心中有数，并适当地帮助他根据自身的情况，认真细致地进行准备。

④对主题班会中涉及到的人和事，事先要仔细考虑。特别是对所请的来宾，预先考虑好其中有人临时有事不来时的应变措施。对学生在表演小实验、小魔术不成功应怎么办，学生记者采访学生，被采访者答不上来怎么办，等等，都应先估计一下各种可能发生的偶然现象，作好第二手准备，并与主持的学生共同商讨，帮助其做好准备，以免临时惊慌，忙中出错，导致主题班会的夭折或失败。这是班主任特别需要注意的。

⑤在主题班会的活动过程中和活动后，及时收集学生对各项活动的反馈信息。教育是一门精雕细刻的学问，班主任随时随地都要注意观察学生细微的变化。对于一次主题班会，即使是很成功的班会，对它的作用不可估计过高，因为学生的思想品德是在不断发展的，不可能仅通过几次主题班会或者几次活动就可以把学生教育好。教育工作者需要有坚韧不拔的毅力，抓住每一机会，每一活动，不断地努力，不断地总结经验教训，把教育和活动引向深入。

（三）　安排、组织主题班会的基本要求

（1）严密的序列性。按照德育大纲的要求，分年级由浅入深依次排列逐步展开。

（2）鲜明的针对性。主题活动要从各级学生的实际情况出发，符合学生年龄的特点，着重解决某一方面的问题。

（3）深刻的教育性。主题活动要纳入年级教育计划，具有明显的教育意义。

（4）强烈的时代性。主题活动要从现实生活出发，富有鲜明的时代气息，反映时代的脉搏和时代的精神。

（5）充分的自主性。主题活动的主体是学生，班主任只是"参谋"，因此，要发挥学生的积极性和创造性，做到全班人人关心，人人动手，共同设计。

（6）浓厚的趣味性。主题活动应做到内容丰富，形式新颖，生动活泼，引人入胜。

（7）良好的实效。主题活动要切实解决学生的一些问题，使学生有所收益，有所进步。

（8）主题班会不宜安排过密。组织一次主题班会，从设计方案到具体实施，无论班主任还是学生，都要投入大量精力。安排过密，势必冲击班主任的其他工作，影响学生的学习。讲座、专题报告、讨论会这样一些形式的主题班会，连续两周或间周举行还可以。工作量较大的主题班会一月之内最好安排不超过两次。像"化妆晚会"、"野炊"这样一些大型活动，一个学期最好不超过两次。

（9）注意同其他教育形式配合。主题班会只是整个思想政治工作的一个组成部分，与各科教学以及班级例会等共同肩负着对学生进行思想政治教育的任务，因此，组织主题班会应注意同其他教育形式相互配合。

（四）　安排主题班会的具体要求

1. 安排要有计划

班主任应根据学校思想政治教育的工作计划对各年级"教育主题"的规定，结合班级学生的特点和班级工作的具体情况，将主题教育所要达到的目的，作出统一规划并分配在几个单元的专题教育中分步完成。一个单元组织的几次主题班会，要互相衔接。

如高一年级的教育主题，如果学校规定为"珍惜人生的价值，为四化献青春"，班主任在具体安排时就可以组织"革命传统教育"、"革命人生观教育"和"爱国主义教育"等几个单元，使学生在革命传统教育中，考虑怎样使自己的青春闪光，然后通过爱国主义教育，激发学生为建设四化而贡献青春的热情。

在"爱国主义教育"这个单元中，又可以具体通过几次主题班会实现教育目的。如第一次组织以"我的中国心"为题的故事会，配合编写"古今中外爱国人士小传"等课外教育活动，讲述我国近代、现代、当代著名革命家、军事家、科学家、文学家、艺术家的爱国故事，使学生受到强烈的爱国主义感情的熏陶，激起学生爱国之情。第二次组织以"祖国落后就不可爱吗？"为题的辩论会，针对学生中的一些糊涂认识展开辩论，启发学生以熟悉的爱国人士的言行作为镜子，对照检查自己的错误观点，进而认识中华民族的子孙没有理由不爱自己的祖国。引导学生由"儿不嫌母丑"的朴素感情升华为"儿不甘母丑"的奋发精神。第三次组织"青年要有爱国之情，报国之志，建国之才，效国之行"的演讲会。在前两次主题班会激起了学生的爱国之情、坚定了学生报国之志的基础上，进一步引导学生努力按照教育方针的要求，切实学好本领，立志为四化献青春。

2. 主题要鲜明

一次主题班会只能有一个集中的主题，只能达到某个具体的目标。只有从全局考虑，通盘计划，一次次的主题班会才会成为整个思想政治教育工作的有机组成部分，才能充分发挥其教育作用。

主题班会的主题是教育内容的集中反映，要有时代气息，要切合学生的思想实际。好的主题应具有鲜明、深刻、具体、生动的特点，不能大而空，也不能面面俱到。例如爱国主义教育，过去总是着眼于使学生了解祖国的过去。现在看来还不够。我们不仅要使学生了解祖国的过去，增强他们的民族自豪感，还要引导学生面向世界，面向未来，明确我们的奋斗目标，看清祖国前进的大趋势，增强学生的民族责任感。如果举行一次《二〇二〇年时的世界、祖国和我》的主题班会，让学生立足现在，畅想未来，就可以更强烈地震动学生的心弦，使他们认清国家的大目标，明确自己所负的历史责任，找到自己朝着这个大目标前进的方向。

3. 活动要有针对性

主题班会如果没有针对性，就会流于形式。班主任应随时把握学生思想的脉搏，弄清学生普遍存在的典型思想问题，有针对性地确定活动内容。如举行"社会主义好"的主题班会，宣传马克思主义科学社会主义原理，使学生认识社会发展的基本规律和趋势，将新中国与旧中国进行纵向对比是必要的，但仅限于此则会因缺乏针对性而影响教育效果。在这个问题上，学生中普遍存在的情况是由于更多地接触外国电影和介绍国外情况的资料，或看到一些外国人的衣着打扮，往往被一些表面现象所迷惑，天真地认为"资本主义社会是天堂"。针对这种情况，班主任组织"社会主义好"的主题班会就可以根据具体条件，或举行报告会，邀请我国派出的留学生、出国访问的学者、驻外使馆工作人员、外事工作人员或归侨，讲述他们的经历和感受；或在报刊上选择一些典型材料，集中学习，组织讨论；或组织学生观看像《金环蚀》、《华丽的家族》这样一些较深刻地揭露资本主义本质的电影，开展影评活动。通过报告、讨论，学生们就能对资本主义的本质增加一些感性认识，通过对比真正体会到社会主义好。

主题班会的针对性还表现在要根据学生的年龄特点来确定内容。如初中二年级的学生多数在14岁左右。针对14岁学生的特点，开展"迈好青春第一步"的主题教育，组织一系列围绕这一主题的班会（如"集体过生日"）能使广大学生懂得14岁意味着什么，在即将跨入青年行列之际，明确青春的第一步怎么跨。

4. 要充分发动群众

主题班会应该具有群众性。在主题班会的组织过程中，若只动员少数干部或由班主任包办代替，让大多数学生始终处于被动的地位，就收不到良好的效果。因此，在组织主题班会的过程中，要充分发挥学生干部和积极分子的作用，依靠他们发动全班同学自觉参加到这个自我教育的活动中来。

如对高中学生进行理想、前途教育时组织"二十一世纪的我"这样的主题班会设计是让每个学生以自己的理想化妆参加。不少同学会为如何化妆而征求班主任的意见。班主任就应因势利导指导他们考虑如何选择自己的志愿，教育学生要把自己的理想和祖国的利益、人民的利益连在一起，把个人的兴趣爱好和祖国的需要联系在一起。这样，主题班会的准备过程便成了学生考虑自己的理想、前途的过程，经过学生的充分准备，主题班会便如期举行。这样的主题班会可以使全体学生既是受教育者，又是教育者，让他们经过思索抉择自己的理想工作，从而在人生的道路上迈出可喜的一步。

5. 形式要生动活泼

主题班会必须讲究活动形式。枯燥的说教不仅不能打动学生，相反会使学生产生反感。一次成功的主题班会，应该做到寓教育内容于生动活泼的气氛中，有吸引力、感染力和启发性，使学生在活动过后有回味的余地，乐于思索和实践。如有的班级组织"中秋赏月话太空"的主题班会，大家在月光下共同品尝各自从家里带来的月饼，畅谈月球上的矿藏、人们对月球的利用，畅谈我国航天事业的成就和在利用月球上和发达国家的差距。大家都憧憬着插上理想的翅膀飞向那迷人的月亮城。会后，班上掀起了学科学、讲科学的热潮，学习积极性普遍增强，学习成绩也明显提高了。

总之，主题班会的安排首先取决于教育主题。有的学校对全校某个阶段的教育主题作了统一的规定，有的学校对不同年级的教育主题分别作了规定。无论哪种情况，班主任都应在学校规定的教育主题指导下，根据本班情况，作出具体的主题班会安排。

案 例 特色主题班会的设计安排

1. 江苏省泰州中学丁如许老师设计并实践的初中班级全程系列主题班会活动目录

初一（上学期）：做合格的中学生

①当我迈进新校园时（学生谈进校体会）

②难忘啊，"黄金时代"（家长作介绍）

③我是这样起步的（优秀高年级学生介绍）

④我在祖国怀抱里成长（诗歌朗诵）

⑤我是家长的好助手（家务劳动比赛）

⑥我和 A、B、C、D 交朋友（英语"拼单词"）

⑦欢快的十分钟（小型多样的体育比赛）

⑧方寸天地趣无穷（集邮知识讲座）

⑨学海初航品甘苦（学习心得交流）

⑩我为老师做点事（尊师活动）

初一（下学期）：当家乡的小主人

①请尝尝我们做的菜（自炊）

②小记者奔向四面八方（到种菜、卖菜、烧菜等单位调查）

③请听我们的建议和呼声（献策）

④沿着历史的足迹前进（参观历史陈迹或博物馆）

⑤今日家乡在腾飞（信息交流）

⑥为了家乡，我愿……（一分钟演讲比赛）

⑦贡献我们的青春和热血（联谊）

⑧刻苦学习，为我家乡（学科竞赛）

⑨家乡蓝图任我描绘（访上级单位领导）

⑩家乡，请听我们的报告（新闻发布会）

初二（上学期）：迈好青春第一步

①青春、人生最宝贵的年华（青春期知识讲座）

②在平凡的岗位上建功立业（劳动模范报告）

③伟大的时代，召唤着青年（家长与学生座谈）

④十四岁，奋飞的起点（介绍我心中的英雄）

⑤在建设祖国的行列中（访企业青年突击队或农村青年专业户）

⑥青春在边陲闪光（与边防战士通信）

⑦美好的青春乐章（音乐欣赏）

⑧练就强健的体魄（青春杯体育竞赛）

⑨爸爸妈妈，你们听我说（学生向家长汇报）

⑩十四岁，新的高度（集体生日庆典）

初二（下学期）：我为团旗添光辉

①团旗指引我成长（老共青团员作报告）

②怎样才能成为光荣的共青团员（论辩）

③用热血填写我的志愿书（入团志愿书介绍）

④烈士墓前的沉思（祭扫烈士墓）

⑤团旗在我心中飘扬（编报评比）

⑥在欢乐的"团员之家"（游艺活动）

⑦雷锋在我们行列中（走向社会的义务劳动）

⑧伴着青春的旋律前进（集体友谊舞）

⑨我们是光荣的后备队（入团宣誓）

⑩谱写我们的青春之歌（营火晚会）

初三（上学期）：谱写人生新一页

①不朽的英名、壮丽的人生（讲故事比赛）

②成功在于实践（小发明、小实践、小创作、小考察、小论文成果介绍）

③我将这样对待生活（班委会答辩）

④路，在我们脚下（班级演讲比赛）

⑤迈开步伐，走向远方（远足）

⑥我最敬仰的英雄们（剪报交流）

⑦我向教师进一言（最佳通信评选）

⑧钢铁是怎样炼成的（书评）

⑨我最喜爱的一句格言（格言交流）

⑩高歌新生活，立志献四化（看画赛歌）

初三（下学期）：母校永在我心中

①一颗红心献祖国（家长寄语介绍）

②我为母校添春色（建校劳动）

③为母校争光的人们（与校友通信）

④温故知新话复习（学习经验交流）

⑤奋发努力硕果多（学习成果汇报）

⑥我为母校献一计（献计）

⑦学海无涯勤作舟（智力竞赛）

⑧在我成长的路上（征文）

⑨同窗情深共勉励（临别赠言）

⑩二十年后再相会（联欢）

2. 北京师范大学附属实验中学对各年级教育主题的设计

初中一年级

"迈好中学第一步，做光荣的中学生"

初中二年级

"迈好青春第一步，使德、智、体全面发展"

初中三年级

"听从祖国召唤，做合格的初中毕业生"

高中一年级

"珍惜人生的价值，为四化献青春"

高中二年级

"认真学习马克思主义，树立辩证唯物主义世界观"

高中三年级

"听从党和国家的安排，做共产主义事业接班人"

案 例 组织主题班会实例

1. 小学生主题班会

主题辩论会：《男人、女人，谁的贡献大？》

12 月 25 日在师生充分酝酿、积极准备下，上斜街小学六（2）班举行了主题"男人、女人，谁的贡献大"专题辩论会。大会在班干部的主持下召开了，评委席上坐着学校的领导、大队辅导员及各位老师。正反方的辩论员分坐在主席台的两侧，观众席上坐满了本班及外班观看的同学。教室的黑板上用彩笔写着辩论的专题。隆重、紧张、兴奋的气氛笼罩着整个会场。

以五个男生为代表的正方代表队发言了。只见姜江同学起立，以他平时惯有的不高声调沉着、冷静地阐述着自己的观点。

他说：作为正方的代表，我首先发言，我方的观点是男女都能做出贡献，但是二者相比男人要比女人贡献大。如果没有男的发明家爱迪生，人们就用不上电灯；如果没有男医生陈中伟谁能完成断肢再植的手术？火药大王诺贝尔、世界上第一艘飞艇的发明人法国的齐菲尔、邮票的创始人英国的罗兰·希尔，还有我国古代科学家祖冲之经过一万多次的计算发明的圆周率。还有世界上第一台电话，第一辆汽车，第一架飞机，第一个蒸汽机，第一台发电机，第一次登上月球，等等。这么多的"第一个"经过我的调查，发明者都是我们男性。不论在中国，还是外国，各行各业，我们男人都是先锋队、主力军。我们做出的贡献就是比女人大得多。

以五个女生为反方代表的毕小冰同学随后立即发言，她激动地说：

"正方同学举出的例子，我全部承认。但是，我想请你们注意：你们把贡献这个词理解得太狭窄了，难道只有这些名人的成就才叫做贡献吗？我有幸在词典上看到了贡献这个词的含义。它是指拿出物质、力量、经验献给国家或公众也可以指对国家或公众做有益的事。它没有限制物资、力量、经验的数量，只要努力拿出就是为社会做出贡献，而不是名人的成就才叫贡献。你们忽略了一种更大、更广泛的贡献。那就是广大普通工作者的贡献。据1984年人口统计工作表明，在所有就业人中女子占67%、男子占33%。由此看来女人贡献大于男人。"

接着另一个男生代表李鸣同学发言。他说：

"我看了《神童的故事》，这里举出27名神童，男人有18名而女人只有9名，占男人的一半。为什么男神童多呢？因为我们有创新精神，不守旧，体力比女人强。我亲自到宣武医院做了调查，结果是在各大手术中男人主刀占2/3，而女人只占1/3。"

反方的第二个代表茆燕马上站起来说道："过去，在男女不平等的社会条件下，很多女子冲破阻力做出贡献是多么不容易。"

她说："两次获得诺贝尔奖的居里夫人发现了镭元素，为人类做出了贡献。我国古代的第一位书法家卫夫人，不仅写一笔好字，还培养了王羲之等许多有名的书法家。古代的《汉书》一书就出自东汉班昭女子的手。"

接着正、反方的其他几位代表从社会的改革、企业家的冒险精神、军事家的人数比例；艺术、体育、纺织、教育等方面成就分别为自己的观点进行了阐述和辩论。真是旗鼓相当，不分上下。会场上不时爆发出欢乐的笑声和热烈的掌声。这时，反方代表张子凤同学站起来说：

"正方同学的发言指出了那么多的科学家、英雄、模范，可他却忘掉了这些人都是女人生的！还有，这些人难道都是单身汉而没有妻儿老小吗？不是的！他们的妻子默默地为他们承担了家庭的重任，做出了无私的奉献。这不都是女性的伟大和对人类的贡献吗？"这有力的辩驳得到了一阵响亮的掌声和赞叹声，把会场的气氛推向高潮。

经过自由辩论、群众发言之后，评委们选出了优秀辩论员姜江同学和胜方——反方代表队。并给他们颁发了奖状和纪念品。

最后，班主任讲话："同学们旁征博引，查找了大量的资料，实地进行了调查、研究。发言时语言流畅、有力。有一定的深度和广度。从大家的发言中，我们了解到从古到今，从中国到外国，不管是男是女，多少人为人民做出了卓越的贡献。他们为什么能这样呢？因为他们懂得人生的目的，懂得人生的价值。人生的价值是什么呢？人生的价值在于奉献。因此，不管你是男人、女人，只要懂得以主人翁的态度对待人生，正确看待人生的价值，你就会为它奋斗。愿同学们在不久的将来，能为祖国的繁荣昌盛，为共产主义事业，奋斗一生，奉献一切。"

辩论会结束了。班主任看着同学们兴奋的笑脸，听着评委们的啧啧赞叹，心里很不平静。她回忆组织这场辩论会的前前后后深深体会到：

①教育活动一定要抓住时机。培养学生的共产主义品德，要从小扎根。在这个班里由于女生各方面比男生强，看不起男生，而男生又不服女生，经常产生矛盾。正好学校号召少先队员争做国家小主人。这是一个好时机，应让他们辩论一下，使他们懂得正确看待自己和别人的成绩。认识每个人都是小主人，都要有主人翁精神。

②教育活动的形式要富有吸引力。学生们好胜心强，模仿力强，对新鲜事物有浓厚的兴趣。前一阶段电视、广播播放一些专题辩论会，同学们到校后总是对那些辩论的双方赞不绝口，十分欣赏。因此，大胆地向社会学习，把那些大中学生辩论会形式用在我们小学生身上，是会有积极效果的。

③班主任在活动中要会穿针引线。开展活动教师的引导很重要，活动前要和干部巧安排。不仅要考虑口才好的上场，还要把有见解但胆子小的同学推上去锻炼。准备材料时要经常向双方传递信息，使双方保持饱满的情绪。活动后要不断发现、总结男女生的变化给予支持和鼓励。这样男女生双方经过这场辩论都能心平气和地看待对方的贡献，加强了班集体的团结。

家长会上，我们向家长播放了录音。家长纷纷反映：这个活动搞得好。我们原以为辩论会在小学是不可行的，事实证明它不仅可行而且是个很好的教育方法。孩子们眼界开阔了，思维活跃了，口头表达能力也提高了。

的确，这次活动给了同学们一次认识、观察、了解社会的机会。使他们能充分估计自己的存在和能力。增强了他们的自信心，坚定了他们实现自己理想的信念。同时也提高了他们的写作水平。

2. 中学生主题班会

《当我迈进新校园的时候》

（初一主题班会）

目的：

通过这次主题班会，给学生以深刻的影响，激励学生迈好青春第一步。在活动中，进一步增进师生、同学间的友谊，做一名合格的中学生。

准备：

①邀请学校领导、职员、工人代表、科任教师参加，并从教师角度准备一封祝贺信，以勉励学生，立志奋进。

②邀请高年级学生（2~3名）参加，并让他们准备谈一些个人成长进步

的体会。

③指定同学们准备紧扣主题的发言稿和文艺节目。

④同学自制一些准备送给来宾的纪念品。

⑤学生自己布置会场。应美观大方，富有节日气氛，黑板上应画出校景，写上"当我迈进新校园时（彩色、美术字）"的字样。

过程：

①介绍来宾（主持人）。

②"欢乐声响彻云霄，翻腾着狂欢的热潮，当时钟走完暑期的最后一秒，我们又迈进了新的学校"。宣布主题班会开始。

③集体诗朗诵《当我们迈进新校园的时候》。

④领导、教师代表致欢迎词。

⑤座谈发言，内容围绕"让我们很快地熟悉起来"，"热爱新学校、热爱新班级"，"争做合格的中学生"这三个专题。

⑥赠送礼物。

⑦文艺演出。

⑧班主任的期望。

⑨全班争做合格学生的决心书。

注意事项：

①主持人要精心设计台词，巧妙把整个活动串联起来。

②发言、期望、致词均应言简意赅。

③突出自主性，由学生主持，切忌包办代替。

《14 岁——生日礼物》

（初二、初三主题班会）

目的：

通过这次主题班会，调动起学生们纯真的理智和灵性，谱写出震撼心灵、激励学生奋进的理想之歌。

准备：

班主任在两天前告诉同学们："我要给你们每人照一张 14 岁生日大彩照"。并要求学生：

①每人要认真思考，14 岁你在想什么？

②要通过化装、表演、运用道具，把你所想的组成摄影画面。

③照相时，要作一小段以"人生"为题的演讲。

④全班照完后，举办一个"14 岁我在想……"的摄影展览，每张照片下面均有生日题词。

过程：

首先进入镜头的是柏芳同学，她身穿深蓝色西服，雪白的内衣增添几分风度，身后挂着一面鲜艳的五星红旗，手捧着亲手制作的《柏芳文集》。她说："同学们：14 岁我在想，一定要努力学习，为长大做一名儿童文学作家打下基础。你们看，我们国家的儿童文学作家不是太少了吗？没关系，有我，有我们，为了祖国，为了新的一代，14 岁的我立志要为实现自己的理想而努力奋斗。"

紧接着，王敬戴着他父亲"优秀园丁"的大红花，手托着学生的作业本，自豪地站在讲台上说："老师，你照吧？这就是我，一个光荣的人民教师，我们的进步成长，无不浸透着老师的心血。我长大后，一定像千千万万老师一样，做蜡烛，做春蚕，把自己的青春献给教育事业……。"

张蕾穿着一身宇宙服，拿着自制的天文望远镜，自傲地说："老师照吧。这就是中国第一名宇航员……。"

沙沙装扮成外关官。

女篮队长赵小华手举奖杯，捧着鲜花，不断向全体同学挥手致意……同学们报以热烈的掌声。

黄涛同学上台了，他身披红袍，手捧武侠小说，脸色苍白，两眼发直，慢声细语地说："我就是我——黄涛"。他沉思地说："你们想的是理想，而我想的却是教训。我怎能忘，为了看武侠小说，茶饭不思，学习无心，以致学习成绩直线下降。从第三名降到第三十七名，我愿牢记这一镜头，从 14 岁开始奋起……"。沉默片刻后，响起暴风雨般的掌声，其中包含着激动、爱护、祝贺、鞭策。

在这激动人心的片刻，段聪上了讲台。她严肃地说："14 岁，标志着我在人生道路上开始新的起步……我要告诉大家，我要为做个真正的人而努力"。

"哗……"台下又是一片热烈掌声。

全班 54 张彩照展览出来了。题词是："珍惜这金子般的年华吧！为了人类崇高的理想去开拓，去奋斗，去前进吧，迈上去，坚定地迈上去，向着人生第二个阶梯。"

《从一分钟谈起》

（高一主题班会）

目的：

通过这次主题班会使学生认识到"时间就是生命"。从而有效利用时间，珍惜每一分钟，做时间的主人。

准备：

①会前由班委会干部带领数名不珍惜时间的同学，分专题深入社会调查，了解"一分钟"在工农业、国防事业上的重大意义（制成图片），并在调查的基础上，结合班级与本人浪费时间的现象，写出调查报告。

②教室布置：在黑板上方悬挂一时钟，黑板中央用仿体写着"从一分钟谈起"，旁侧书写名人有关珍惜时间的格言。

③班级爱惜时间公约（草案）。

过程：

①宣布"从一分钟谈起"主题班会开始，请同学静看时钟走完一分钟。

主持人："一分钟在我们现实生活中是那么短暂，然而这60秒在'四化'建设中是那么不平凡，现在让事实来说话吧——"

②请调查组成员宣读调查报告：

正面——一分钟在工农业、国防事业上的重大意义（可用图片或投影仪）。

侧面——班级或个人浪费时间的典型事例。

③围绕中心议题"如何珍惜每一分钟"座谈，班主任与主持人要对发言者进行评议，对正确的意见要肯定，有创见性的要表扬，对有欠缺的要指正。例如有人指出"走路背外语、晚上少睡觉"。教师指出："珍惜每一分钟，不是要求大家24小时不休息，而是要求我们在应该学习的时间里要精力集中，有效地发挥每一分钟的作用"。

④在同学们广泛发言的基础上，班主任、班委会要集思广益，制订出"班级爱惜时间"公约，并当场宣读通过。

⑤要求每人根据公约制订个人作息时间表，合理安排学习、劳动、文化生活和休息等，并决定在期末召开"交流珍惜每一分钟"经验的主题班会，以巩固本班会的成绩。

《2010年校友汇报会》

（高中三年级化装班会）

目的：

通过这次别开生面的班会活动，使学生将现实学习生活与远大理想结合起来，努力使自己成为"四有"、"两热爱"、"两精神"的新时期的合格人才。

准备：

①全班分成两部分，少部分（不超过10人）扮演已毕业的校友，余下的扮演应届即将毕业的学生。

②校友要化装成不同职业的工作人员（要注意职业的典型性），并准备好

汇报内容。

③教室布置要富有创造想象，2010 年的校园，黑板上要画出校园憧憬，并书写出"××年校庆纪念日，2010 年"。

教室门口贴着"今日重相见"的大红横批和对联。

过程：

①主持人在"欢迎进行曲"中宣布"××高级中学××年校庆"校友联谊会开始。

②热烈欢迎校友来母校参加校庆联谊活动。"同学们，校友们：现在已经是 2010 年了，我们国家实现了当年提出的工农业总产值翻两番，人民生活水平达到小康水平的目标。今天，我们邀请了几组 80 年代毕业的校友，返校参加校庆活动（掌声），现在让我作一介绍……"

"笑盈盈，陌路相逢，留下友谊重重；情切切，青春闪光，点燃火炬熊熊；意拳拳，无私奉献，润物春雨轻轻；路漫漫，廿载寒暑，赢来赞语声声。"

③请校友们作汇报，中心内容可包括：

1. 在校学习情况的回忆与眷恋；

2. 毕业后参加"四化"建设的业绩；

3. 对校友（新一代）提出要求；

4. 联欢开始，文艺节目演出。

最后在集体舞（或交谊舞）中结束。

具体要求：

①一切布置要有超时代的创造想象。

②主持人可同班主任与班长共同主持。

③化装要符合时代特点、职业特点和年龄特点。

四、组织班会技能训练参考措施

确定一个为期 6 周左右的组织班会技能的训练单元，按下述步骤进行学习：

（1）用 3 个星期左右的时间学习与组织班会技能有关的知识，提高对担任班主任工作时组织班会重要性的认识，熟悉并尽可能掌握组织班会的有关知识。具体措施，可以以教研室（组）或年级组为单位，在自学的基础上，每周组织一次业务学习讨论，或请教育专家、优秀班主任集中讲解班主任工作中组织班会方面的知识与技巧。通过学习讨论要弄清下面的问题：

①组织班会在班主任工作中有何重要作用？

②良好班会和主题班会应该具有哪些特点？为什么应该具备这些特点？

③班会和主题班会各有哪些形式？如何确定班会、主题班会的内容与形式？确定班会和主题班会的内容和形式应注意哪些问题？

④如何筹备班会和主题班会？筹备班会和主题班会应注意哪些问题？

⑤在班会和主题班会的组织实施阶段应注意哪些问题？

⑥安排主题班会的基本要求有哪些？

（2）在熟悉上述问题的基础上，结合班主任工作实际，写出具有一定字数和质量要求的学习心得、经验总结或小论文。然后组织优秀教师对这些心得或论文进行评议，作出成绩判定，并将其作为业务考核评价成绩之一。若有条件，可从中选出一些优秀或比较优秀的心得、论文，或者向有关刊物推荐发表，或者由学校（系、部、室汇编成参考资料，以鼓励教师学习业务、提高技能水平的积极性，并供其他教师参考。

（3）查找、搜集有一定代表性的有组织班会、主题班会的典型实例，认真研读，并写阅（观）后感。

（4）结合班级班主任工作实际，按照组织班会的有关要求，设计一个组织班会的方案，之后以年级教研组为单位组织交流评议。交流评议之前先组织优秀班主任及年级教研组负责人拟出评议方案，制定出科学性、实用性强，能为多数教师接受的"组织班会技能评价量表"；评议之后，将评议结果作为教师业务水平考核的依据。组织班会技能评价量表的设计框架参考《教师职业技能训练基本理论》有关教师职业技能训练指导方法中"评价法"的运用要求及《课堂教学技能训练》有关教学技能评价量表的设计框架进行设计，其中的评价标准具体定为几项，根据实际情况确定。

第四章　班集体建设工作技能

第一节　班集体建设工作的基本问题

一、班级建设的概念

（一）班级

1. 班级的内涵

班级是学校教学的基本单位，也是学校管理中最基本的构成之一。班级，又可以叫做"班级编制"或者"班级授课制"。班级，是从教学的角度提出的概念，与"个别教学"相对，是将生理及心理年龄和已有知识程度相近的学生编成固定的教学组织形式。在此基础上，按照各学科的教学大纲规定的内容，组织教材和选择恰当的教学方法，对班级内的全体学生进行教学。

成熟形态的班级最早出现在西方。第一个提出班级组织的是 17 世纪捷克教育家夸美纽斯（J. A. Comenius），他将儿童按照年龄分为了六个班级，并制定了相应的教学方案。此外，法国的拉萨尔（J. B. LaSalle）于 1682 年在他为穷人子女开办的学校中将儿童按学业成绩分为优、中、差三级，进行分班授课。对班级组织的发展产生巨大推动作用的是 19 世纪初在英国出现的"导生制"。这一制度的基础，正是对学生进行划分等级，对相同进度的儿童进行相同的教学。其后，随着社会的日益进步、生产力的迅猛发展、教育事业的不断变革，班级组织从确立、改造、到改革，一直在循序渐进地发展着。

2. 班级的特征

（1）作为一种制度，班级具有相对稳定性和行政强制性

如上所述，我国现行的班级制是按照一定的原则和要求将学生编成固定的班，并在一定程度上保持固定不变。同学们在同一个班内上课，学习同一教学内容，教师采用一致的教学方法、教学手段进行教学活动。学生们在循序渐进的过程中进行学习，不断地更新和巩固知识和技能，以获得德、智、体全面发展；学生之间相互帮助、相互启发、相互观摩，共同进步。可以预见，班级授课这种教学组织形式将会在目前以及未来的很长一段时间内继续存在，因而它具有相对的稳定性。另外，为了维持良好的教学秩序以获得最佳的教学效果，在班级内往往需要设置一定的规章制度来规范所有学生的行为并且强制执行。

（2）作为一种组织，班级具有发展性和可塑性

学生是班级的主要组成部分，对于学生来讲，其生理及心理状态一直处于发展变化中，也就是说学生们是发展中的个体，那么从这个角度上来说，班级也是发展中的集体。班级与正在成长中的学生个人一样，具有发展性与可塑性。学生作为稚嫩的个体，其心理发展水平也是不成熟的。学生在班级中与学生集体共同学习，除了知识和技能的建构，他们的心理发展水平逐渐由不成熟向着成熟发展，自我意识形成和发展，逐渐形成自己的性格特征，开始用更加成熟的方式去接触世界和处理事情。学生的发展意味着班级的不断发展，学生逐渐成为成熟的个体，而班级同时也走向成熟。

（二）班集体

1. 班集体的内涵

"班集体"这个概念的产生晚于"班级"这个概念，其最初产生于前苏联，十二月革命以后，学校集体教育一直是前苏联教育科学研究领域中最重要的课题之一。著名的教育家克鲁普斯卡娅、马卡连柯、苏霍姆林斯基等对集体教育进行过广泛的研究和实践。马卡连柯指出学生作为教育的对象不是抽象的而是置身于集体关系中的具体的社会成员。[①] "班集体"这个概念是前苏联教育学者普遍关注、使用频率相当高的教育学概念。

新中国成立后，传统意义上我国中学班级工作的形成与发展，也深受前苏联对"班集体"理论和实践研究的影响。随着我国教育科学研究的逐步发展和教育改革的日益深入，我国学者对班集体的研究有了一定的突破。就"班集体"这个概念，有如下几种具有代表性的表述：

张国庆提出："班集体是按照国家教委的正式文件规定，为完成组织赋予的任务，实现学校教学教育活动的共同目标，师生相互作用，相互联系而构成的组织严密的正式群体。"[②]

"班集体是按照班级授课制的培养目标和教育规范组织起来的，以共同学习活动和直接性人际交往为特征的社会心理共同体。"[③]

王宝祥提出："班集体是高级班级群体。它是经过以班主任为主的各种教育力量的教育培养和引导而形成的具有正确的奋斗方向，具有较强的核心与骨干力量，具有良好的纪律、舆论、班风，具有良好的人际关系的团结、友爱、积极向上的高层次的班级群体。"[④]

---

① 陈桂生.学生集体的建构——马卡连柯教育文集摘编［J］.河南教育，2003（7）.
② 王丕主编.学校教育心理学［M］.河南：河南人民出版社，1988：430.
③ 实用班主任词典［M］.北京：中国工人出版社，1992：112.
④ 王宝祥.新时期班主任工作［M］.内蒙古：内蒙古教育出版社，1990：107.

唐云增提出："班集体，是全班有一个坚定的核心，已经形成自觉的纪律，正确舆论以及团结友爱、勤奋好学的学风的班级。"①

本书对班集体的定义为，班集体是指具有明确的班级目标和班级组织机构、在班主任的管理下进行教学活动、实现教学目的的教师与学生的集体。

2. 班集体的特征

班集体不同于班级，班集体具有以下特征：

（1）定向统一是班集体的目标特征

每个班集体都有自己的目标，它是所有集体成员共同努力的方向。班集体制度的制定、日常学习的进行、集体活动的开展等取决于集体的目标，没有集体的目标，集体本身就很难生存和发展。在集体中，学生能够把学科和班级的教育目标内化为自己的目标，达到群体成员之间目标的定向统一，个人目标和班级目标的统一。而目标的定向和统一使班集体具有了明确的发展方向。

（2）集体主义取向是班集体的价值特征

班集体崇尚集体主义精神，在班集体内，关心集体，爱护集体，遵守集体的规范，把集体的利益和荣誉放在第一位，是班级生活的主旋律。个人以自己为班集体的一员为荣，必要时能为了班集体整体的利益而放弃个人的利益，以集体利益为主，个人利益为辅，这些都体现了集体主义的价值取向。尽管班集体以集体主义精神为价值取向，但班集体并不排斥个人的行动自由和否定个人的兴趣爱好。

（3）令行禁止是班集体的行动特征

在班集体中，由于班级目标的确立和集体领导和决策方式的形成，集体认为应当做、值得做的事，一经决定就会成为班级行动的指南或班级活动的小目标；同样，集体认为不可行、否定的事，一经决定就会成为班级的禁令，就得立即停止，即使个人有不同意见，也要服从集体的决定。班集体的力量使得班级中就算存在不同的声音、不同的行为，班级的集体活动也会正常地进行和维持下去。班集体的行动特征，充分反映了严格的行为规范及纪律约束，没有这一点，无法保证班集体的令行禁止。

（4）彼此相悦相容是班集体的情感特征

学生生活在班集体中，师生之间彼此关心和支持、同学之间彼此团结和友爱，因而学生处于班集体中会感到十分愉快，也是个体情感的需要。在班集体中，巨大的包容性可以满足各种个性不同的学生，不同的人都可从中得到关心、照顾和帮助，而不会遭到排斥和歧视，它给学生提供了许多积极的体验和感受，有助于学生身心的健康成长。

---

① 唐云增．学校班集体建设词典［M］．北京：文献出版社，1992：16.

3. 良好班集体的标准

那么，怎样的班集体才符合一个良好班集体的标准呢？

（1）良好的班集体具有一致性的目标

一个良好的班集体它的成员必须有一个明确的努力方向，明确班集体的长远目标、中期目标和近期目标。这种目标越为集体的成员所认同，集体的凝聚力和向心力就越强；

（2）集体舆论的整合性与参照性

舆论水平是班集体发展水平的重要社会心理指标之一，对班集体起着巨大的调节作用，团结的、对原则问题有高度情绪认同的集体是一个朝气蓬勃充满活力的集体；

（3）人际关系的和谐性

人际关系的和谐性是指成员间相互团结、心理相容。每个人在集体中都有满意的角色、稳定的地位和良好的自我感觉。班集体成员对集体都具有归属感、满意感、责任感和义务感；

（4）管理的自主性

自主是个体通过意识和能力表现出来的，当班集体发展到成熟的阶段时，学生对自身管理的自主性明显增强，使得班级管理出现了新的特征，学生管理的自主性使班集体运行得更为通畅，也降低了班主任管理工作的难度。

二、班级建设的目标

目标是一种价值取向的外在表现。任何管理活动都应有明确的目标，班级建设也不例外。班级目标是班集体的价值取向，是班级个体价值取向的集中反映，是班级的核心。班级建设的目标是班级发展的长远规划，是班集体团队精神的核心，是班级凝聚力形成的重要因素。明确而进步的目标是维系师生为之共同奋斗的纽带，而班集体则在一个个目标的实现中逐步走向成熟。

（一）目标对班级建设的作用

1. 导向作用

班级建设的目标是班内全体师生共同努力的方向，是统一全班认识和行动的纲领，首先它必须同国家制定的教育方针相一致，又必须是体现学校要求的目标和方向，是学校教育目标的具体化。班级建设目标的制定使得班级的一切工作都是在班级目标的统领下进行的，使得班级的一切工作有所依。

2. 激励作用

班级目标制定后，老师和学生必将不断地朝目标进取，这就使得目标有了激励的作用。班级目标的激励作用对于班主任和学生都是非常重要的。对于班主任来说，这种作用能够促进班主任提高工作的热情、积极性和责任感；对于班内的学生来说，这种作用可以增强学生的"目标"意识，可以调动学生的积极性和自觉性，使他们形成踊跃的气氛，从而为班级管理工作形成一股无形的力量。

3. 评价作用

为了班级目标的逐步实现，"评价"应该是伴随着班级建设全程的。在实现班级目标的过程中，要定期以"目标"为基础对班级的各方面进行评价，然后根据评价的结果不断地将班级建设的各部分工作进行调整或加强，使班级建设逐步趋于班级建设的目标。因此，"评价"在师生共同建设班集体中，是师生已取得的成果与目标进行判断和调整的重要手段，在班集体建设中发挥着重要作用。

（二）班主任在班级目标管理中的作用

目标管理最初是由美国管理专家 P. E. 德鲁克在 1954 年提出的，如今已成为普遍采用的管理方法。① 目标管理是通过自上而下的方法将目标分解，将组织的宗旨和战略目标转化成各个部门、各个人的具体目标，并通过自上而下的目标落实，最终完成组织的总目标。而目标管理同样可以运用在班级管理中。班级目标管理，是指班主任根据班级建设的目标进行班级工作的管理，通过目标的激励来调动学生的积极性。其特点是以目标来指导师生的行为，以目标的达成来评价其贡献的大小。

案例 某班班主任的班级目标管理

我班为普通理科班，且为高一分流后重新组建的班级。刚形成的新集体，同学们表现出的"亲和性"不是很强，而且全班同学的行为习惯较差，学习主动性差，学习动机不强，成绩一般等等。针对我班现阶段的情况，我们在第二周便制订了本班的学期基本目标"一心、两基、三做"，即以学习为中心，纪律和卫生为两基，做人做事做学问为三做。紧接着我们围绕着"一心、两基、三做"订立了班级建设的总目标，即：创班级特色，扬班级精神；并且分层次、分阶段制定具体目标。

在第一个月里，我们制订了两个目标："我们是一家人"、"让文明成为一种习惯"，其意为：在一个新的集体中，每一个同学就是你的兄弟姐妹，我们一起学习、一起玩耍，因此我们就需要坦诚相待，团结友爱，用心去交流，用心去聆听，并且养成良好的行为习惯。同时第三周的"我们是一个集体"，第

---

① 白铭欣. 班级管理论［M］. 天津：天津教育出版社，2000：53.

四周的"让文明礼仪之花香满校园"等一系列为班级目标开展的活动中，学生的行为习惯和对班级的热情都有了很大的转变。在第二个月里，我们积极响应学校的号召，开展了关于"爱国、爱校、爱家乡"的诗朗诵，同时也制订了目标："认真是一种良好的习惯"。

尽管部分同学身上的自私、对学习的马虎大意、学习态度的不端正、对班上的事情漠不关心、对同学疏远冷漠等等都还一定程度上存在着，但在近乎两个月的时间里，随着班级目标的制定和相应活动的开展，大部分同学都有所转变，在各个方面都取得了进步。

【分析】 这位班主任在班级目标管理中做得非常成功。班主任作为班级的领导核心力，其工作直接关系到整个班级的建设以及班级内全体学生的成长，因此班主任要建设一个优秀班集体，不但要明确自己在班级目标管理中的作用，而且应该懂得如何有效地去发挥这些作用。

1. 班主任在班级目标制定中的作用

班主任在班级目标制定中处于主导和统筹地位。目标制定的好坏，直接关系到日后的实施效果和班级整体的建设，所以班级目标的制定是关键。班主任作为班级的最高领导者，必须站在战略高度来看待班级发展并制定出适合班级发展的目标。班主任应该根据学校教育的总目标和学生的发展特点及实际情况来确立班级建设的目标。

目标的制定是班主任实施目标管理和班集体建设的第一步。要想取得班级建设的成功，班主任工作必须满足如下条件，如制定出切实可行的班级目标、确立班级内全体师生的职责体系、明确的组织系统和有效的管理作风、及时的工作反馈和信息沟通等等，而目标的制定是必须首先解决的问题。制定班级目标时，思考的广度和深度与目标制定的适当与否，可能会决定整个班级建设的成败；如果总目标缺乏可行性，总目标不是建立在学校的总要求和班级内全体师生的全面分析和评估的基础上，那么班级建设的目标是难以实现的。因此，制定班级目标是对班主任能力的一次真正考验。如果班主任不能从大局考虑做深入的分析，制订出不合适甚至错误的目标，那么整个班级的发展方向就会有所偏离，班级内全体师生集中力量为实现该目标而付出的努力也会收效甚微。因此，作为班主任，特别是青年班主任，想要成为一名成功的班主任必须全面把握班级的发展水平和班级学生的发展特点，认清自己在班级目标制定中的重要地位，并制定出适合班级发展、符合班级成员成长的切实可行的班级目标。

2. 班主任在班级目标实施中的作用

班主任在这一过程中处于引导和修正的地位。班主任要引导学生如何实施目标，并对在实施过程中出现的偏离目标的行为进行矫正，以使其向着目标要求的正确方向前进。在班级管理中，班级成员各有所长，班主任要增强学生的目标意识，让每一个学生都明确自身的责任，增强自身对班级目标实现和班级总体建设的责任感。而对于班干部，班主任要遵循"大权紧握、小权分散"的原则进行授权，建立一支骨干队伍，充分利用好班干部，发挥他们的特长，帮助他们明确自己的工作职责，使他们在班级管理中做到游刃有余。

在班级目标实施中的修正作用对于班主任来说也是非常重要的。班级工作在运行的过程中或多或少都会有偏离目标的时候，班主任要善于观察和分析，发现背离目标时要及时地分析原因之所在，采取恰当的措施将班级工作进行矫正，使班级建设向着预定的目标迈进。

3. 班主任在班级目标评价和激励中的作用

若要合理地制定班级的目标并使其在班级工作中发挥显著的作用，那么班主任制定班级目标的过程并非一劳永逸，而是动态的。班主任制定目标之后，要根据变化的实际情况经常规划、执行、检查并以动态、发展的眼光来评估。为此，班主任必须掌握班级目标整体进程的信息，并尽可能地多了解班级成员执行目标的情形、进度如何、有没有困难、需要何种协助等。班主任实施班级目标评价应该是在尊重事实的基础上，以理性为主，以事实为依据，公开、公正地对目标实施结果进行评价，把工作情况、问题之所在、建议与经验传达给班集体，让班级成员对目标的进展情况有个清晰的认识，看到成功之处和不足之处，在此基础之上进一步完善班级的目标。

班主任除了对目标进行评价外还应当注重对班级成员的激励。班主任要对在班级目标管理过程中表现较好的成员进行肯定和赞扬，以增强其荣誉感；而对在班级目标管理过程中没有达到目标的成员要同其一起探讨失败的原因，这时的评价不应当给班级成员以受裁决、挨惩罚的感觉，而是要引导其吸取教训，寻找解决问题的途径。在班级目标激励的过程中，班主任还要注意，学生个体在激励上的需求是不一样的：对于同一种奖励，不同的人所体验到的效果是不同的，所具有的激励作用也不同，因此班主任必须要根据班级成员的不同需要采取多种形式的奖励，才能最大限度地挖掘学生的潜力，调动其积极性。

第二节　班级建设工作技能的具体内容

一、班级组织机构

（一）班级组织机构的职权结构

在一个班级里，通常会设置团支部和班委会，而在这两个组织机构中又分设各个不同的职位。这些拥有一定职务的学生就是班干部，每一职务都负有相应的职责。班委会与团支部是平行的、相互合作的关系，他们共同组成了班级的组织机构。

一般来讲，团支部包括团支部书记、宣传委员、组织委员等。团干部主要是抓好班级团员学生的思想、学习和纪律，发挥积极带头作用，使班级建设朝着积极的方向发展。班委会通常包括：班长、副班长、学习委员、生活委员、纪律委员、文娱委员、体育委员等，而学习委员之下又会设置多科课代表，生活委员之下又会设置多个值日组长。班干部主要负责组织管理班级的各项日常事务，并承担起帮助同学与任课教师和班主任联系的工作，同时在思想和学习、纪律方面也将起到模范带头作用。

但这种组织机构在班级中的设立并不是一成不变的，实际上每个班级都会根据自己的具体情况，因人、因时、因事地设立班级组织机构。班干部在班级日常管理工作中是班主任的得力助手，在班级建设中起着重要作用。

（二）培养和使用学生干部的方法

建立一个良好的班级，必须依靠强有力的领导核心。这就是班主任领导下的班干部队伍。培养和使用班干部应遵循以下原则：

1. 落实岗位责任制

责任到人、独立自主的政策，已经被社会实践证明为行之有效的方法。学校是个小社会，校长落实教师的岗位责任制，班主任也可以落实班干部的岗位责任制，关键是班主任要针对各个班干部的能力进行合理分工，使他们明确各自的职责，发挥主观能动性，更好地利用权力，为班级尽义务。

案例

某班班干部岗位职责表

岗位	具体职责
班长	核心职责：服务全班同学，帮助每一个同学进步； 领导作用：领导全班同学，敢于竞争，敢于争先； 督促作用：督促全班同学，认认真真做好每件事； 管理职责：指导各班干部，负责做好自己的工作； 其他职责：一切班级事务班长必须主动承担处理。
副班长	1. 协助班长抓好各项工作，班长无法完成工作时，代理班长的职责； 2. 负责维持课堂的自习纪律、课间纪律及集会纪律； 3. 检查同学的行为、仪表及学生校徽佩戴情况，做到公平、公正、实事求是，发现问题及时纠正解决，并及时进行登记，上报班主任； 4. 完成班主任、班长交办的其他工作。

（续表）

岗位	具体职责
学习委员	（一）早读管理 1. 督促到校的学生马上在教室里安静下来，保证十分钟的早读时间； 2. 领读：老师有布置早读内容的，就按照老师的内容完成；如果老师没有安排早读内容，学习委员自行安排早读内容，布置早读作业； 3. 督促早读不认真的同学马上认真读，提醒一次无效后记录名字和原因。 （二）作业管理 1. 检查督促各课代表按科任教师的要求及时把作业收齐，做好不交作业人员的记录，然后把作业集中交给科任教师； 2. 学习上要开展互帮互助，发现同学抄袭作业要及时制止，并没收作业，记录并报告老师，对每一个同学严格要求； 3. 及时发放作业、试卷。 （三）"一帮一"管理 1. 同学互助，一帮一结对的学生，学习委员经常性的指导和关心； 2. 认真解决同学在学习上的疑难问题。
宣传委员	1. 负责班级的黑板报组稿工作，并安排出版； 2. 每周记录和宣传校、班的好人好事等工作； 3. 负责保管班级图书角，每周一次检查整理班级图书角，并丰富图书角的藏书； 4. 开展组织"好书漂流"活动； 5. 做好班级学生作品的收集，发布在班级博客上。
生活委员	1. 负责班级公物的保护和保管，如有损坏，应及时查明原因，向班主任汇报； 2. 协助班主任负责各项费用的收缴； 3. 了解同学生活情况和存在问题； 4. 积极配合校医室做好各种卫生保健工作，做好疾病防治的宣传工作。
纪律委员	1. 落实班规中的各项要求； 2. 负责课堂、课间、路队纪律的检查，如有同学违纪等情况，及时提醒、劝告，经提醒劝告无效的同学做好相应记录，并汇报班主任。
文艺委员	1. 组织并带领班级同学积极参加各项文娱活动； 2. 协助班主任组织观看学校安排文艺演出等活动； 3. 学校安排的节日文娱活动，要带头并动员同学勇跃参加排练、演出； 4. 配合音乐教师做好各项工作。
体育委员	1. 组织并带领班级同学积极参加各项体育活动； 2. 遇体育课、两操、大课间活动负责检查人数和整队； 3. 课外体育活动负责领借、归还体育用品，如有损坏报告体育老师； 4. 在班主任、体育老师的指导下积极组织同学参加各种体育竞赛活动。

2. 给予引导和支持

班干部是学生中有代表性的积极人物，一般来讲，班干部学习态度认真、制定合理的学习计划、有良好的行为习惯，道德品质优良，能起到表率的作用。班主任要引导他们更好地进行自我教育和自我完善，在全班同学中发挥更积极的带头作用。但班主任要认识到班干部也是来自集体，是集体的一员，应教育他们与普通同学搞好关系，树立威信，摒弃高人一等的骄傲情绪。同时，班主任也要看到班干部能力上的不足之处，对其给予适当的引导和指正。

3. 运用激励的手段

付出了劳动，都渴望得到回报，这是人的一种需要。具体落实到班级管理活动中，就是让班干部明白自己付出的努力在精神上或物质上可以获得一定满足，既可以树立班干部的威信，也是对其工作的回报。班主任可以运用的激励手段有精神奖励和物质奖励两种，精神奖励包括获得荣誉、得到肯定和赞扬等等，物质奖励就是班主任可以为付出较多或表现卓越的班干部颁发一定的奖品。通过激励的手段不断强化班干部的行为动机，产生朝向目标的内在动力和行为努力，使班干部更加积极主动地投身到班级管理活动中去。

4. 引入竞争机制

竞争是市场体制的重要手段，在班级管理中适当建立竞争机制，是适应社会发展的需要，也是把学生从"自然人"培养成为"社会人"的有效途径。如有些班主任采用竞选制或轮换制选拔、任用班干部。在采用竞选制时，班主任要注意整个竞选过程要体现公平、公开、择优的原则，此外在明确了班干部人选和任期时间后，班主任可通过不定期地进行民主评议的方式把学生对这些干部的意见及时反馈给他们。采用轮换制就是班干部的全部或部分岗位采用轮流的形式由不同的学生担任，轮流方式可以按照学号、学生自荐或自愿组合。以上这些都体现了竞争的机制，良性的竞争可以促进班干部工作的热情和工作能力、工作方法的自我完善。

二、班级中的非正式群体

班集体组织可分为正式组织和非正式组织。对于正式组织，上文已经进行了比较详细的介绍，这里就不再作更多解释说明。除了正式组织，班级中往往还存在着很多非正式组织。

非正式群体在组织中自古有之。我国古代第一部教育专著《学记》曾提出"乐群"的考核标准，孔子也曾对"冠者五六人，童子六七人"的小群体称羡。而非正式群体这个概念的正式提出则归功于美国心理学家梅奥（GeorgeEltonMayo）①。20 世纪 20 年代初，梅奥等人经过长达 8 年的实验研究发现，在企业中，除了正式群体外，还存在着各种形式的非正式群体，这就是著名的"霍桑实验"。他认为，非正式群体是由于成员之间由于共同的价值标准而自然形成的无固定形式的社会组织。非正式群体内形成的价值观念及准则会对群体内的成员产生重要的影响。"霍桑实验"及其揭示的非正式群体的作用引起了社会学家和心理学家的深入而广泛的研究。其后，对非正式群体的研究逐渐由企业、工厂扩展到行政机构、学校等领域。20 世纪 80 年代末，我国教育学者、社会心理学家开始广泛关注对学生中非正式群体的研究，至 90 年代后期，关于非正式群体的研究逐渐丰富起来。

（一）非正式群体的内涵

对于"非正式群体"梅奥是这样定义的："非正式群体是人们在交往中自发组织起来的，由于有共同的兴趣，共同的感情，共同的目标等自愿结合在一起而形成的。它不像正式群体那样处于稳定和平衡的状态，而是处于不断适应、不断重新组合当中。"继霍桑实验后，很多学者也从不同角度做过多种不同的定义。

而班级中的非正式群体一般指的是学生由于相同或相近的兴趣、爱好、观点、追求等自发结合在一起、交往频繁的群体。如自发组织的学习兴趣小组、化学合作小组、读书小组、演讲小组、板报小组、英语小组、游泳小组、班级小乐队、运动队等，还有很多三五成群的小团体，这些非正式组织区别于班级、班委会、团体组织、值日小组、学校组织的各类课外活动小组等正式群体，但它对班级各项活动的进行起着非常重要的作用。例如爱打篮球的同学，他们会在课后到一定的活动场地去打球，时间一长，自然就形成群体。

（二）非正式群体的特点

班级中非正式群体的存在使班级组织结构变得复杂，也使班级工作多样化。这些非正式群体在利益、价值观、态度、爱好、兴趣、习惯等方面有共同之处，并且具有以下重要特点：②

1. 明显的自发性

非正式群体的形成与学生特殊的生理、心理发展特点和需要密切相关，他们对丰富多彩的世界充满好奇，渴望与同龄人进行心灵的沟通和情感的交流，渴望在交往中了解他人和认识自己，更渴望通过交往获得同龄人的友情、支持和帮助。而正式群体在许多方面无法满足他们多样的个性化需求。于是，观

---

① 梅奥（GeorgeEltonMayo，1880－1949）是原籍澳大利亚的美国行为科学家，人际关系的创始人，美国艺术与科学院院士，主要代表作有《组织中的人》和《管理和士气》.

② 白云霞. 班级管理的理论思考与实践探索［D］. 上海：华东师范大学硕士学位论文，2003.

点、态度、兴趣、习惯等相似的几个人相互吸引，相互认可，便自然而然地结合成一个个小群体，他们不需要家长、老师和学校的正式承认，因此具有明显的自发性。

2. 内聚力强

良好的交往范围和深刻的感情能增强组织对其成员的吸引力，提高成员的责任感，从而有助于组织行为和目标的完成。这种组织与组织成员之间的相互吸引及促进程度在管理心理学上称为内聚力。非正式群体是建立在心理、感情相同的基础之上的，大都以满足个人需要为目标，以个人的喜好为基础，彼此间以感情为重，心理相容，以相互之间的情感为纽带，具有很强的内聚力。这也是班级中非正式群体与其他类型中的非正式群体相比较而言的突出特点。

3. 受核心人物的影响

非正式群体是自发形成的，没有正式指定的领导。但是能在自然交往中产生被成员们普遍认可的一、两个核心人物。这些核心人物在群体中受到成员的拥戴，能领导与调节成员的行动，是实现群体目标的首领人物。他们能代表群体执行一种不成文而行之有效的行为，对其成员有一种自然而具有威慑的影响力。因为这种首领的地位是非正式群体形成和发展的过程中自然形成的，得到群体成员内心的赞同，加之中学生的心理发展还未成熟，理性思维还在进一步的发展之中，所以就更容易在言行上追随这种"首领"人物。

4. 沟通频繁，信息传播快

非正式群体大多是自愿组合的，群体内成员彼此感情融洽，相互信任，知无不言，言无不尽。根据社会心理学对信息沟通模式的研究，成员间的沟通网络有四种模式，即链条式、圆周式、轮辐式和树杈式，那么对于学生中的非正式群体主要为圆周式。学生中非正式群体内成员交往频繁，互动的机会较多，群体间信息交流渠道畅通，传播速度也非常的快，产生的结果就是信息传播途径多，信息传递灵敏，因此非正式群体也常常成为"小道消息"产生和传播的载体。

（三）非正式群体的存在与发展对班级建设的影响

班级中的非正式群体作为不可忽视的客观现象，其存在有着一定的必然性，作为班主任应充分地认识和对待班级中的非正式群体，才有可能对非正式群体有更客观的认识、更为公正的理性判断、采取更为有效的调控措施。

1. 非正式群体对正式组织的影响

班级中的非正式群体总是存在于班级这个正式群体之中的。正式群体有规范化的要求和统一性的指标，突出体现在班级正式组织的建立和各种班级规范的制定实施上，这些正式组织使班级中的日常学习与生活维持在正常的轨道。而非正式群体产生的土壤是班级中学生的多样化，不是每个非正式群体都有自己的目标，但每个非正式群体都必然有其存在的理由，学生的多元化体现尤为明显。班级建设的过程是班级的全体成员不断朝着既定的目标努力的过程，而各个目标的实现显然需要各种正式组织和非正式群体的协作，而非正式群体目标上的多元性对班级建设最突出的影响就是对正式组织的权威和班级规范的威胁。而在非正式群体与正式组织的矛盾中，可以分为有益无害的、无益无害的、无益有害的三类影响。

2. 非正式群体的典型社会性行为对班级建设的影响

从心理学的观点来看，在群体中有以下几种典型的社会性行为与组织管理活动密切相关，即从众、服从、暗示、模仿等行为。这些行为是群体中的人自觉不自觉的表现，但对班级中非正式群体的管理有着重要的影响。

所谓从众，就是指个体在群体中由于受到某种压力，因而在知觉、判断、信仰和行为上，表现出与群体中大多数人相一致。一般来说，这种行为带有被迫性，并非出于个人的自觉自愿，它是一种来自外来压力的情况下而做出符合群体要求的行为，在某种意义上又可以看成是一种顺从。班级中的非正式群体因为对个体有着较强的吸引力，在个体心目中占据着较重要的位置，群体中的成员也就更容易从众。"当个体对所在的群体评价越高，尤其是所在的群体联系高度团结，个体就更趋向于根据群体的期望去'看'事物。"而从众行为本身是很难对其做褒贬判断的，关键在于个体所属的非正式群体的性质如何。

模仿是指个体在非控制性刺激的影响下，所引起的一种相应的行为，这种行为的主要特征在于它与群体中其他人的行为相类似。班级中的非正式群体由于个体间兴趣、爱好相近，交往互动的频率较高，意见的一致性程度较高，因而个体间容易相互模仿，这在青少年的非正式群体中更为突出。因为在这一特殊年龄阶段，身心的不成熟性，对社会上的信息有着较强的敏感性和接受性，更容易产生模仿的行为，特别是非正式群体中的"首领"的行为更容易被模仿。一般而言，这种模仿的行为对整个班级的影响是有限度的，问题在于模仿对象的性质问题对整个班集体建设的风气的影响。更为重要的是，学生中所存在的模仿和流行的行为实质上是对某些社会现象的回应，从这些表现中，班主任可以敏锐地察觉到学生的思想行为趋向，进而在班集体建设的过程中做出适当的调整，把学生的合理要求纳入班集体建设的轨道。

非正式群体对学生的健康成长有着重要的作用，对班级的正常管理也存在着一股不可忽视的影响力。班主任必须重视这些非正式群体的存在，努力创造条件，因势利导，发挥积极作用，消除不利因素，注重核心人物的重新塑造。在条件允许的情况下，应信任和尊重他们，肯定他们的领导能力，使之自觉地把自己的团体纳入到正常的班级活动中来，促进整个班级成员的共同进步。

三、教师与学生之间的沟通

沟通是一切社会关系赖以形成的基础，是指沟通者为了获取沟通对象的反应和反馈而向对方传递信息的全部过程。而在一个班级中，师生关系的发展是一个互动的过程，无论是对于教师还是学生，都需要与对方进行有效的沟通。以下从认知、情感和人格三个方面探讨教师与学生之间的沟通。

（一）认知上的沟通

认知上的沟通是教学最原始的特征，也是其之所以成为教学的重要依据，是教学最重要的目的之一。教学就是要进行认知内容的传递，课堂交际的本质就是一方向另一方传递认知信息，即教师传授信息，而学生接受信息，同时学生又将接受信息的状态反馈给教师，而教师在接受反馈后再调整自己的教学内容和方法。这样，师生双方就形成了一个完整的信息沟通回路，从而实现认知上的交流。当然，要想使认知沟通得以实现，信息沟通回路通畅，学生应具备破译或接受信息所必需的知识体系和经验结构，并具备恰当的理解能力，教师实施传递的认知信息，尽量准确而科学，并且尽量与学生的已有知识结构实现最佳匹配，即与学生的知识基础、能力基础及情感状态最佳适应。这就意味着教师传授认知信息和传授的方式不能随心所欲。实现认知沟通的过程，很大程度上是引发师生大量创造性活动的过程，这个过程会产生相当复杂的智力联系。

（二）情感上的沟通

情感上的沟通对于班级工作的运行和师生关系的建立有着举足轻重的作用。教师在教学中进行认知沟通的同时，也在进行着情感的沟通，但情感的沟通并不是任何时候都在进行或总是达到成功的效果。要想进入情感沟通状态，教师在管理与教学过程中要有与学生进行情感交流的意向与主动性，并且教师的情感活动必须能够迎合学生的心理特点和个性特征。如果教师的情感沟通与学生产生共鸣，那么师生间的情感沟通便发生了，可以使双方产生美好的情感感受。这种美好的情感感受一方面会增加教师对工作的热情，另一方面也会促进学生的积极性，并且彼此的这种情感体验又会产生相互促进的效果。可见，情感的沟通会对师生产生重要的影响。但如果师生双方情感沟通冷淡或沟通之路由于一定的原因而被堵塞，那么就会对师生产生严重的阻碍。因此，教师要主动与学生进行情感沟通，对于学生来讲也是这样，应增强与教师进行情感沟通的愿望。

（三）人格上的沟通

当学生通过认知沟通和情感沟通后，逐渐认同并把握了教学的主要内容和教师的情感世界时，师生双方就走向了人格沟通之路。人格沟通比认知沟通和情感沟通更加深入，其影响也比认知沟通和情感沟通更为深刻。教师的思想、性格、信念等对学生潜移默化的影响就发生在这一阶段。当学生与教师经过持续的认知沟通和情感沟通后，师生关系已进入深度发展的时期。作为教师，其本职工作就是对学生的教育，使其掌握知识和技能，使其心理成熟和完善，因此，与学生进行人格的沟通是班主任的重要工作，因为，只有在人格沟通中师生双方才有更多的情感和思想的融合和共鸣，而这正是教师对学生进行教育的最佳状态，否则教师影响就是不自然和不深刻的，教师教学与管理的效果也将大打折扣。①

四、班级人际关系

班级是学校教学组织的基本单元，是学生们成长的重要人文环境。班级内每一个成员都有其独特的背景、个性、思想、态度、行为模式、人生观及价值观。班级中的人际关系，是指教师与学生、学生与学生在教与学等活动过程中形成的、以情感为基本特征的相互关系，主要包括师生间人际关系和学生间人际关系。同其他的社会群体一样，班级中的人与人之间也存在着很复杂的人际关系。

（一）师生间人际关系的影响因素

1. 相互认知的影响

师生关系的建立是以一定的相互认知为起点的。这种认知不仅是教师和学生双向的，而且分为间接和直接两方面。其间接性表现在，师生在交往之前或初期所形成的对对方的信息影响着师生的关系。例如，对于教师来说，学生学籍的信息、家庭背景、民族成分等，会使教师形成对学生的初步认知；对于学生来说，家长和社会成员对教师的评价还有高年级学生对该老师的传闻，会使学生形成对教师的初步认知。其直接性表现在，师生通过直接的接触而获得的对对方的认知，这种认知是实质性的，对师生人际关系有较大的影响。如教师的相貌、衣着、体态、表情、气质、言谈、举止等，使学生形成了进一步的认知。这种认知易形成心理定势，影响师生日后的交往和人际关系的好坏。

2. 角色特征的影响

在学校教育过程中，教师和学生属于不同的角色，具有不同的角色特征和职能。具体来讲，教师是接受社会和学校的正式委托，以对学生身心施加特定影响为其职责的人。教师作为一定社会要求的体现者，在其教育行为中总要体现社会的意志和价值标准。因此，教师担当着教育者、组织者和领导者的角色。而学生是以学习为主要任务的人，这就决定了学生处于接受教育、服从组织和领导的地位。师生在教育中的角色差异，要求双方合理地履行各自的角色职能，以共同的活动目标为依据，真正做到协调一致。这样就会自然地建立和

---

① 何丽明. 谈课堂交际中的师生阻隔现象与沟通内涵 ［J］. 基础教育研究，2005（10）.

发展起良好的师生关系。相反，如果师生双方，尤其是教师没有正确的自我角色观念，不能很好地使用角色权利，必然对师生关系产生消极的影响。

3. 教师领导方式与态度的影响

师生间的关系在实际的运行中常表现为一种领导和被领导的关系。可见，教师的领导方式和态度必然会对师生关系产生重要的影响。对于这种影响，20世纪 30 年代末，就有许多学者进行相关的研究。美国著名心理学家勒温①研究后，将领导方式分为三种：一是专制式；二是放任式；三是民主式。这三种不同的领导方式及其所表现的态度对师生关系的影响各不相同。

采取专制式领导方式的教师，作风专横，对学生实行严格管制，学生对教师的要求只能执行，不能违抗，教师稍有不满，就会对学生指责和训斥。因此这样的领导方式会导致师生之间的关系非常紧张。

采取放任领导方式的教师，对班级工作缺乏计划性，对学生放任自流。这样，师生之间也不会形成良好的人际关系，学生也会对教师产生不满和怨恨的情绪。因此这样的领导方式会导致师生之间关系如同路人，非常淡漠。

而采取民主领导方式的教师，尊重学生的民主权利，重视班集体的作用，与学生共同制定计划，讨论问题，以民主方式指导和组织教学活动。在这种教育环境中的师生关系轻松愉快、和谐，学习气氛浓厚，学生的创造能力较强，容易形成良好师生关系。

4. 师生个性特征的影响

师生关系在建立发展的过程中与其他人际关系一样，会经常受到师生个性特点的影响。由于教师和学生在思想情感、文化水平和社会阅历等方面存在着差异，使师生在交往中表现出不同的个性特征和行为方式。师生双方各自所具有的某些个性品质，如热情、友好、谦虚、真诚、开朗、果敢、无私等，有益于师生关系的建立与和谐师生关系的形成；而有一些个性品质，如冷漠、孤僻、胆怯、恐惧、虚伪、傲慢、自卑、多疑、自私等，则不利于师生关系的建立，甚至还会在师生之间形成排斥、疏远和冲突。因此，要建立良好的师生关系，教师应加强自身个性锻炼和培养学生优秀的个性特征，以增进师生的心理相容性。

5. 交往时空和交往频率的影响

师生关系与师生接触的时间、空间、频率相关联。一般来说，交往的时间越多，空间距离越小，接触越频繁，则越容易相互吸引，有利于师生关系的发

---

① 库尔特．勒温（Kurt. Lewin1890 – 1947）德裔美国心理学家，拓扑心理学的创始人、实验社会心理学的先驱、格式塔心理学的后期代表人、传播学的奠基人之一。1947 年 2 月 12 日，他因心脏衰竭于马萨诸塞州纽顿维尔突然逝世，终年 56 岁。勒温对现代心理学，特别是社会心理学，在理论与实践上都有巨大的贡献。

展。有些教师有意无意地疏远学生，限制双方相互交往的时空及频度；或有些教师不愿放下"架子"，不愿与学生进行交往；或由于师生在交往中因为某些原因发生的误解或冲突，没能及时排除、沟通而造成师生交往的障碍限制了师生交往的频度，等等，这些教师缺乏与学生交往的主动性，自觉性、积极性，必然不利于良好师生关系的建立与发展。

（二）学生间人际关系的影响因素

在班级中，由于学生的生活背景和经历不同，各自的特征也千差万别，在选择伙伴和与人交往时也有着不同的偏好。但对于中学生来说，其人际关系的偏好也会呈现出一定的特点。例如，有些伙伴关系的形成是由于共同或相近的兴趣，而更多的学生会以性格的相似性或认可程度为标准，因此我们常听中学生们说"我们性格相同"、"我们性格合得来"……可见性格成为学生们交往的重要标准。除此之外，一些心理特点也成为学生们人际关系的影响因素，如乐观与悲观、自我评价等等。

（三）协调学生间人际关系

学生间的人际关系是集体形成的基石，班集体建设中的学生人际关系应以和谐、凝聚、向上的特点为目标。班级中学生的人际关系融洽，是每个班主任都想要达到的目标。但现实情况往往不是这样，由于种种原因，学生间的人际关系总会有问题出现，出现种种冲突和矛盾。冲突和矛盾的出现会给成长中的学生带来各种各样的影响和困惑。因此，班主任出于对班集体和学生个体的考虑，只有做好了如下几个方面的工作才能为建立和谐的学生人际关系奠定基础：

1. 了解学生是妥善协调学生间人际关系的基础

了解学生的各方面特点和情况是班主任能够妥善协调学生间关系的重要基础。要了解学生就要尽量获取学生学习、生活、心理等各方面的真实信息，一般来说，班主任需要了解学生以下方面的信息：

①学生的性格特征、气质特点；②学生的兴趣爱好、特长；③学生的生活习惯、时间安排；④学生的学习成绩、学习方法、学习习惯和学习态度；⑤学生课余时间喜欢做的事和已参加的活动；⑥学生的交友特征、集体观念和与同学相处的情况；⑦学生的家庭环境和家庭教养方式；⑧学生的思想道德状况、价值观念。

每个学生自身的特征和情况较为复杂，并且处于动态的变化；加之班主任需要了解的是班内所有学生的信息，因此这项工作对于班主任来说是巨大而且富有挑战性的。因而，班主任应善于运用各种恰当的方法收集尽可能多的信息，常用的有资料法、谈话法、调查法等。

2. 妥善管理班级中的非正式群体

在每个班级中，学生非正式群体的存在是必然和客观的，在班集体建设的过程中，非正式群体对班集体建设的影响有积极和消极两方面。其积极影响表现在：非正式群体可以使学生获得心理和精神上的满足，促使个性得到健康的发展、人格更加完善；非正式群体有利于学生相互学习，共同进步，对个人的发展起着促进的作用；当非正式群体的目标与价值取向与班级组织的趋于一致时，其活动对班集体的建设有着推动的作用。其消极影响表现在：当非正式群体的目标与价值取向与班级组织的不一致甚至是对抗时，非正式群体的行为及影响对组织的发展起着一定的阻碍作用，甚至这种阻碍作用会上升到整个班级的目标，对其产生腐蚀性的影响；除了对班集体的影响外，在一定状态下非正式群体对学生个体会产生负面影响，由于学生非正式群体间重情感而轻理智的特点，当群体内产生偏激的思想和行为时，对群体内其他成员产生的影响会更为迅速和深入。因此班主任在协调学生间人际关系的过程中，在对待班级内非正式群体时要尽力做到如下几个方面：

①注意区分各种非正式群体的性质，有针对性地采取相应的处理原则和方法；②对学生非正式群体实行目标改造，使之融入班集体；③开展积极向上的班级活动，吸引非正式群体向班集体靠拢；④培养正确的班级舆论和良好的班风；⑤建立家庭、学校和社会相结合的育人网络，优化教育管理环境。

3. 做好个别学生的工作

在一个班级中，总有几个个性独特的学生，他们在个性心理品质上甚至存在着缺陷，表现出与班级大多数人不协调，对集体持冷漠态度。对于这些学生，班主任要调动班干部和其他学生，帮助他们调整好个人与环境的关系，逐步形成良好的个性心理品质，对于班级中另外存在的一些不关心集体的学生，班主任要积极采用集体教育的方法，让他们感到集体的可爱和温暖，主动参与班级活动。

案例 某班主任对个别同学的"特别关注"的实例

我们班有个孩子叫林××，这个孩子在之前不关心集体，学习也并不好，但我并没有因为他这样而不喜欢这个孩子，我给他安排监督同学们课间活动的任务，主要负责上下楼靠右行，一节一节地上楼梯，我发现他对工作十分认真，每个课间都在楼道口那儿看着，牺牲了自己很多课余时间，我在全班同学面前表扬了他，并请一个小干部为他写了篇表扬稿，在中午广播时间播出，让全校同学都能向他学习，慢慢地他爱上了这份工作，也更加热爱我们这个班集体了。

【分析】　在这个案例中，由于班主任的特别关注使得这个学生增强了班集体意识和班级的向心力，更加融入了班集体。

（四）培养师生间人际关系

良好的师生关系是班主任工作取得成功的重要因素之一。协调一致的师生关系，是有效地进行教育活动，完成教育任务的必要条件，是取得良好的教学效果的前提；平等、健康的师生人际关系有助于深化教师的职业情感，增强学生的自尊心、独立性、进取心和创造性，形成健康和谐、积极向上的班级氛围，并将为学生崇尚平等、和谐、合作的人际关系打下良好的基础。

1. 建立平等的师生人际关系，与学生建立友情

我国素有尊师重道的传统美德。传统上，师生之间的地位并不平等，班主任一般处于主导地位，学生必须无条件地服从班主任的安排。这种文化传统在一定程度上导致了较为紧张的师生关系，不利于促进良好的师生人际关系的形成。

而现代社会要求师生之间建立一种相互平等、依赖的关系。班主任和学生在人格上和行为上应具有平等性。人际交往作为人们之间的心理沟通，是主动、相互、有来有往的。不仅班主任有被学生尊重的需要，学生也同样有受班主任尊重的需要，希望得到班主任的平等对待。所以，为建立良好的师生关系，首先要在师生的观念上改变班主任占主导地位的状况，把学生置于师生交往中的主体地位。那么在实践中，为了营造一个友好的班级气氛和师生关系，班主任必须放下教师的"架子"，主动地去了解学生的喜好、需求与困扰等等，必要时予以支持和疏导。

案 例 某班主任是如何与学生建立起良好关系的实例

"亲其师，信其道"。在平常的学习、生活中，我利用各种机会，努力与学生建立一种融洽、信任、互助的师生关系。师生关系融洽了，学生学习、生活就觉得轻松愉快，班主任工作起来也感到不紧张、不吃力；师生互信，便少了猜疑、对立，少了敌对情绪，班级工作也得心应手；师生互助，班集体就有了无穷的力量克服前进中的阻力。一位教育家曾经说过，发火、打骂学生只能说明班主任无能。在建立这种师生关系的过程中，我体会比较深的一点是：对待学生要少批评多鼓励，少呵斥多赞扬，更不能打骂体罚学生。试想：一个动辄就批评、讽刺、挖苦、打骂、体罚学生的班主任怎能与学生产生感情共鸣？怎能建立融洽、信任、互助的师生关系？

【分析】 要想成为学生的朋友，班主任必须诚恳、正直、随和、愉快、思想开放、有激情并有一颗永远年轻的心。调查发现，一些学生优异成绩的取得恰恰源于对班主任的喜爱，他们称班主任激起了他们的学习兴趣，对他们学习态度的养成有很大的影响，同时也改变了他们的人生观和价值观，成为他们终生的良师益友。

2. 塑造教师的人格魅力

人格是道德素质和心理素质的合金，以师德和心理品质为主要内容的教师社会人格，直接影响着学生社会人格的养成和塑造，也直接影响着师生关系的好坏。追求与完善高尚的人格是新时期教师加强自身修养的重要内容，这对于班主任来讲有两点要求。其一，班主任要做到言行一致。我国古代教育家也强调"身教重于言教。"言行一致不仅可以捍卫言教的严肃性和权威性，而且能够证明言教的真实性和可行性。其二，班主任要做到严谨治学。要求班主任在教学和班级管理中求精、求实、求真、求善、求美，勇于探索，大胆实践，以实事求是、科学严肃和认真负责的态度对待自己的工作，提高自身的能力和素质，这是班主任人格魅力的另一方面表现。

3. 构建良好的教与学的关系

教学是学校工作和教师工作的生命线。在师生关系中，教师"教"与学生"学"的关系是很重要的一环。班主任为构建良好教学关系，其一，要坚持民主性原则，教学中教师与学生人格地位是平等的，学生间的人格也是平等的，班主任应充分尊重学生的人格，给予每个学生参与教学活动的机会，鼓励学生与班主任在教学活动中展示自己的能力，师生之间在教学活动中建立和谐、融洽的关系，通过共同参与和积极合作，促进学生人格的健全发展。其二，树立素质教育的教学观，"实施素质教育，必须把德育、智育、体育、美育等有机地统一在教学活动各个环节之中。"教学是实施素质教育的主渠道，班主任素质教育教学观的树立与否，直接影响着师生的教学关系。其三，坚持以学生为主体，班主任不仅是知识的传播者，更是教学工作的组织者和引导者，教学关系应充分体现学生为主体、班主任为主导的地位特征，利于民主、平等、合作教学氛围的形成，进而促进师生关系的和谐。

4. 妥善处理师生关系冲突

班主任工作，是一项长期而艰巨的工作，在这个过程中师生之间难免会产生这样或那样的冲突和矛盾。如果不能及时、妥善地处理，这些冲突或矛盾将会对学生的心理、思想、学习态度等产生强烈的负面影响，并且为班级的正常教学和班级的正常运行带来一定的困难。

在班级中，师生冲突可能会发生在两种情况之下，一种是发生在学生与任课老师间的，另一种是发生在学生与班主任间的。

当师生冲突发生在学生与任课老师之间时，班主任的处境较为微妙，是起着重要的桥梁与协调的作用，甚至可以说这种冲突能否妥善地处理关键在于班主任对此所做的工作。班主任在处理这类冲突时，首先要稳定冲突双方的情绪，不能有明显的偏向，特别是对于学生不能让其感觉到不公平的存在；然后班主任要对冲突发生的原因和过程作详细的调查和了解，当然，在这一过程中班主任不能只听一面之词，调查和了解必须是全面的，这是妥善处理冲突最重要的基础；最后班主任要在尊重事实的基础上进行处理和调节。

当师生冲突发生在学生与班主任之间时，班主任必须持冷静的态度，要善于控制自己的情绪，避免粗暴、急躁情绪的产生，坚持温和、耐心的态度，运用恰当的处理方法，妥善处理师生矛盾，使师生之间恢复融洽、宽松的气氛。

案例 某班主任巧妙地化解了师生之间矛盾的实例

一天上午的第三节课下课没多久，我班的班长突然急急忙忙地跑来告诉我说"老师，你赶快去一下吧！再不去的话曾平就要和李老师打起来啦！"李老师担任我班的数学课老师，我作为班主任，一向挺欣赏李老师的教学能力和佩服他的严谨教风。听了班长的紧急报告，我不由得一愣，马上赶到了教室去弄清事情的原委。原来是李老师在最后一节课快结束的时候要求全班学生交作业，而交上来的作业却唯独没有曾平同学的。而曾平却一口咬定说他交了作业，所以李老师断定他在撒谎，因此，两人相持不下，闹得不可开交。首先，我让曾平去办公室等候，然后尽力地缓和了李老师的情绪，同时向李老师和班干部进一步了解事件的细节，然后我马上赶回办公室。在去办公室的路上，我一直在思考处理这件事的策略，为了避免在曾平情绪激动的时候去批评教育他，我决定利用他的"定式思维"，采取了"迂回包抄"的反心理战术——不是马上雷霆万钧地批评他一通，而是"欲擒故纵"，先抛开我此时的愤怒，面带微笑地叫他坐下，询问有关他周末的一些生活琐事。我发现曾平脸上愤怒的表情慢慢消失了，同时低下了他那高昂的头，脸上微微泛出红色，不再是刚才的桀骜不驯，取而代之的是满脸悔意的表情。

【分析】 在以上的案例中，当这位班主任面对师生冲突时，他采取了冷静的态度、一定的心理策略和处理技巧；设想一下，如果这位班主任没很好地控制住自己愤怒的心情，把学生对老师的反抗完全视为对老师尊严的公然叫板和藐视，那么该事件的解决也许不会这么轻松。

可见，班主任平时要注意观察，发现师生关系不和谐、甚至是冲突时要及时地采取一定措施，尽早将冲突解决，防止冲突蔓延到学生的学习和生活以及班级的正常教学中。

案例 确立班集体共同奋斗目标实例

获得集体荣誉感是一个班级应该提出的第一个奋斗目标。这个奋斗目标是经过集体成员的努力可以实现的。如果提出的第一个奋斗目标不能达到，就会使学生产生严重的消极情绪，动摇对班主任、班集体的信心。这种消极情绪需要相当长的时间，做大量的工作才能转变和消除。因此第一个奋斗目标的提出，必须认真分析班级同学对达到目标的认识程度如何，基础、能力如何，有哪些有利条件可以利用，哪些不利条件应如何克服，行动的具体步骤应如何安排，都要详细周密地通盘考虑。第一个奋斗目标实现了，不但能提高班主任的威信，更重要的是使学生看到集体的力量，增强学生对集体进步的信心，提高学生为集体进步而努力的积极性。第一个奋斗目标实现后，班主任应该及时引导学生向新的更高的目标前进。随着班级荣誉的增加，集体荣誉感和自豪感逐步加强，便会促使学生提高对集体的责任感。这时不但每个成员能自觉地克服缺点，而提高自己也会变成自觉的行动，集体的进步给每个成员以巨大的鼓励，从而形成良性循环。

我曾经主动要求到一个由留级生组成的班级担任班主任。当时我刚参加工作不久。并不是由于我有什么办法能把这个"全面落后"的班级带好，而是因为这个班级神情沮丧、毫无荣誉感的表现使我十分难过，我觉得他们留级不过是学习成绩没有达到要求，怎么可以因此就全面服输，不求上进呢？我的班主任工作是顺着这个思路展开的。经过分析研究，我们决定从环境卫生搞起。我们共同认识到，我们和别的班同学一样每人都有两只手，为什么我们不能在扫除方面争取年级第一呢？我们在学习上受到过挫折，难道就该让自己在脏乱的环境里生活、学习吗？这些想法有力地触动了同学们压抑已久的荣誉感。他们扫除时劳动积极性是空前的，生活委员对扫除质量的要求非常严格。那次我们在卫生评比中果然获得年级第一名。这个"第一"使同学们看到了集体的力量。接着我们便提出了争取秋季运动会年级总分第一的号召。秋季运动会争第一比环境卫生第一的难度要大得多。但由于这个班爱好体育活动的人多，有几个校纪录保持者，再加上卫生评比第一名的鼓舞，同学们信心很足，决心很大。针对我们班的薄弱环节，我提出上好课间操、加强纪律性的要求，因为这些都是秋运会评比的内容。同学们便都自觉地严格要求自己，这两方面的表现不久就出现了很明显的变化，受到学校的表扬。明显的进步更加激起同学争取集体荣誉的信心，于是做班徽，练队列等事项，班干部早就注意抓起来了。那年秋季运动会，我们班又如愿以偿，夺取了年级总分第一。到这时同学真的看到了自己的力量，产生了对集体的强烈感情，他们便自动提出了在学习方面也要争取排在年级的前列的良好愿望。由于原来的基础不好，平时学习习惯差，还有抄袭、作弊的不良作风，要想在学习上赶上并超过别的班级实在是十分困难的。但是他们看到了集体的力量，受到胜利的鼓舞，组成互助小组（自愿结合、短长互补）、学科小组（以科代表为中心，专门研究某一学科）。学习委员还选聘各科学习较好的同学组成考试委员会，定期抽查同学的学习成绩，及时发现问题，研究解决。因为学生的积极性提高了，老师教好的信心也随着增强，各学科小组又主动和任课教师联系，争取老师的帮助辅导，全班学习质量迅速得到提高，毕业时全部达到规定标准，不少同学都升入了自己理想的学校，集体也在这艰苦的攀登中得到进步和提高。从此，培养学生的集体荣誉感，养成不断求进步，争取集体荣誉的作风，便成了我对学生进行集体主义教育，形成班集体的重要方法。不论班级原来的基础怎样，我都认真地找出他们应该而且能够攀登上去的一个个新的台阶，并且领着他们一个个登上去，直到形成集体的风气，在不断攀登中永葆集体的蓬勃生机。

案例 选拔与培养班干部实例之一

江苏如东县第一职业高中的钱明明在《按班集体形成的不同阶段组建班委的方法尝试》一文中谈到组建班委的方法时，将其分为三个阶段。现摘录其表如下：

阶　段	班集体发展情况	班委组建方式	班主任工作角色
第一阶段（一年级第一学期上半学期）	班集体形成初期	班主任任命制	班级工作的决策者，常规管理的操纵者
第二阶段（一年级第一学期下半学期）	自我管理与自我教育能力基本形成	学生民主评比制	班级工作的顾问与参谋，各种关系的协调者
第三阶段（一年级第二学期以后）	学生个性得以发展，班级整体素质得以快速发展	班长竞选制，班委在轮换制的基础上实行聘任制	学生个性发展的引导者，德育工作的研究者

案例 选拔和培养班干部实例之二

湖南省岳阳市的吕立军老师在《浅谈班干部的选择、培养和使用》一文中，结合自己的经验，认为选拔培养和使用班干部应：

1. 选准对象，从严要求。在民主评定、调查了解的基础上，从以下三方面去考虑：一是选拔敢于管事的同学，二是选择成绩好且有一定能力的同学，三是选择比较调皮但不乱来的同学。认为班主任应对他们提出具体而严格的要求：一是在穿着打扮上不能穿奇装异服，不能留长发、长须，应保持朴素大方整洁的形象；二是言谈举止上不能说脏话，谈吐应文雅，举止应文明，时时关心同学；三是学习上以自己的刻苦精神去影响同学；四是纪律上凡是要求一般同学做到的，干部必须先做到。

2. 提出目标，教以方法。他给班干部定的目标是：愿意管事—敢于管理—管好事情—会管事情—尽量不要老师管事。对干部的要求，首先是看他愿不愿意为同学服务，其次是要求他们在愿意的基础上敢管事，再次是会管事，其方法包括：

①从全局考虑问题的方法，②上台布置工作、总结工作的方法，③表扬与批评的方法，④与后进生交朋友的方法，⑤当好值日生的方法，⑥班长抓全面的方法。

3. 激发热情，树立威信。做法是：①让他们明白当干部是一次难得的锻炼机会，②明白当干部是培养自己胆量和组织才能的机会，③明白当干部是表现自己才能的机会。④明白当干部可以形成为同学服务的思想，为将来走上社会为人民服务打下一个好的基础。帮他们树立威信的做法，一是培养优良人格，二是提高成绩，三是中肯表扬，四是有责有权。

案例　培养正确舆论和良好班风实例

湖南省岳阳市的张金华老师在工作实践中总结出了八条抓班风建设的经验。它们是：

第一，提高认识抓指导。

第二，加强班主任队伍建设抓关键。

第三，把握好关键期抓定势。

第四，制订和落实好班级目标抓导向。

第五，坚持"三化"抓常规。

第六，强化集体观念抓舆论。

第七，培养学生骨干抓主体。

第八，凝聚活力抓共建。

第五章 日常行为规范训练技能训练

第一节 日常行为规范训练

日常行为规范训练技能是指班主任教师按照培养学生日常行为规范的有关要求，熟练、有效地对学生进行日常行为规范训练，使学生及时养成良好行为习惯的活动方式。

日常行为规范训练技能训练的意义和目的，一是提高教师掌握对学生进行日常行为规范训练技能的自觉性；二是熟悉学生日常行为规范训练的内容，知道作为班主任必须对班集体和学生个人进行哪些方面的行为规范训练；三是熟练掌握对学生进行日常行为规范训练的方法和操作要求，能够逐步熟练地设计行为规范训练方案，并按照有关要求熟练地开展训练。

一、日常行为规范训练的意义

学生日常行为规范是根据学生守则制定的国家、社会对学生日常行为的规范性要求，其目的一是为了加强对学生的文明礼貌教育和行为训练，使学生从小养成良好的行为习惯；二是加强对学生基本伦理道德和基础文明行为的训练，使学生养成良好的行为习惯，提高其思想道德素质。日常行为规范是班级常规管理的基础。对学生进行文明行为习惯的养成教育，是班主任做好班级工作的重要内容之一。具备对学生进行日常行为规范训练的技能，是班主任使学生的外在行为符合社会要求的道德标准，成为合格公民的一种重要素质。

中小学阶段是人道德品质和文明习惯养成的"最佳年龄期"。班主任在建设班集体、教育学生的过程中，必须重视对青少年一代文明习惯的养成教育，让他们从小懂得自尊自重，懂得尊重他人，热心为社会服务，敬老爱幼，养成良好的文明习惯。这不仅是学生家长的心愿，也是全社会对学校教育的殷切希望。因而，对学生进行日常行为规范教育是学校教育工作的重要内容。

（一）《中小学学生日常行为规范》的特点

《中小学学生日常行为规范》在制定上有两个特点：

（1）是对学生的日常行为的起码要求。日常行为一是指中小学生经常涉及到的行为，而不是中小学生的全部行为；二是日常行为不等同于道德行为，只包括遵守国民公德、社会公德以及遵守法制所要求的部分内容而不是全部内容。一个人的文明行为可以达到很高的程度，而日常行为规范只规定了一个"下限"，是对学生日常行为的最低要求，目的是为培养学生良好的道德品质的行为习惯打下坚实的基础。

（2）带有"补课"的性质，是在新中国成立40年之时提出的对学生日常行为的规范化要求，是一种补教育要求之不足的教育要求。在贯彻过程中应从实际出发耐心细致地教育学生，不能急于求成。

（二）日常行为规范训练的意义

要发挥《中小学生日常行为规范》的教育作用，必须通过各种行为规范的教育活动、教育训练才行。对中小学生进行行为规范教育训练，具有明理（提高道德认识）、冶情（陶冶学生情操）、炼志（锻炼学生意志）、笃行（培养学生的道德行为能力）、养性（培养良好的行为习惯）与良好的性格的作用。

1. 道德的内化作用

通过行为规范教育将外在的道德规范内化为学生内心的自我要求与道德信念，将外在的约束力内化为学生内心的自我约束力，将外在的调节力内化为学生内在的自我调节力。只有行为规范教育才具有道德内化的作用，只有在行为规范的内化过程中才具有道德内化的作用，只有在行为规范的内在过程中才具有明理、冶情等心理功能。

2. 明辨是非、稳定情绪和控制行为

通过行为规范教育形成学生正确的道德观念、培养明辨是非的辨别能力，稳定学生的情绪和控制学生的行为。不进行行为规范教育，学生不懂遵规，学生的行为便无所遵循，随心所欲，导致思想不稳定，情绪不安，从而无法保证学校正常的学习与生活秩序。行为规范教育，是保证学生认识统一、情绪稳定、行为有序、生动活泼学习的重要条件。

3. 促进学生道德良心的形成

道德良心是一个人内化了的道德责任感，是个人对自己行为所负道德责任带有情感色彩的道德评价。对自己行为好坏的评价既是一种认识上的评价，也是一种情感上的评价，即我们平常所说的良心。行为规范教育可以促进外部的道德规范要求内化为学生的道德良心，使学生成为一个有道德良心的人。若不重视行为规范教育，学生就难于形成一个人起码应有的道德良心。

4. 促进学生的社会成熟与个性社会化的发展

经过行为规范教育与规律生活的锻炼，学生能逐渐适应社会生活的要求，遵守社会的行为规范，学会正确对待他人，正确处理人际关系，正确进行人际交往。

5. 促进学生良好个性品质的形成

通过行为规范教育，可培养学生行为的自觉性、独立性、自制力、坚持性、诚实、正直、自尊自爱、真诚友爱、认真负责、勤奋学习、勤劳俭朴、积极进取等良好的个性心理品质。

（三）对学生日常进行行为规范训练的要求

1. 规范性

行为规范具有世界性、全民性和民族性。从我国国情出发，它不仅必须具有社会主义的内容，而且在很大程度上是全人类所能共同接受的基础文明；不仅具有"传统性"，而且又具有现代性。没有这种规范性，就有可能把希望削弱的东西重新强化起来。

2. 指导性

行为规范必须通过学生的内化才能形成习惯，教师的指导必须和学生的经验结合起来。行为规范的指导必须和学生的需要、学生的生活经验等相结合。

3. 选择性

该特点体现了学生的主体地位，体现学生生理和社会的需要。选择包括被动选择和主动选择。前者包括教师的言传身教、严格训练和学生的模仿学习，后者体现在"境教"中，这种"境教"体现了可选择性、泛指性和暗示性、更能为学生尤其是中学生所接受，更有感染力。它需要通过形成小气候、小社会来优化学生的成长环境。

4. 具体性

行为规范教育训练必须具有具体可行的特点。有的教师在养成教育中提出的"低（起点低一些）、小（坡度小一些）、细（要求细一些）、实（效果实一些）"的观点，就是为了更贴近生活，更能为学生所接受。具体教育必须是系统而不零碎、实际而不繁琐的。

5. 实践性

行为规范的教育训练必须归结和依赖于学生的社会实践。而这种实践必须是广义的，还要和学生的自身经验、社会生活、发展个性的各种活动结合起来。

二、日常行为规范训练的内容

（一）中小学生日常行为的分类

对中小学生的日常行为训练是以其日常行为表现为依据的。对中小学生的日常行为进行分类分析，有助于加强行为规范训练的目的性与准确性，也可对学生的日常行为进行多角度多侧面的分析研究，从而提高训练水平。

（1）按行为的社会含义与行为规范，可分为交往行为、学习行为、劳动行为、爱国行为、文明礼貌行为、日常生活行为、日常社会行为、文化生活行为等。

（2）按中小学生适应行为角度，可分为家庭适应行为、学习适应行为、集体适应行为、人际交往适应行为、社会生活适应行为、自我适应行为等。

在当代，不少学生的学习适应行为发展较好，人际交往适应行为、社会生活适应行为发展较差；许多后进生的学习适应行为发展较差；独生子女则往往不易适应集体生活。

（3）按心理因素，可分为：理智性行为、好奇求知行为、情绪性行为（如焦虑行为、情绪冲动性行为等）、意志性行为（如克服困难的行为、勤奋学习的行为等）、习惯性行为、性格性行为（如任性行为、固执行为等）。对中小学生应该控制情绪冲动行为、过度焦虑行为、消极的好奇行为、不良习惯行为，放纵、自私、任性、固执等不良性格行为；应该加强理智性行为、意志性行为、良好习惯行为、良好性格行为的培养。

（4）从心理卫生角度，可分为：正常行为，异常行为、问题行为（包括心理性问题行为与品德性问题行为）、性意识行为、受挫行为（即受挫折后的行为）。其中尤其应重视学生受挫折后的攻击行为，如越轨行为、倒退行为、发泄行为、报复性行为、冷漠行为、逃避行为等。

（5）从社会心理角度，可分为：角色行为（不同角色意识支配的行为，如性别角色行为）、暗示行为（受到暗示影响而产生的行为）、模仿行为、感染行为（由于受到情绪感染而产生的行为）、从众行为（如随大流的行为、盲目附和行为）、服从行为（在外界压力下产生的行为）、时尚行为（一时流行的某些行为）等。在日常行为规范训练中必须注意了解、分析、区别对待中小学生由于社会心理而产生的各种行为，利用其积极方面，培养良好道德行为，防止其消极方面产生不良行为。

（一）《中学生日常行为规范》、《小学生日常行为规范修订》的内容

（1）中学生日常行为规范的内容体现为国家颁布的《中学生日常行为规范（修订）》。

1. 尊敬国旗、国徽，会唱国歌，升降国旗、奏唱国歌时肃立、脱帽、行注目礼，少先队员行队礼。

2. 尊敬父母，关心父母身体健康，主动为家庭做力所能及的事。听从父母和长辈的教导，外出或回到家要主动打招呼。

3. 尊敬老师，见面行礼，主动问好，接受老师的教导，与老师交流。

4. 尊老爱幼，平等待人。同学之间友好相处，互相关心，互相帮助。不欺负弱小，不讥笑、戏弄他人。尊重残疾人。尊重他人的民族习惯。

5. 待人有礼貌，说话文明，讲普通话，会用礼貌用语。不骂人，不打架。到他人房间先敲门，经允许再进入，不随意翻动别人的物品，不打扰别人的工作、学习和休息。

6. 诚实守信，不说谎话，知错就改，不随意拿别人的东西，借东西及时归还，答应别人的事努力做到，做不到时表示歉意。考试不作弊。

7. 虚心学习别人的长处和优点，不嫉妒别人。遇到挫折和失败不灰心，不气馁，遇到困难努力克服。

8. 爱惜粮食和学习、生活用品。节约水电，不比吃穿，不乱花钱。

9. 衣着整洁，经常洗澡，勤剪指甲，勤洗头，早晚刷牙，饭前便后要洗手。自己能做的事自己做，衣物用品摆放整齐，学会收拾房间、洗衣服、洗餐具等家务劳动。

10. 按时上学，不迟到，不早退，不逃学，有病有事要请假，放学后按时回家。参加活动守时，不能参加事先请假。

11. 课前准备好学习用品，上课专心听讲，积极思考，大胆提问，回答问题声音清楚，不随意打断他人发言。课间活动有秩序。

12. 课前预习，课后认真复习，按时完成作业，书写工整，卷面整洁。

13. 坚持锻炼身体，认真做广播体操和眼保健操，坐、立、行、读书、写字姿势正确。积极参加有益的文体活动。

14. 认真做值日，保持教室、校园整洁。保护环境，爱护花草树木、庄稼和有益动物，不随地吐痰，不乱扔果皮纸屑等废弃物。

15. 爱护公物，不在课桌椅、建筑物和文物古迹上涂抹刻画。损坏公物要赔偿。拾到东西归还失主或交公。

16. 积极参加集体活动，认真完成集体交给的任务，少先队员服从队的决议，不做有损集体荣誉的事，集体成员之间相互尊重，学会合作。积极参加学校组织的各种劳动和社会实践活动，多观察，勤动手。

17. 遵守交通法规，过马路走人行横道，不乱穿马路，不在公路、铁路、码头玩耍和追逐打闹。

18. 遵守公共秩序，在公共场所不拥挤，不喧哗，礼让他人。乘公共车、船等主动购票，主动给老幼病残孕让座。不做法律禁止的事。

19. 珍爱生命，注意安全，防火、防溺水、防触电、防盗、防中毒，不做有危险的游戏。

20. 阅读、观看对健康有益的图书、报刊、音像和网上信息，收听、收看内容健康的广播电视节目。不吸烟、不喝酒、不赌博，远离毒品，不参加封建迷信活动，不进入网吧等未成年人不宜入内的场所。敢于斗争，遇到坏人坏事主动报告。

第二节　如何训练学生的日常行为规范

一、日常行为规范训练的基本问题

（一）让学生掌握行为规范，形成正确的道德观念，解决外在的行为规范与学生认识差异之间的矛盾

行为规范教育内在过程的第一个环节是解决学生认识问题，让学生在正确理解行为规范的基础上形成正确的道德观念。理解行为规范可分为具体性理解、知识性理解、认同性理解和内在性理解四种水平。具体性理解是凭借具体的道德形象去理解行为规范；知识性理解是学生将行为规范当作一种道德知识来掌握，倾向于去背诵条文，但并未成为自己的道德认识；认同性理解指学生同意并接受行为规范，但这种行为规范对学生来讲仍是外在的，未成为学生内在的需要；内在性理解是指学生已把行为规范的要求内化成了自己的道德观点，它成了自己进行道德评论的标准和指导自己行为的准则。行为规范教育的目的是使中小学生对行为规范达到内在性理解的水平。

使学生形成正确的道德观念，必须做到三个转化和三个结合：

（1）三个转化

①感性行为观念向概念水平的行为观念的转化。

②把外在行为规范转化为自己掌握的道德知识。

③帮助学生将自己的道德知识转化为道德观点。

（2）三个结合

①理解与感受相结合。掌握行为规范，既需要思维上的理解又需要心灵的感受。行为规范的理解、学习，务必要生动形象，真切感人，具体形象与抽象道德相结合。

②行为规范知识的学习和行为分析相结合。其目的是避免道德知识学习与具体道德问题脱节。要将行为规范与行为表现结合比较，将行为的动机与效果结合比较，将遵守行为规范的良好结果与不遵守行为规范的不良后果结合比较，将行为的社会后果和个人后果相结合比较，这对形成学生的正确的行为观念有重大作用。

③行为规范的学习和学生需要相结合。行为规范教育的实质，就是要把社会行为规范转化为学生的个人需要，依据行为规范来调节个人的行为。应该让学生理解，行为规范不仅是社会的需要，也是自身发展的需要，是促进他们社会化与个性发展的需要。若学生没有将遵守行为规范作为自己的内在需要，那么这种没有道德需要的"道德行为"，只是一种道德形式主义，并不是真正的

道德行为。

（二）形成正确的行为态度，解决认识与情感障碍（不愿接受）之间的矛盾

学生认识行为规范、了解行为规范的社会意义与要求后，并非意味着立即接受这些准则，自然导致遵守行为规范，而是存在着他们愿不愿遵守行为规范的态度问题。若存在内在情感障碍，就可能不遵守。情感障碍就是道理上通了，感情上不通。这需要班主任耐心细致地做工作，找到症结所在。

学生自觉遵守行为规范的态度包括自愿遵守、主动执行、积极维护等。培养这种正确的行为态度应注意以下几点：

第一，创设情境，使学生在道德实践中产生积极的情感体验。积极的情感体验是规范的外在要求转化为内心需要的基本条件，是促使道德知识转为道德评价与道德信念的"催化剂"。

第二，保持学生积极的情感体验。如果学生在道德实践中产生的体验与行为规范的要求相矛盾，就不会愿意遵守行为规范。

第三，让学生遵守行为规范，达到高度自觉的水平。

第四，注意对学生的态度。老师对学生的态度会影响到学生对行为规范的态度。若老师总是粗暴地对待学生，引起了学生的反感，学生就不会愿意遵守行为规范。

（三）形成道德行为调节机制，解决愿意遵守行为规范与个人欲望动机之间的矛盾

学生有了愿意遵守行为规范的态度，但有时由于与个人的需要、动机发生冲突，往往会使一些学生产生违反规范的行为。因此，在内化过程中还必须进一步解决这种矛盾。应引导学生正确进行动机斗争，引导学生预见自己行为的后果。研究表明，一个人在动机斗争中选择正确的动机，起决定作用的便是对自己行为后果的预见能力。

培养学生的道德良心也很重要。它是对道德行为具有调节机制。

（四）培养正确的行为评价能力，解决愿意遵守行为规范与辨别力低之间的矛盾

道德评价是观念形态的道德转化为人们行动的道德现实的重要环节，道德评价能力的发展是品德发展中的关键因素，对人的思想行动起着道德裁判和道德激励的作用。应根据学生道德评价的发展趋势，有意识地培养和发展学生的道德评价能力，使其道德评价水平逐渐由他律到自律，从效果到动机，从现象到实质，从片面到全面，从情境到原则，从他人到自己，从自我到社会的方向发展。

（五）知行结合，培养学生的道德行为能力，解决遵守行为规范与行

为能力低之间的矛盾

学生将行为规范内化后，还要外化为道德行为，这就需要培养其道德行为能力。

道德行为过程分四个阶段，需要相应的道德行为能力：

（1）认知当前情境，明确道德问题时，培养学生道德观察、道德判断能力；

（2）经过分析选择，作出道德决策时，培养学生道德决定的能力；

（3）道德行为方式选择上，培养学生掌握正确的行为方式；

（4）执行道德决定，实施道德计划时，培养学生的道德意志，克服内外困难。

应着重把握让学生掌握道德行为方式这个环节。可通过道德行为方式的讲解、典型分析、榜样展示，开展讨论、练习、总结等途径进行。其中还要注意以下几点：

①明确意义，激发学生掌握道德行为方式的愿望和动机；

②不要操之过急，教育学生从身边做起，从小事做起；

③注意为学生分析行为方式的心理成分与具体技能，以使学生易于掌握；

④进行行为方式示范，组织示范性的或模仿性的道德实践，让学生领悟与掌握正确的行为方式；

⑤通过正确与错误行为的对比，使学生区分正确与错误的行为方式。

（六）培养学生的意志与自我调节机制，解决遵守行为规范与意志薄弱之间的矛盾

有的学生本来愿意遵守行为规范，然而由于道德意志薄弱，自制力差，产生了违反规范的行为。所以要注意培养学生的道德意志及自我调节能力。对此应注意以下几方面：

第一，学生的个人直接愿望与道德要求发生矛盾时，控制个人直接的道德意志力；

第二，用道德动机战胜不道德动机的道德意志力；

第三，控制自己不道德的消极情感的道德意志力；

第四，克服各种困难，坚持良好道德行为的意志力；

第五，抗拒外界环境中不良因素诱惑的道德意志力等。

二、日常行为规范训练的基本要求

（一）要广泛宣传贯彻"学生日常行为规范"的目的和意义

学生日常行为规范不仅是学校的事情，也是全社会的事情。学校教师特别是班主任要重视自己的沟通、联络作用，努力使学生无论到哪里都能受到教育，实现家庭，学校、社会的协调一致，把对《规范》的贯彻深入、持久、广泛地开展下去。如小学班主任可以把《小学生日常行为规范》印发给学生和家长，做到人手一份。在家长会、学生集合时、张贴《规范》图片。校园和教室内可办小学生日常行为规范园地，宣传《小学生日常行为规范》颁布的目的和意义、内容和要求。创造一种声势，使家长和学生从思想上得到应有的重视。

（二）让学生深入学习体会学生日常行为规范的内容

学生只有在理解《规范》中每条内容的基础之上，才能自觉去贯彻。如在低年级可根据年龄小的特点，由班主任结合图解逐条讲解。高年级可在教师的帮助下，由学生组成《规范》宣讲团，结合实际宣传《规范》的具体内容。如"爱护国旗"这四个字对小学生接受起来显得太抽象。为此，必须通过了解为什么要爱护国旗，怎样做才叫爱护国旗去理解。这样才能从情感上激发学生爱护国旗。然后帮助学生了解国旗的来历、意义；了解无数革命先烈怎样为了民族的解放，新中国的创建牺牲了他们的生命；了解无数的英雄模范以自己的模范事迹，给国旗增添了光彩……以此激发学生爱护国旗的光荣感、责任感，使学生既了解"爱护国旗"字面的意思，又懂得内在的含义。这样，在进行升旗仪式时，学生便会自觉严肃地站好，怀着对祖国一种庄严、崇敬的心情，仰视五星红旗徐徐升起。

（三）从日常生活中的点滴行动培养做起

如《小学生日常行为规范》共20条，是"小学生守则"和"五爱"教育等内容的具体化，涉及的内容比较全面。班主任在贯彻《规范》时，首先要对照《规范》的条款对照检查落实情况，在哪几条上学生已养成习惯，哪些还存在问题，然后针对问题，订出计划，从学生的点滴行动培养起。如《规范》中第13条"……认真做值日、不怕脏、不怕累"，实际上是对学生进行劳动教育和为人民服务教育的主要途径方法。从学生一人学起，班主任就应教学生怎样扫地，怎样擦黑板，怎样擦玻璃，使学生明确在劳动中应该怎样做，不应该怎样做。从一次值日，一次扫除，一次公益劳动的点滴行动中培养。学生做得可能一下子不会让人满意。对此老师要耐心帮助。在讲清道理的前提下，提出明确、具体的要求，并教给方法，使学生逐步树立劳动及为他人服务的观念，形成习惯。

（四）严格要求，反复训练

《规范》要求一经提出就要坚定不移、贯彻始终，做到"持之有恒"，防止虎头蛇尾，或半途而废，并要加强检查，严格要求，督促学生切实做到，形成制度，变为习惯。

在执行中，对《规范》中的要求，应结合班级情况分阶段、分层次、分场合逐步提出，要一条一条去落实，做到严而有序。同时要注意反复训练。只有反复训练、反复检查、反复纠正、反复引导学生实践，才能形成良好的行为习惯。应特别注意分层次对学生进行教育与训练问题。以小学生为例。小学生自身水平和接受能力不同，在贯彻落实小学低年级和小学高年级的《规范》内容中，不要"一刀切"。如《规范》第14条提出"自己的事情自己做，自己的衣物、用品要摆放整齐，学会收拾房间，洗衣服、洗刷餐具，做简单的饭菜等家务劳动。"这一条规范的内容，需经小学六年的培养而完成。这里面应有层次的分别解决。若要求一年级小同学就会做"简单的饭菜"就未免高了，而对五、六年级的学生来说，除了做到以上要求之外，自己能做的事情还应再增加要求，如：购买物品，承担更多家务，自己组织中小队的活动等。总之，应根据年龄、年级的不同而提出不同的要求。

即使在同一班内，也应在贯彻《规范》中，因人而异。如对生活自理能力强的同学来说，做到《规范》第14条并不难；对于那些家庭条件优越，遇事总想依赖别人的独生子女来说，一下子要求全部做到就不太容易。对他们可先提出部分要求，然后再逐步提高。

（五）充分发挥榜样作用，使教师榜样成为学生遵守行为规范的引路人

班主任首先要从我做起，为人师表，言行一致。教育学生使用文明语言，教师的语言就要美，说话时要"请"字带头；教育学生不要随地吐痰，教师首先要做到；教育学生"积极参加学校组织的各种劳动"，教师在大扫除中就应当主动拿笤帚，带头去干。学生不仅听其言，而且观其行。所以班主任老师应成为学生最直观、最重要、最活生生的典范。

班主任还应注意培养学生中执行《规范》的典型。要注意观察及时发现学生中好的思想、美的行为给予表扬，使其成为学生学习的榜样。可根据《规范》第20条的内容，评出执行《规范》之中某一方面的典型。通过不同的途径如板报、小报广播、给家长写表扬信等宣传他们的事迹。

（六）注意培养学生的自我教育的能力

只有促进自我教育的教育才是真正的教育。中小学生日常行为规范对学生进行的是多种行为的综合教育。只有让学生把这些教育要求看成是自己的需要、乐于接受时，才能取得最佳的教育效果。班主任要教育学生对照《规范》标准，找出自己的主要问题，订出行动的计划；过一段时间，引导学生自我检查，对执行计划的情况进行客观的评价。同学之间也要开展批评与自我批评。通过评价自己和评价他人的活动增强贯彻行为规范的主动性、自觉性，促进自我教育能力的发展。

（七）组织生动活泼、有教育意义的活动

学生对老师空口说教较反感，加上《规范》的内容几乎都是老师们平时不离口的话题，在学生当中没有"新鲜感"，靠老师的行政命令来贯彻，是行不通的。对于小学生来说，更需要直观、具体、形象的教育。因此班主任在贯彻《规范》中，必须开辟多种途径，采用多种形式，开展生动活泼、富有新意的教育活动，才能取得良好的教育效果。仍以小学生为例，如"规范"中的第 10 条要求学生准备好学习用具。对此，有些班主任开展了家庭学习角活动。参展家庭"学习"要求学生在家里房间中的一角找一个地方，进行布置。这个角落摆放的东西，必须要有功课表和学习用具，然后组织同学进行观摩评比。学生布置的学习角内容很丰富，笔、墨、纸、砚、水彩盒、课本、书包的摆放都有了一定的位置。有些学生的课表上特别对"大字"、"图画"等课程做了特殊的标记，以便提醒自己不要忘记带上有关用具。墙上张贴了他们自己的学习计划和格言警句，学习小桌的角落还有自己喜欢的小工艺品作为点缀，有条件的同学还设有书柜。小队之间进行了观摩，评选了"最佳学习角"，中队摄影师当场进行拍摄，照片在班上展出，并请同学们介绍自己当时开辟家庭"学习角"的设想和对"学习角"的应用。学生的积极性很高，学习用具带不齐的现象大大减少。家长们也反映"再也看不到孩子们东西乱扔乱放的现象，省心多了。"这个活动不仅促进了学生"自己能做的事情自己做"，而且优化了自己的学习环境，培养了学生自治自理的能力，长期坚持下去，就能养成好习惯。

所以在多种多样、生动活泼的活动中，让学生受到教育，进行行为训练，促进学生养成好习惯，是班主任贯彻中小学生日常行为规范最主要的途径与方法。

三、日常行为规范训练的方法和途径

（一）对学生进行日常行为规范训练的方法

1. 学生行为规范养成教育模式

从行为学的角度看，人的任何行为的发生都是有一定规律的。行为的直接原因是动机，动机指引的方向是目标，推动目标实现的全部方法总称为行为手段，由手段达到的一定阶段的最后状态叫行为结果。人的行为规律就是这样一个循序渐进的过程。对学生进行行为规范的教育，必须遵循这一行为规律。江阴市西郊中心小学蒋菊英老师等人对行为规范养成教育的实践过程进行了探索和筛选，总结出"明理——定标——示范——训练——反馈"的养成教育基本模式，介绍如下：

（1）明理

所谓明理，就是让学生明白养成良好行为习惯的道理，端正学生的认识态度，进行内在激励。

人的行为要认识、情感、意志等心理活动的调节。这三种心理活动构成人的态度整体，而态度整体又在很大程度上决定人对外界影响的选择和人的行为方向。因此，明理的目的是为了促使学生正确认识行为规范，获得正确的情感体验，形成符合规范的行为意向，进而达到端正行为态度，产生良好行为动机的目的。可以利用集体晨会、班队活动、红领巾广播、黑板报、宣传栏等形式，采用教师讲、班干部讲、学生讲、家长讲等多种方法，让学生明白养成良好行为习惯的道理，使学生产生积极的心理动机，自觉配合学校的养成教育。

（2）定标

就是建立养成教育的目标体系。建立适当的目标体系，既能调动学生的积极性，又能使养成教育工作科学化和规范化。可以把《学生日常行为规范》分解成许多不同的层次要求，建立"纵向、横向、交叉"的教育目标体系。

纵向目标体系：根据学生低、中、学三个年段学生的特点，分别提出不同的目标要求。同时根据不同年龄段学生的特点和教育目标，设定不同年龄段的教育方法系列。如此环环相加，层层推进。

横向目标体系：将《学生日常行为规范》的内容分成德、智、体、美、劳五大教育块，分块实施，整体组合。

交叉目标体系：在学科活动和教学活动、学校活动和家庭、社会活动中都建立养成教育目标，互相补充，互相渗透，保证教育活动的全方位。其模式图示如图5-1。

幼儿	小学低年级	小学中年级	小学高年级	中学衔接
启蒙诱导	明理示范	培养训练	提高渗透	跟踪反馈

图5-1

（3）示范

在学生明确为何做、如何做的基础上，树立示范班级和示范学生，以点带面。可根据目标的阶段性特点，分年级树立不同目标层次的示范班，其他班级则派学生代表到示范班观摩学习，并按训练要求回本班进行示范表演，全面推广，使全体学生学有榜样，赶有目标。

（4）训练

"导之以行"是养成教育重要的一环。可根据"操作条件反射理论"，强化学生的行为训练，促使学生形成良好的行为习惯。在强化训练中，可采用四种训练方法。一是寓《规范》训练于各科教学之中。在课堂教学中开展"课堂常规竞赛"等，把传授知识与培养良好的学习习惯、劳动习惯结合起来。

二是寓《规范》训练于各种活动之中。利用学科活动和传统教育活动定期开展《规范》条文演示活动，用小品、相声等各种形式形象地反映出来，让学生在欢声笑语中受到熏陶，丰富道德情感体验。三是寓《规范》训练于阵地建设之中。学校可建立校内外教育阵地，在丰富多彩的阵地教育活动中，加快学生个性社会化的进程。四是寓《规范》训练于社区教育之中。可建立家长委员会、校董会、关心下一代协会等社区教育组织，并制订《好家长条例》、《学生在家庭、社会行为规范评估表》等，使学生的行为习惯在家庭和社会上都能得到严格的监督和训练。

（5）反馈

是用《小学生日常行为规范》对学生的行为结果进行评定，进行反馈激励。可根据小学生的年龄特点，制定评比办法，用"大雁"表示守纪，用"公鸡"表示惜时，用"蜜蜂"表示勤劳，用"小白鸽"表示讲卫生，用"春风"表示助人为乐等来进行正反馈。还可设立"小喜鹊"、"小刺猬"评议台等来进行负反馈，对学生中的不良典型事例开展一事一评，让每个学生置于集体舆论之中。这些正负反馈促使学生产生新的行为动因，并使行为路线周而复始，学生的良好习惯也随之而得到巩固并向更高层次发展。

综上所述，可将人的行为路线和养成教育过程图示如图 5 - 2：

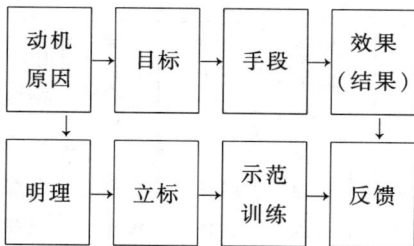

动机原因	→	目标	→	手段	→	效果（结果）
↓						↓
明理	→	立标	→	示范训练	→	反馈

图 5 - 2

养成教育的这种操作模式，一方面符合人的行为规律，另一方面也符合人的心理过程。因此，这是一个普遍适用的模式。

2. 学生日常行为规范训练的方法

落实中小学生日常行为规范就是要把国家对学生提出的日常文明行为要求转化为学生自身的需要和行动。实现这个"转化"，学生主体的积极性如何至关重要。因此，日常行为规范的教育与训练，必须从培养和满足学生的正确需要入手。前苏联心理学家彼得罗夫斯基曾经说："任何方法如果是以儿童的需要为基础的，那么便会成功；任何方法如果不顾儿童观看的需要就去进行，那么定然不会达到目的"。实践也证明，如果不考虑学生的需要，任何文明行为的养成教育，是不会有良好效果的。

杭州市上城区教师进修学校的周瑞明教师总结出了对学生进行转化的六种

方法：

第一，事例启迪法。即用典型生动的正反面事例，启迪学生将社会需要转变为自己追求的需要。例如，学生听了"礼貌处事怨变和"等生动故事，满足和强化了讲文明讲礼貌的心理需要，促进了文明行为的养成。用李大钊、刘胡兰、杨靖宇等革命先烈换来五星红旗、换来新中国的感人事迹，用运动员奋力拼搏捧回金牌、五星红旗在国际体育赛场上徐徐上升，使人肃然起敬等生动事例，强化学生热爱祖国，尊敬国旗的情感。

第二，心理换位法。引导学生设身处地思考有关问题，激发学生的正确需要。如培养学生关心他人的品德，具有"主动帮助有困难的人和残疾人"；"不随便拿别人的东西，借东西要还"；"拾东西要归还失主或交公"等良好行为方面的追求，老师分别启发学生想一想"假如我有困难时"、"假如我是残疾人"、"假如别人拿走了我现在急需用的东西"、"假如我不小心遗失了钱物"。运用心理换位法，将心比心，促使学生产生、形成和强化关心人、帮助人的精神需要，促其付诸行动。

第三，类比选择法从分析实际情况出发，将某些日常行为规范分为若干层次类型，激励学生在比较中选择好的行为方式。如把当前小学生的学习态度分为五个层次：

①自觉勤奋学习，主动获取多方面知识；

②按老师布置的要求认真学习；

③为了完成任务，草率学习；

④要在师长监督下被动学习；

⑤借故逃避学习，逃避作业。

进而引导学生在分析、预测类比各种学习态度可能产生的结果中，选择正确的学习态度作为自己的需要。

第四，情感体验法。借助学生容易体验到的事件，让学生体验，从而强化正确的需要，否定错误的要求。如用具体形象的方法向学生介绍有关交通事故的惊险场面和惨剧，使学生强烈地感到"多危险啊！……"从而强化学生的安全意识，促进学生认真学习，自觉遵守交通规则。

第五，实践感受法。学生的良好行为习惯是在生活实践中，在与他人交往中培养形成的。因此应把日常文明行为的养成、教育贯彻、渗透到学生的活动中。使学生置身于美好、愉悦、活泼、有趣的活动气氛之中，不知不觉地接受有关的文明行为要求。开展学雷锋做好事活动，学生在为公众服务、帮助别人解决困难中受人称赞，内心感到快乐，更觉得光荣，从而使学生觉得做力所能及的好事真有意思，渐渐成为自己的一种精神需要。

第六，竞赛激励法。通过竞赛评比，激励学生积极努力地实行《规范》

所规定的行为要求，以激发、增强和满足学生自尊的需要，从而将遵守《规范》的要求纳入学生自尊的需要系统。

（二）日常行为规范训练的途经

行为的训练和矫治都需要在活动情境中进行。班主任在训练学生形成良好行为习惯过程中，应利用多种途径，创设活动机会，使学生在经常、多样的活动和交往中形成良好的行为。

1. 学校及班级内的多种活动

可充分利用学校内部的各种教育活动来训练学生行为。包括班级常规的教学活动，班级的例会，班级的值日、扫除等常规活动，团组织、少先队的组织生活，学生会的活动，全校性的文艺、体育活动，等等。这些活动既是对学生行为规范的检查，也是在不断形成学生的良好行为习惯。在这些活动中，要注意启发学生自觉明确要求并及时检查、总结，促进学生良好习惯的养成。

2. 校外活动

社区的建设和发展与特点对学校、对学生产生着极大的影响。班主任要善于利用学校及班级的周边环境为学生形成良好行为习惯提供实践与检验的机会，使学生在校内外、课内外逐渐养成良好行为习惯，自觉按照《规范》要求自己。

3. 家长的配合

对学生进行行为规范训练，必须取得家长的支持和配合，从而使学校的教育要求与家长的要求相一致。要避免学生的行为举止当着老师一套，当着家长另一套。随着独生子女队伍的扩大，孩子在家庭中占据着核心地位，有"小太阳"、"小霸王"、"小皇帝"的称谓，其尊老爱幼、热爱劳动、讲究礼貌等应有的习惯在家长面前显得苍白无力。为此班主任应通过各种方式与家长经常保持联系，力求使学校教育与家庭教育连贯和统一。

4. 班主任的人格感化

为了能以优良的行为举止影响学生，班主任个人必须"美其德，慎其行"，成为行为端正、举止大方、有道德修养的人。在指导教育学生时，如果自身行为失去检点，出现哪怕一点点疏漏，都会给学生造成不良影响，不仅大大降低教师的威信，也会使学生在模仿中养成不良习惯。教师的仪表、风度和行为，尤其是班主任对中小学生日常行为指导具有鲜明的示范性，是一种强有力的教育因素。一个称职的班主任，其内在的气质品德和外在的风度仪表以及言谈举止都是学生的表率，教师对此必须高度重视。

（三）训练指导要处理好的几个关系

1. 教育与训练的关系

二者是相辅相成的，教育给训练以动力，训练给教育以活力。学生行为动机的激发、维持，都需要教育。也只有通过实际训练，才能巩固学生的道德认识，锻炼学生的道德意志，强化学生的道德信念。教育也只有在训练中才能充分发挥其作用。

2. 养成与矫治的关系

规范训练与指导担负着养成学生好习惯与矫治学生坏习惯的双重任务，但以养成教育为主。养成好习惯对坏习惯也是一种矫治、防御。

3. 行为规范与思想品德课的关系

思想品德课的内容和《小学生日常行为规范》及《中小学生日常行为规范》内容关系密切，二者可以结合进行。

案例 山东××师大二附中学生一日常规

一、上学

1. 每天带齐学习用品按时到校，不迟到、不旷课、不早退，因故不能到校的同学，必须由家长事先向班主任请假，并写出请假条。

2. 上学途中，遵守交通规则，注意交通安全。

3. 穿校服、佩戴胸卡；自行车进出校门、在校园内要推行，并在自行车棚内指定位置摆放整齐，禁止豪华自行车进入校园。

4. 注意仪表端庄，衣服整洁，不戴首饰，不染发，不烫发；男生不留长发、不剃光头，女生不化妆、不穿高跟鞋。

5. 不带手机、随身听、口香糖、宠物、管制刀具、不健康的书报刊物等一切与学习无关的物品进入校园。

6. 尊敬师长，遇见老师要主动问好。

二、卫生值日

1. 值日生到校后，先打开门窗通风，然后按照个人的分工进行卫生扫除。

2. 卫生扫除时，集中精力，打扫到位，提高效率，保证早读前完成任务。

3. 监督提醒同学，保持好教室及周边环境卫生。

三、早读

1. 按时到校进行早读。

2. 早读时做到书到、手到、眼到、口到、心到。

四、上课

1. 预备铃响后，学生立即回到教室，准备好学习用品，静候老师上课。

2. 老师进入教室，师生互相致礼后上课。

3. 上课迟到，站在教室门口向老师报告，经同意后再进入教室。

4. 上课时，坐姿端正，遵守纪律，专心听讲，勤于思考，做好笔记。

5. 课堂上，积极参与，回答问题要先举手，回答完问题，老师示意后才能坐下。

6. 下课时，班长喊起立，待老师回礼后学生才能离开课室。

7. 下课后，学生将课桌摆放整齐（前后左右对齐），凳子统一放在课桌下。

8. 自习课以自学为主，不得随便离开座位，不大声喧哗，不争论问题、不做与课业无关的事；值日班干部要维持好纪律，做好记录并及时向班主任汇报。

五、课间活动

1. 下课后，值日生及时擦净黑板，其他同学在教室附近望远或做轻微活动。

2. 课间不在教室或走廊打球，不追逐打闹，不大声喧哗，不讲粗话，不擅自出校门。

3. 上下楼梯靠右行，不抢道，不拥挤，同学之间文明相处。

4. 爱护公共财物，未经老师允许不随便动教室内的多媒体设备，不在课桌椅、墙壁上乱涂乱划，不破坏标志牌、门窗等公共设施。

5. 爱护公共环境卫生，不乱扔粉笔和纸屑，不随地吐痰。

6. 从老师办公室和其他班教室经过时，脚步要放轻。

六、课间操

1. 按时到指定位置集合，准备做操，做到快、静、齐。

2. 做操时，队伍整齐，态度认真，动作准确到位；不允许在队列中说话、嬉笑、打闹。

3. 不无故旷操，有事向班主任请假。

七、阅览

1. 各班有组织地进入学校阅览室，办理好阅览手续后进行阅览。

2. 阅览时要保持安静，不大声喧哗，不影响他人，做好读书笔记。

3. 注意读书姿势，保护好眼睛。

4. 爱护书籍，不在书上涂画，不随意折、撕书页。

5. 阅览完毕，把书籍放回原处摆好，待老师检查后集体离开。

八、考试

1. 学生必须按规定的时间参加考试，不得迟到。

2. 除指定可携带的考试用具及自用笔墨外，学生不得携带书包、课本、学习资料、笔记等物参加考试。

3. 爱护考场物品，不得在桌凳的任意位置及周边可视之处书写文字或做记号。

4. 考试入场后，学生应按编定的座次就座。

5. 考试过程中，服从监考教师的指挥，不得有违反考场规则的行为。

6. 学生必须独立完成答卷，考试中不得互相谈话、左顾右盼，不得有偷看、夹带、传递、抄袭、交换、弄虚作假或为他人作弊提供方便等舞弊行为；确需互借文具时，必须经监考教师同意，并由监考教师传递。

7. 提前交卷者，交卷后应立即离开考场，不得在考场周围议论、逗留，以免妨碍他人考试。

九、课外活动

1. 各班有组织有计划地积极开展有意义的课外活动。

2. 参加课外活动要文明有序，发生摩擦时要冷静、谦让，及时向班主任汇报，通过正常渠道解决问题，不骂人、不打架。

3. 注意安全，学会保护自己，出现意外要冷静，并及时向班干部和班主任汇报。

十、升国旗

1. 学生每周一必须参加学校的升旗仪式，有事要先向班主任请假。

2. 参加升旗仪式必须穿校服。

3. 参加升旗仪式要严肃、庄重，不允许在队列里交头接耳，不嬉笑，要维护升国旗的庄严性。

4. 升国旗时，要向国旗行注目礼。

5. 主持升国旗的班级要按学校的要求及时升降国旗。

十一、班（校）会

1. 各班要按照学校的要求及时召开班会并填写班会记录，组织参加校会。

2. 参加班（校）会时要自觉遵守和维护会场纪律，认真听讲，做好记录。

十二、放学离校：

1. 放学后值日生要检查关闭教室内的所有电源开关（电灯、电扇、电脑等），关好教室门窗后离开教室。

2. 其他同学要及时离校、按时回家，不得在放学途中打闹、逗留、逛商店，不得进入网吧及不符合学生身份的场所。

3. 注意安全，严格遵守交通规则。

4. 回家后，及时完成作业，并有计划地进行自学。

5. 学生提前离校需出示提前离校证明。

四、日常行为规范训练技能训练参考措施

确定一个为期4周左右的日常行为规范训练技能的训练单元，按下述步骤进行学习、练习：

（1）用2个星期左右的时间学习与日常行为规范训练技能有关的知识，提高对学生进行日常行为规范训练重要性的认识，熟悉并尽可能掌握对学生进行日常行为规范训练的有关知识。具体措施，可以以教研室（组）或学科组、

年级组为单位，在自学的基础上，每周组织一次业务学习讨论，或请教育专家、优秀教师集中讲解对学生进行日常行为规范训练方面的知识与技巧。经过学习讨论要弄清以下问题：

①班主任为什么要重视对学生进行日常行为规范方面的训练？

②学生日常行为规范包括哪些方面的内容？

③对学生进行日常行为规范训练的目的何在？基本要求有哪些？要注意解决的矛盾有哪些？

④对学生进行日常行为规范训练有哪些方法和途径？

⑤对学生进行日常行为规范训练要注意哪些事项？

也可以结合对学生进行日常行为规范训练的实际，针对上述问题，写出具有一定字数和质量要求的学习心得、经验总结或小论文。然后组织优秀教师对这些心得或论文进行评议。若有条件，可从中选出一些优秀或比较优秀的心得、论文，或者向有关刊物推荐发表，或者由学校（系、部、室）汇编成参考资料，以鼓励教师学习业务、提高技能水平的积极性，并供其他教师参考。

（2）在对学生进行日常行为规范训练的意义、内容、方法、运作要求等有所认识后：

①查找有一定代表性的对学生进行日常行为规范训练的典型案例，仔细阅看，并写阅（观）后感；

②结合班级班主任工作实际，按照对学生进行日常行业规范训练的有关要求，精心设计一个对学生进行日常行为规范训练的方案，之后以学科或年级教研组为单位组织交流评议。交流评议之前先进行动员，并组织学科或年级教研组负责人及骨干教师拟出评议方案，制定出科学性、实用性强，能为多数教师接受的"对学生进行日常行为规范训练技能评价量表'；评议之后，将交流评议结果作为教师业务水平考核的依据。

案 例

日常行为规范训练实例
——怀仁市某中学《中学生日常行为规范主题班会》参考方案

1. 班会组织安排

总策划：班主任老师

主持人：两名学生，记录员一名学生

2. 活动主题

中学生日常行为规范主题班会

3. 活动形式

学生主持

4. 活动内容及程序

（1）为了使全班同学理解《中学生日常行为规范》要求，增强班级凝聚力，使学生能把规范的要求内化为自己自觉的行动。

（2）通过主题班会，用《中学生日常行为规范》来规范指导本班学生平时的言行。

（3）创设情景，引入主题：

班主任：介绍我校近段时间来所发生的打架斗殴事件，对学校、对社会造成的影响。

（4）由班长组织学习《中学生日常行为规范》的内容。

（5）针对我们班的实际情况，查找问题，提出解决问题的办法。

班主任：通过交流相信大家发现了我班在行为习惯方面存在的问题，下面就请同学们积极发言，结合你的感受，说说我们班今后该怎么办。

学生活动：参与讨论，踊跃发言。

A：大部分同学上课认真听讲，尊重老师的劳动。

B：我们班的自习课部分同学爱说话，个别同学不愿意打扫卫生。

C：部分同学不按时完成这作业，还有照抄作业的现象。

学生共同制定出《班级文明自律约定》。

班主任提出希望。

5. 班主任老师简要总结，并宣布闭会。

（方案设计：陈贤品）

第六章　班级德育工作技能训练

班级德育工作技能是班级思想品德教育工作技能的简称，是指班主任根据学校德育工作的要求，熟练、有效地对全班学生进行思想品德教育工作的活动方式。由于德教工作既是一门科学又是一门艺术，具有综合性强、复杂程度高等方面的特点，因此德育工作技能是一项综合性的教育技能。

思想品德教育是学校教育教学工作的重要组成部分。培养学生具有良好的思想品德虽然是学校全体教职员工义不容辞的重要职责，但由于班主任工作的特殊性，中小学校的德育工作主要是通过班主任结合班级教育管理工作进行的。班主任是中小学德育工作重要的主持者、实施者，因此，班主任熟练掌握德育工作技能，其意义重大。从学校工作来说，不仅要依靠班主任做好德育工作，而且还必须对班主任进行如何做好班级德育工作的训练、指导，使其掌握班级德育工作的技能。其训练指导目标包括三个方面：

第一，了解班主任工作与学校德育工作的关系，充分认识班主任做好班级德育工作的重大意义，提高掌握班级德育工作技能的自觉性；

第二，熟悉班级德育工作的内容、实施途径、基本原则、基本方法，知道作为班主任如何开展并做好班级德育工作；

第三，能够根据学校德育工作的规律、特点及其他有关要求，熟练地确定班级德育工作内容、方式、方法、实施程序等（即班级德育工作方案）并有效地进行实施。

第一节　班级德育工作的基本问题

一、班主任工作与学校德育工作的关系

使班主任正确认识自身工作与学校德育工作的关系是指导班主任掌握班级德育工作的重要前提。

班主任工作与校德育工作的基本关系表现为：思想品德教育是学校教育教学工作的重要组成部分。培养学生具有良好的思想品德虽然是学校全体教职员工义不容辞的重要职责，但由于班主任工作的特殊性，中小学校的德育工作主要是通过班主任结合班级教育管理工作进行的。班主任是中小学德育工作重要的主持者、实施者，因此，班主任熟练掌握思想品德教育工作技能，其意义

重大。

德育工作是思想品德教育工作的简称，其实质就是把一定社会居于统治地位的阶级的人生观、世界观、政治立场和态度以及道德规范通过教育转化为受教育者个体思想品德的一种社会活动。德育是我国全面发展教育目标的重要组成部分。我国社会主义学校德育的根本任务，就是要有目的、有计划地把党和国家对青少年一代在思想、道德、政治、人生观、世界观等方面的要求，进行科学的组织，通过一定的教育形成转化为青少年一代思想品德的活动。

学校对学生进行德育是我国全面发展教育目标的要求。这一要求的意义集中表现在它是促进社会主义精神文明建设的重要工具。德育的根本任务是要解决个人的思想觉悟和道德品质（品德修养）问题。学校德育就是通过培养受教育者的思想觉悟、个性修养、文明行为等实现其促进社会主义精神文明建设职能的。思想意识、道德规范、法规及规章制度是影响社会稳定与发展的重要因素。没有德育，社会的思想意识、道德规范就不可能被广大民众了解、接受，发挥不出其稳定与发展社会的实效。因为社会意识、道德规范等具有相当的概括性，是国家根据安定、发展社会的需要而程式化的。而个体的人由于多种条件的限制，在自然状态下全面了解这些概括化了的东西是有困难的。学校教育具有组织严谨、计划周全、系统深入、有专职教师指导等特点，加上青少年时期是一个人思想品德形成发展的关键时期，所以学校德育是人思想品德形成和发展的主导因素，学校德育历来都是各个社会"建国君民"、推行"教化"、"化民成俗"的重要阵地。在当今社会"有教无类"这种理想基本上成为现实的背景下，人都要通过学校接受教育，所以学校的德育职责更为重要。

在班级授课制度下班级是学校教育的基层单位。班主任由于是班集体的组织者、领导者和教育者，是全面贯彻教育方针、执行学校领导教育指令、凝聚团队及社团组织的中坚力量，是联络各任课教师的纽带，是沟通学校教育与家庭教育、社会教育的桥梁，是课内外教育教学活动的协调者，因此对全班学生进行思想品德教育是班主任的首要任务、首要职责。作为班主任，必须把对全班学生进行思想品德教育，促使每个学生都形成良好的思想品德作为自己义不容辞的职责。

二、学生思想品德的形成发展规律

班级德育工作的对象是全班学生。掌握班级德育工作技能，做好班级德育工作，必须遵循学生思想品德形成发展的规律，根据学生思想品德形成发展的规律确定教育策略与措施。

根据有关研究，德育过程中学生思想品德形成与发展的规律及其对班级德育工作的要求有四个方面：

（一）知情意行是构成思想品德的基本要素，学生思想品德的形成过程是

知情意行统一发展的过程，班级德育工作必须使学生的知情意行得到统一、平衡的发展

思想品德由知、情、意、行四个基本要素构成。因此培养学生思想品德的过程就是培养学生知情意行的过程。所谓"知"即道德认识，是人们对道德规范及其意义的理解和掌握，对是非、善恶、美丑的认识和评价，以及在此基础上形成的道德识辨能力。"知"是思想品德形成的认识基础，它规定着思想品德形成的方向。没有必要的道德认知，情、意、行都将是盲目的。正如列宁所言，文盲是站在科学、民主、道德之外的，文盲只有道听途说、流言蜚语、出尔反尔、唯唯诺诺、言听计从和固执任性。青少年乃至成人所犯的道德方面的错误，大多是由于道德无知、道德认识能力低造成的。"情"即道德情感，是道德实践中伴随着道德认识而产生的对道德行为的爱憎、好恶的态度。心理学上将其称为高级情感。它是思想品德形成发展的力量源泉，对思想品德的形成发展起着激发、起动、调节作用。当一个学生对任何事情都持无所谓或者否定的态度时，就不可能形成相应的品德。许多革命先烈之所以为了新中国的解放献出了宝贵的生命，就是因为他们在正确道德认识的基础上形成了崇高的道德情感，进而转化为信念，所以就明知刀山火海也奋勇向前。"意"即道德意志，是人们为实现一定的道德目的作出的自觉不懈的努力，是人们从事某种道德行为，实现某一道德目标的动力支柱，在思想品德的形成发展过程中起着动力的维持作用。道德意志薄弱者一遇到困难便动摇不前，因而在品德修养方面不仅进步缓慢而且易出现反复。"行"即道德行为及习惯，是人们在道德规范的调节下，在行动上对他人、对社会作出的反应，因而是衡量一个人品德高低、是否形成一定品德的标志。看一个人的思想品德如何，不是取决于他的言论是否动听，而是取决于他的行为是否高尚，是否对人民有利；不是看他的个别行为，而是指他的一贯行为。

人的思想品德是沿着知情意行的顺序发展的。因此培养学生思想品德的一般程序可概括为：提高认识、培养情感、锻炼意志、训练行为习惯（亦即晓之以理、动之以情、炼之以意、持之以恒），使学生的知、情、意、行得到统一、平衡的发展。否则，只讲道德认识而无道德行为训练，就会培养出"语言上的巨人、行动上的矮子"，只会讲大话，对别人评头论足而不重视自身修养的人，严重的还会成为道德骗子。同样，只重行为训练而忽视提高认识，也只能培养出唯命是从、唯唯诺诺的道德奴隶。

另一方面，思想品德的这四个构成要素又具有一定的相对独立性，即它们各自的具体含义、作用是不一样的。知、情、意、行不能相互替代。再加上德育过程是受多方面条件制约的复杂过程，因此在实际工作中，既可以从讲授道德知识、提高道德认识开始，也可以从培养、陶冶道德情感为开端，或者从锻炼意志、训练行为习惯着手。这说明德育工作具有多端性的特点，班主任应从班级学生的思想、行为实际出发，有针对性地对学生进行思想品德教育。

（二）内部思想斗争是思想品德形成发展的内因，思想品德教育必须使教育和自我教育相统一

班主任的德育任务是把社会的思想政治及道德要求转化为全班学生的思想品德。这个"转化"是通过"促进"学生心理内部的矛盾斗争而实现的。思想品德是个体现象，其形成与发展依赖于个体的心理活动、心理矛盾斗争，亦即班主任的德育要求并非都能为学生所接受转化为自己的思想品德。"转化"是有条件的，这个条件就是德育要求必须能够促进学生思想内部的矛盾斗争。

使德育要求促进学生思想内部矛盾斗争的根本点，是使德育要求与学生的思想、心理因素的矛盾运动相一致。学生思想、心理上的矛盾大致分为四个方面：一是个人倾向与德育要求的矛盾，二是认识上的知与不知、全面与片面的矛盾，三是思想意识上的正与误、先进与落后的矛盾，四是知情意行四种构成要素发展平衡与不平衡的矛盾。班主任提出的要求与学生的思想矛盾相一致，就会产生"共振"实现转化；不一致，就不可能或很难实现转化。

班级学生思想品德的形成主要是教育者教育的结果。班主任在班级学生思想品德的形成与发展中起主导作用。但学生并非消极地接受教育，他们一旦形成与教育要求相一致的思想品德，这些思想品德就作为学生自己的道德修养，转化为一种能动的自我教育力量，积极参与德育过程，与教师的教育相配合，成为教育过程中影响学生思想品德形成发展的重要力量。成功的教育就是能促使学生进行自我教育的那种教育。影响学生思想品德形成发展的外在因素是多种多样的，没有学生自我教育的参与，教师的教育就不易取得成功。因此，班主任进行德育，不仅需要很好地研究学生的思想及行为实际，使教育要求能够促进学生思想内部的矛盾斗争，而且还必须把自己的教育和学生的自我教育很好地结合起来。

（三）活动和交往是思想品德形成发展的基础，德育过程必须使学生在活动与交往中接受教育

人是在活动和交往中认识世界的。一个人不从事活动、不与人交往，他的心灵就会枯竭。学生思想品德的形成发展离开学生的活动与交往，其关于社会、人生等方面的看法是不可能完善的。原因在于思想品德是社会政治思想与道德规范等在社会成员个人身上的表现，政治思想、道德规范对学生来说是一种客观存在。要使这种客观存在被学生掌握并贯彻到自己的言行中，就必须让学生多看、多听、多交往、多实践。温室里长不成参天大树。德育工作要促进学生思想品德的形成与发展，就必须有目的地组织其进行活动与交往，使他们在有目的的活动与交往中了解、理解、掌握、贯彻社会的思想政治意识、道德规范等。那种企图把学生关起来，认为不让学生接触社会就能培养"新人"的做法，只能造成学生思想上更大的迷惑。

（四）思想品德的形成具有长期性、复杂性的特点，德育工作必须长期抓、抓反复

思想品德形成与发展的这一特点是由两个方面的原因决定的：一是学生的思想品德是社会客观现实的反映，而客观现实是复杂的。二是人类认识的规律。人的认识、行为的发展不可避免地具有长期性、复杂性的特点。思想品德在形成发展上的这些特点要求班主任在班级德育工作中，必须长期抓、反复抓、抓反复。对学生思想品德上出现的反复现象有正确的认识，即一方面不能有毕其功于一役的想法，当学生在思想品德方面出现反复时不气馁、不抱怨；另一方面不要放松、放弃对学生的教育，必须持之以恒地经常抓。

三、组织班级德育工作的基本环节

组织班级的德育工作，要从学校提出的具体的德育任务出发，按照教育学的有关理论，特别是教育学所揭示的学生思想品德形成与发展的基本规律，设计教育方案，并付诸实施这样的工作程序。设计班级德育工作方案，通常包括按所要完成的德育任务确定班级的德育内容，选择德育方法，安排德育过程的阶段，计划德育活动的组织形式等。组织德育过程的前提是充分理解国家、社会对青少年思想品德方面的要求，充分了解班级学生的实际。

由于教育过程具有复杂性的特点，涉及知、情、意、行各个方面，因而它不仅具有不同的开端，而且整个过程的组织都具有灵活性、多样性和变动性的特点，没有、也不可能有固定的程式。但根据思想品德形成与发展的规律，在组织班级德育工作中可以考虑抓好以下几个环节：

（一）提高学生的道德认识，发展学生的道德思维

在活动和交往的基础上提高学生的道德认识、发展学生的道德思维，是班级德育工作十分重要的一环。思想品德的知、情、意、行是相互联系又相互独立的心理过程。在班级德育工作中，某一阶段可以着重培养某一方面的品质。但一般而言，道德认识是道德情感、意志、行为的思想基础。学生中的许多错误言论、不道德行为，往往出自缺乏正确的是非观念。因此要重视提高学生的道德认识，使其明辨是非，掌握行为标准，提高道德思想能力，以便更好地进行道德评价，识别和抵制错误的道德观点。

在提高认识的基础上，应当注意教育内容的系统性和针对性。由于学生受多方面的影响，可能在某些道德问题上存在着比较牢固的错误观念。对此，在以正确的思想观点进行教育的同时，还要注意克服学生头脑中实际存在错误观点或肤浅的片面认识。

（二）提出行动要求，指导学生实践

这是从认识到实践、从道德意识到道德行为的过程。稳定的、始终贯穿道德信念的行为习惯，是一个人道德修养的重要标志。由于心理和教育上的原因，青少年儿童思想认识和行为脱节的现象是常有的。因此要抓好由知到行的转化这一环节。抓好这一环节应注意四点：一是促使学生树立道德信念，丰富学生的道德情感；二是向学生提出行动要求，并使该要求变为学生的内在要求，变成行动动机；三是指导行为方式，锻炼学生的意志；四是通过练习和其他实践，培养学生的道德行为和习惯。

（三）做好品德考查评定工作

品德考查与评定具有重要的德育价值。通过班主任的评价、学生的自我评价、学生之间的相互评价，能使班主任的教育和学生的自我教育相互结合起来。评价应该有对成绩的肯定、有对缺点的批评和自我批评，也有班主任的希望与鼓励。通过评定，能使学生进一步明确是非，掌握行为标准，使形成的新品德得到强化，使错误片面的认识得到纠正。

四、班级思想品德教育的基本内容

原家教委颁发的《中学德育大纲（试行稿）》指出"通过中学阶段的教育，使学生达到以下目标：热爱祖国，拥护党在社会主义初级阶段的基本路线，初步树立为人民服务的思想和为实现社会主义现代化而奋斗的志向，具有良好的道德品质和文明行为，具有诚实正直、自尊自强、勤劳勇敢、开拓进取等品质和一定的道德判断能力及自我教育能力。成为有理想、有道德、有文化、有纪律的社会主义公民。"它基本上涵盖了班级德育工作的基本内容。

根据我国学校教育的传统和改革开放以来社会经济政治等发展的现实，可将新时期班级德育工作的基本内容确定为以下几个方面：

第一，加强邓小平理论教育。是改革开放新时期必不可少的教育。

第二，加强以爱国主义为核心的理想教育。在此过程中要注意层次性和序列性。即由具体到抽象，由小到大，由近到远的原则。

第三，加强以学习先进典型为主要形式的革命理想和传统教育。开展各种形式的班级活动。比如主题班会、社会调查，学雷锋小组等。

第四，加强以集体主义为核心的道德教育。由爱家庭、爱同学、爱班集体、爱学校、爱家乡到爱社会主义祖国。

第五，加强以关心、爱护、尊重他人，正确处理人际关系为核心的文明礼貌教育和公德教育。

第六，加强以培养合格的社会主义公民为目标的民主法制教育和纪律教育。

第七，加强以培养自强自立能力为起点的劳动教育。

第八，加强对学生进行初步的马克思主义观点和常识教育。树立正确人生观和科学的世界观。

第九，加强对学生良好个性心理品质培养的教育。

第十，加强对学生进行青春期的教育。

第十一，加强对学生进行以《中小学生日常行为规范》为核心内容的养成教育和挫折教育。

第二节 班级德育工作的实施与技能训练

一、班级思想品德教育的基本途径

德育工作的途径基本上有三种：

（一）学校

它又主要表现为班主任工作、社会活动、政治课、生产劳动、课外活动、团队活动以及学生会活动。在上述这些途径中，班主任工作是最主要的途径。1988年国家教委颁发的《中学德育大纲》（试行稿）中明确指出："班级是进行德育的基层单位。班主任工作是进行日常思想品德教育和指导学生健康成长的最重要途径。"

（二）社会

包括公安、街道办事处、村委会以及其他教育媒体。

（三）家庭

包括父母，亲属等。

在上述这三种途径中，班主任工作起着最重要的作用。班主任的影响，不仅在班级、学校内，而且通过社会、家庭途径可继续对学生施加影响。在《中学班主任工作的暂行规定》所阐述的八大职责中的第一条就明确指出："向学生进行思想政治教育和道德教育，保护学生身心健康，教育学生热爱社会主义祖国，逐步树立为人民服务的思想和为实现社会主义现代化而奋斗的志向，培养社会主义道德品质和良好的心理品质，遵守《中学生守则》和《中学生日常行为规范》（试行稿）。"从中可以看出班主任的首要职责是对学生进行思想政治和道德教育。

二、班级德育工作的基本原则

开展班级德育工作应该遵循德育工作的原则。

德育原则是对学生进行思想品德教育时必须遵循的基本要求，是处理德育过程中一些基本矛盾和关系的基本准则。我国学校德育工作的基本原则是根据学校德育工作的任务、德育过程中学生思想品德形成发展的规律、历史传统和充分体现时代精神的教育理论与实践而确定的。教育学教科书上一般将其概括为八个。德育原则为班主任提供了德育工作科学原理的知识。以这些知识为依据，可以帮助班主任独立地解决在不同的情况下不断产生的德育问题，促进班主任积累德育工作经验，增长才干和毅力，提高班级德育工作的成效。班主任应该很好地学习、理解这些原则，以便在班级德育工作中结合班级学生的实际，全面地贯彻这些原则。

学习、理解德育原则应从把握每条原则的含义、提出依据、贯彻要求出发，最终将这些原则融会贯通起来，形成完整的德育原则知识体系。指导教师掌握这些原则应通过提供具体实例的方式来进行。

（一）共产主义方向性与社会主义现实性相结合原则

（1）含义

该原则要求在德育工作中，既要用共产主义思想体系教育学生，又要从社会主义初级阶段的实际出发，实事求是，把思想方向性与现实可能性结合起来。

（2）提出依据

该原则提出的依据有两个：一是我国社会主义学校教育的培养目标，二是我国社会主义发展的现实水平。

（3）贯彻要求

①以马列主义、毛泽东思想和邓小平理论为指导。这是在学校教育上坚持社会主义方向性的根本保证。

②从我国社会主义社会的现实发展状况出发，进行符合我国社会主义经济政治制度和生产力发展水平要求的思想政治教育和道德教育，同时坚持用共产主义思想道德体系教育全班学生。

③引导学生把日常的学习、生活、劳动、活动与实现社会主义现代化目标、实现共产主义理想结合起来。

（二）知行统一原则

（1）基本含义

知行统一原则是指在德育工作中，教育者既要重视对学生进行系统的理论教育，提高他们的认识水平，又要引导学生运用理论知识去分析观察问题，指导自己的行为，以便把理论与实践、知与行统一起来。

（2）提出依据

一是学生思想品德形成与发展过程中知、情、意、行四要素相互影响、相互促进以及活动和交往是思想品德形成与发展的基础的思想品德形成与发展的规律。二是我国学校德育工作目标的要求。

（3）贯彻要求

①对学生进行系统的马列主义、毛泽东思想、邓小平理论基本原理教育，使学生掌握马列主义的基本立场、观点和方法，掌握社会主义思想政治准则和道德规范，并学会用其分析、评价、解决社会现实生活及自己思想行为中的一些问题，使系统的理论学习紧密联系实际。

②适当组织学生参加社会实践活动，在实践中锻炼学生，把知与行统一起来。

③对学生的评价既要看思想认识，又要看实际行动；教师自身也要言行一致，做学生的表率。

（三）正面教育与纪律约束相结合原则

（1）含义

该原则是指在内容上用积极、正确的事实和道理，良好的榜样教育学生，使学生知道什么是对的，什么是错的；在方法上循循善诱，以理服人，使学生口服心服，自觉接受教育。纪律约束是指在对学生进行正面教育的同时，还要用校规、校纪、学生守则等要求学生，对学生进行必要的管理。在班级德育工作中把二者很好地结合起来。

（2）提出依据

一是我国学校教育的培养目标的要求。我国学校教育培养目标中包含着把全体学生都培养成为有能力并且"愿意"为祖国的两个文明建设做贡献的人。使学生自觉自愿地担负起时代赋予的重任，就必须以说服为主，进行正面引导，把纪律约束作为辅助手段。实践也证明，"压服"只能是表面上服，心里不服，引起学生的抵触心理，收不到预期的效果。二是"内部思想斗争是思想品德形成与发展的内因"的思想品德形成与发展规律的客观要求。这一规律要求教师的教育必须能够促进学生思想内部的矛盾斗争，必须把教师的教育与学生的自我教育结合起来。实践证明，"促进斗争"必须以正面的说服教育为主，但又不能放弃纪律约束。三是青少年儿童特点的要求。青少年儿童的一个重要特点是喜好模仿。但由于知识经验不足、识别是非善恶美丑的能力有限，所以就需要进行正面引导，为其树立正面典型，提供模仿的对象。四是人们"先入为主"心理特点的要求。人的心理具有先入为主的特点，即对于初次见到的富有特点的人或事，总会不易忘记；某一思想一旦形成，也往往不易改变。这也要求德育应以正面教育为主。

（3）贯彻要求

①用摆事实、讲道理、循循善诱的办法，提高学生的道德认识水平，教给其正确的思想观点和方法。

②用革命前辈和英雄模范人物的光辉榜样、周围同学的先进事迹、教师的

良好言行等，为学生树立正面的模仿对象、学习榜样。

③坚持以表扬为主，批评处分为辅。对学生个人和集体表现出来的好思想、好行为，要及时给予表扬。恰如其分的表扬，对学生个人来说，可使良好的行为得到强化，使其获得积极的情感体验，促其百尺竿头更进一步；对其他学生来说，可以学有榜样，使全体学生向先进看齐。对学生的错误、缺点也要给予必要的批评甚至惩罚。批评、惩罚是伸张正义、制止不良现象的必不可少的手段。但批评、惩罚要把握好"格"与"度"。

④建立健全必要的规章制度，教育学生自觉遵守。这是对学生进行纪律约束、使其自觉遵守纪律的基本措施。

（四）发扬积极因素克服消极因素原则

（1）基本含义

该原则是要求在德育工作中要一分为二地看待学生，努力发现每个学生身上的积极因素（优点、长处，亦即"闪光点"），加以发扬，并利用这些优点、长处去克服他们自己的缺点、毛病，做到长善救失。

（2）提出的依据

一是"内部思想斗争是思想品德形成发展的内因"德育规律的客观要求，二是德育实践经验的总结。

每个学生身上都存在着积极因素和消极因素的矛盾。积极因素和消极因素在一定条件下可以相互转化。哪个方面的因素占主导地位，矛盾就向哪个方面转化。学生的优点、先进思想是正确教育和学生自觉努力的结果，是形成新的思想品德的基础，是克服消极因素和抵制不良影响的内在力量。学生的缺点、落后思想是不良影响的结果，是接受不良影响的基础，是学生进步的障碍。形成良好的思想品德是学生先进思想战胜落后思想，积极因素克服缺点、错误，比直接从批评缺点、错误入手的教育效果要好。因为前者能够增强学生的自尊、自信心，形成学生进行自我教育的内在动力。

（3）贯彻要求

①班主任要有一分为二的观点和相信每个学生、每个班集体都有优点的教育思想，全面了解和研究学生，发现其优点，认识其不足。特别是对后进的学生，更要善于发现他们思想品德中的积极因素，鼓励他们扬长避短。学生的优点、长处是对其进行德育的"根据地"。

②善于利用教育时机，让学生看到自己的进步、成绩和优点，增强学生的自尊心和自信心，进而有决心、有勇气克服自己的缺点和错误。

③引导学生正确认识自己的优点和不足，自觉开展思想内部矛盾斗争，用积极因素战胜消极因素。

案例 一位老师接了一个基础较差的高三毕业班。该班在高二时，校运会的团体总成绩是年级最后一名。他们经过一番努力，高三时校运会团体总分进到了第三名。学生高兴了，班上几个学生拉着获得3000米冠军的同学上饭馆要了几个菜，庆贺胜利。事后他们怕班主任发现挨批评。这位班主任听说后讲的一番话，使学生心里热乎乎的，触发了热爱集体的感情，并把体育竞赛的拼搏精神引导到了学习上，也增进了师生之间的情感。这位班主任是这样说的：对于这件事，我讲两点。第一，这件事是学生热爱集体的表现。有这样热爱集体的同学，我感到高兴，感到班级有希望。第二，是建议，不是批评。因此同学们都是消费者，花钱要向爸爸妈妈要，有些同学家里还很困难。建议大家用别的办法来庆贺，发扬体育竞赛的拼搏精神，把学习搞上去。

（五）尊重信任学生与严格要求学生相结合原则

（1）基本含义

该原则是指在德育工作中，教师要关心、热爱、尊重、信任学生，同时又要向学生提出合理的、严格的要求。其中的尊重信任学生是指教师应尊重学生的人格和建议，体现民主平等的师生关系，热心关心学生的成长，并相信他们的力量和能力，相信每个学生都能进步；严格要求是指按教育目标、《学生守则》及学校制定的各项规章制度对学生进行严格的教育、管理。

（2）提出依据

①是我国社会主义教育的性质。我国教育目的要求学生具有的思想品德是建立在科学思想体系上的。这种思想品德不可能自发形成，必须通过一系列的教育和要求才能实现。没有要求就没有教育。

②尊重信任学生是教师热爱教育事业、对党对国家对家长对学生高度负责的集中表现。

③社会主义社会的人际关系是民主平等、团结友爱的关系，它要求教师关怀尊重学生，教育好学生。

④学生思想的内部矛盾斗争是其思想品质形成发展的内因，但"内部斗争"离不开教育影响这个外部条件。严格要求是促使学生产生内部思想斗争的必要条件。

⑤热爱、尊重、信任学生不仅是严格要求的出发点，也是教育学生的情感基础和基本的教育力量。

（3）贯彻要求

①要爱护、尊重、信任学生，注意激发和维护学生的自尊心和上进心。爱护学生的自尊心是爱学生的重要方面。学生有了自尊心才会有上进心。教师应尊重学生的人格和权利，相信学生的力量和能力，对其进步给予及时的肯定。要以平等的态度对待学生，虚心听取学生的意见，尊重学生对教师的批评和建议。对于后进生，更要尊重他们的人格，相信他们克服自身缺点、改正错误的

认识和行为。需要指出的是：强调尊重学生不是无原则地迁就放任、宽恕怜悯，更不是放任自流。

②善于提出促进学生发展的严格要求。教师提出的教育要求不仅应符合学校规章制度、《学生守则》等的要求，而且还要适合学生身心特点和实际发展水平，明确具体，使学生经过努力可以做到，同时正确的要求一旦提出就要坚持到底，持之以恒，不能半途而废。

③班主任要严于律己。要求学生做到的，班主任首先要做到。班主任要以自己的实际行动影响学生，为学生做出表率。

（六）　从学生实际出发原则

（1）基本含义

这一原则是指在德育工作中，要针对学生的年龄特征、个人特点、思想状况提出要求，确定教育的具体内容和方法。

（2）提出依据

依据是青少年儿童生理、心理及品德形成与发展的规律。青少年儿童在不同发展阶段有相应的年龄特征。同一年龄阶段的学生又由于个人的经历、所受的教育及个人努力程度不同而具有不同的特点。而学生思想品德的形成与发展必须通过其自身的矛盾斗争和自我教育。这就决定了德育的要求、内容、方法等，必须适合学生的年龄特征、个性特点和思想实际。

（3）贯彻要求

①要客观、全面、深入地了解学生，真正掌握班级集体及班级中每个学生各方面发展的实际情况和特点，有针对性地进行教育。

②针对学生的年龄特征、个人特点和思想实际确定德育内容和方法。

③注意时代特点。要从时代的特点出发了解学生的思想实际，经常掌握学生思想的变化，使德育工作做到有的放矢。

（七）　集体教育与个别教育相结合原则

（1）基本含义

是指进行班级德育工作要教育集体、培养集体，利用集体的活动、舆论、优良风气和传统教育班集体中的个人；又通过教育个人影响集体的形成与发展。具体而言，其含义有两个方面：一是教育集体，利用集体的力量教育班集体中的个别学生；二是通过教育集体中的个人，促进集体的形成与发展。

（2）提出依据

①是坚持"共产主义道德的基本原则"——培养集体主义者的要求。

②活动和交往是学生思想品德形成和发展的基础，而在班级教学的体制下，学生的活动和交往绝大部分是在班集体中进行的。

③教育实践证明，学生集体，特别是健全的班集体，既是教育的对象，又

是向全体学生进行教育的重要力量。

（3）贯彻要求

①组织和培养健全的班集体，充分发挥班集体的教育作用。

②发挥"教育的平行影响作用"，把集体教育和个别教育结合起来。培养班集体、组织班集体的各种集体活动应该是为了使每个学生都受到教育；对个别学生的教育应在集体中进行，通过教育个别学生也使全班学生都受到教育。

③加强个别教育，把对集体的教育和对个别学生的教育结合起来。

（八）教育影响的一致性和连贯性相结合原则

（1）基本含义

这一原则是指各种教育力量都要按照德育目标、德育要求互相配合，协调一致地对学生进行统一的、系统连贯的影响，使教育发挥出具有整体影响的作用。各种教育力量既包括学校、家庭、社会三个方面的教育，也包括学校内部各工作部门和各类教育人员的教育影响。

（2）提出依据

思想品德形成与发展是受多种因素制约的。学校要发挥其对学生思想品德形成与发展的主导作用，就必须把各种影响学生思想品德形成与发展的因素统一起来、协调起来，形成一种利于学生思想品德形成与发展的具有持续性的合力。由于"影响因素"在外因方面包括家庭因素、社会因素、学校因素，就需要把这几种教育力量都统一起来。

（3）贯彻要求

①班主任要联系和指导学生的家庭教育，向学生家长宣传教育思想，指导教育方法，介绍并共同分析研究学生的情况，争取家长对班级德育工作的支持，共同做好学生的德育工作。

②要调节和控制社会的影响。一方面要很好地利用校外教育机构及社会各部门的教育条件，争取其对学校、对班级德育工作的支持，并很好地研究社会的发展变化，及时调整德育内容、德育要求，使对班级的德育要求与社会的主体要求、发展需要相一致；另一方面要做好对学生的校外活动指导工作，使社会影响与学校、班级的德育要求相一致。

③要协调好本班级任课教师的教育力量，使他们提出的有关要求相互一致，并与班主任紧密配合，共同做好班级德育工作。

三、班级德育工作的基本方法

班主任在对班级学生进行政治、思想、道德教育中，必须要熟练地通晓德育工作基本内容和基本方法，懂得在不同的情况下，运用不同的工作方法。懂得运用德育工作的不同途径针对学生的不同思想政治和道德现状，有针对性地采用不同的方法，所应具备的技巧与能力。

班主任首先要通晓有关的法律文件，如：《中学德育大纲》、《中学班主任工作的暂行规定》、《中华人民共和国九年制义务教育法》等有关的文件。然后，依据和正确运用这些文件的精神以及教育学、心理学的有关原则和基本方法，把学生培养成为能适应"三个面向"需要的社会主义"四有"新人。训练的方法主要包括传统的说理谈话法、榜样示范法、实际锻炼法、情感陶冶法、修养指导法、品德评价法以及当代创新的目标激励法、活动教育法、比较鉴别法、行为矫正法、合力施控法、心理咨询法等。班主任要通过实践，不断完善这些教育方法，在运用中要结合班级的实际和学生个体的新特点不断变换和创新工作方法，以便完成教育学生的根本目的，为社会主义现代化建设服务。

从我国目前中小学的德育工作的实际来看，德育工作的方法有十几种，下面简单介绍如下：

（一）说理谈话法

即摆事实，讲道理，以提高认识，形成正确的观点的方法。它可以面向班级全体或学生个体。可采取办墙报、广播、谈话、报告、组织班会讨论、社会调查、参观等形式。要注意结合学生实际有的放矢。以情以景感人，以理服人。要把趣味性、知识性和灵活性结合起来，可用讲故事、生活中的真人真事，实验类比等方式激发学生的兴趣，以诚相待。师生之间应平等谈话。这样学生乐于接受。

（二）榜样示范法

即以古今中外模范人物、班主任教师、学生中的榜样所显示出来的高尚思想、模范行为和卓越成就来影响学生品德的方法。因为青少年的思想品德的可塑性很大，作为教育者应尽可能地树立"朱"以使学生"赤"。因为对学生而言，周围同伴的言行对他有很大的影响。班主任教师尤其要以身作则，率先垂范。坚持真实性、多样性、深刻性、选择性和可行性相结合，及时消除"墨"，以防止学生变"黑"。

（三）实践锻炼法

是一种使学生在学习、劳动、社会实践中去锻炼体验，以达到知、情、意、行统一，从而促进学生思想品德形成的方法。其主要方式有行为习惯的练习；制度纪律的遵守；委托学生个体完成任务；组织学生进行某种活动等。要坚持"严"、"趣"、"恒"相结合。

（四）情感陶冶法

这是一种通过创设良好的情境，潜移默化地培养学生良好品德的方法。主要是通过人格感化、环境陶冶、艺术陶冶等形式。通过教育者以自己的高尚品德、人格来感化学生，使学生在无形之中受到影响而仿效。通过搞好教室卫生，使学生在这个"居住空间"内，心情愉快，对学生优良品德的形成，无疑大有益处。还可以音乐、美术、舞蹈、雕塑、诗歌、文学、影视等形式，使学生积极参与进来，以净化学生的心灵。

（五）修养指导法

这是指在教师指导下对学生进行自我教育、自我修养以形成和不断完善良好品德的方法。主要包括自我学习、座右铭、立志、自我批评、慎独、格言等形式。它要求班主任教师自身要具有很高的修养。

（六）思想品德评定法

即表扬、奖励与批评、惩罚的方法。班主任教师要注意观察，及时地发现学生的"闪光点"给予表扬或奖励；同时恰当地给予批评或惩罚。

（七）目标激励法

即在班级管理中，用一个具体奋斗目标，鼓励学生积极上进，向期望的目标发展的方法。它是依靠集体确定的近、中、远的系列目标，它主要应把握住三个工作环节，即目标的制定；目标的组织与控制；目标的考核与评价。激励集体的方式有：激发学生的集体荣誉感；不断设置新高度；以学生周围的真人真事和教育者亲身体验激励以感召学生。

（八）合力施控法

这是指把学生所在的班级作为控制系统，通过班主任的教育协调行为，形成学校、社会、家庭三方面的教育合力，以达到对班集体进行教育控制的方法。它强调教育合力，把各方面有机结合，形成一个立体化的动力系统。同时，它还强调教育过程的超前性系统控制。主要由预先控制、随机控制、反馈控制三个环节构成。班主任应认真抓好"第一次"，如第一次见面会，第一次班会、第一次课、第一次作业、第一次扫除、第一次家长会、第一次表扬、第一次批评等，使学生产生深刻印象，以便使学生认识到哪些可以做，哪些不可以做，哪些对，哪些错等。在此过程中，应注意运用观察、记录、问卷、家庭、社会等反馈手段，使班主任不断修正学生的过失行为，以达到有效控制，不断进步。

（九）比较鉴别法

这是指通过事物进行比较、鉴别以帮助班级学生提高认识和辨别能力的方法。它包括三方面的教育要求：如何提高学生认识能力，如何创设比较鉴别的教育条件，如何在认识基础上对学生行为进行指导。班主任可以用古今中外好坏恶善之人物与事例进行比较也可以用班级同学之间的典型事例进行比较，使学生鉴别对与错，是与非。

（十）行为矫正法

这是教育者根据一定的要求和行为模式对受教育者进行行为训练，从而达到矫正学生行为过失或巩固学生正确行为习惯的一种方法。它的理论依据是心理学中的操作条件反射理论。要求对不同学生采用不同的手段，如奖励或惩罚，表扬或批评；要确立总目标和阶段目标，分阶段验收，及时调整反馈的结果，要结合其他方法一起使用。

（十一）心理咨询法

这是指班主任教师通过心理咨询，来帮助学生分析、解决问题的方法。可咨询的内容有：

（1）利用各种教育机构进行生理、心理咨询。

（2）进行学习咨询。改进学法，提高学习效率。

（3）进行情绪调节咨询。适当地进行挫折教育。

（4）人际交往的咨询。

（5）升学就业的咨询。

（6）青春期的咨询。

班主任教师要充分利用此方法，把学生心理上的反馈信息及时分析，以便进行必要的指导。指导的方式包括指令性指导、诱导性指导、预测性指导、监督性指导等。尤其现阶段的学生绝大多数为独生子女，肯定会存在这样或那样的心理障碍，所以，运用此方法就显得非常必要。

四、班级德育工作技能训练参考措施

定一个为期 7 周左右的班级德育工作技能的训练单元，按下述步骤进行学习、训练：

（1）用 4 周左右的时间学习与班级德育工作技能有关的知识，提高对担任班主任工作时对班级德育工作重要性的认识，熟悉并尽可能掌握班级德育工作的有关知识。具体措施，可以以教研室（组）或年级组为单位，在自学的基础上，每周组织一次业务学习讨论，或请教育专家、优秀班主任集中讲解班主任工作中班级德育工作方面的知识与技巧。下面的问题可供学习、讨论时思考：

①班主任工作与学校德育工作之间有什么关系？

②学生思想品德形成与发展的基本规律有哪些？这些规律对班级德育工作的基本要求有哪些？

③做好班级德育工作应遵循的德育原则有哪些？应如何掌握这些原则？如何在班级德育工作中全面贯彻这些原则？

④班级德育工作有哪些途径和方法？选择班级德育方法应考虑哪些因素？

（2）在熟悉上述问题的基础上，结合班级德育工作实际，写出具有一定字数和质量要求的学习心得、经验总结或小论文。然后组织优秀教师对这些心得或论文进行评议，作出成绩判定，并将其作为期末业务考核评价成绩之一。

若有条件，可从中选出一些优秀或比较优秀的心得、论文，或者向有关刊物推荐发表，或者由学校（系、部、室）汇编成参考资料，以鼓励广大教师学习业务、提高技能水平的积极性，并供其他教师学习参考。

（3）选择若干个有一定代表性班主任班级德育工作的典型实例（书面材料或录像材料均可），仔细阅研，并写阅（观）后感，或者进行分析。

（4）设计一些班级德育工作中经常遇到的一些问题，提出解决措施。

（5）结合班级德育工作实际，按照班级工作的有关要求，设计一个班级德育工作方案，之后以年级教研组为单位对方案进行交流评议。评议之前先组织优秀班主任及年级教研组负责人拟出评议方案，制定出科学性、实用性强，能为多数教师接受的"班级德育工作技能评价量表"；评议之后，将评议结果作为教师期末业务水平考核的依据。

附1：中小学德育工作规程

第一章 总 则

第一条 为加强中小学德育工作，依据《中华人民共和国教育法》及有关规定制定本规程。

第二条 德育即对学生进行政治、思想、道德和心理品质教育，是中小学素质教育的重要组成部分，对青少年学生健康成长和学校工作起着导向、动力、保证作用。

第三条 中小学德育工作必须坚持以马列主义、毛泽东思想和邓小平理论为指导，把坚定正确的政治方向放在第一位。

第四条 中小学德育工作要坚持从本地区实际和青少年儿童的实际出发，遵循中小学生思想品德形成的规律和社会发展的要求，整体规划中小学德育体系。

第五条 中小学德育工作的基本任务是，培养学生成为热爱社会主义祖国、具有社会公德、文明行为习惯、遵纪守法的公民。在这个基础上，引导他们逐步确立正确的世界观、人生观、价值观，不断提高社会主义思想觉悟，并为使他们中的优秀分子将来能够成为坚定的共产主义者奠定基础。

第六条 小学、初中、高中阶段具体的德育目标、德育内容、德育实施途径等均遵照国家教育委员会颁布的《小学德育纲要》、《中学德育大纲》施行。

第七条 中小学德育工作要注意同智育、体育、美育、劳动教育等紧密结合，要注意同家庭教育、社会教育紧密结合，积极争取有关部门的支持，促进形成良好的社区育人环境。

第八条 中小学德育的基本内容和基本要求应当在保持相对稳定的基础

上，根据形势的发展不断充实和完善。

第九条 德育科研是中小学德育工作的重要组成部分，应当在马列主义、毛泽东思想和邓小平理论指导下，为教育行政部门的决策服务。

第二章 管理职责

第十条 国务院教育行政部门负责制定全国中小学德育工作的方针政策和基本规章，宏观指导全国的中小学德育工作、校外教育工作、工读教育工作。

第十一条 国务院教育行政部门和省级人民政府教育行政部门应设立或确定主管中小学德育工作的职能机构，地市级和县级人民政府教育行政部门根据本地区的实际，设立或确定主管中小学德育工作的职能机构，也可由专职人员管理。

第十二条 各级教育行政部门要充分发挥德育科学研究部门和学术团体的作用，鼓励德育科研人员与教育行政管理人员和中小学教师密切合作开展课题的研究，还要为德育科研人员参加国内外学术交流活动创造条件。

第十三条 各级教育督导部门要定期开展中小学德育专项督导检查，建立切实可行的德育督导评估制度。

第十四条 中小学校的德育工作应实行校长负责的领导管理体制。中小学校长要全面贯彻教育方针，主持制定切实可行的德育工作计划，组织全体教师、职工，通过课内外、校内外各种教育途径，实施《小学德育纲要》、《中学德育大纲》。

第十五条 普通中学要明确专门机构主管德育工作。城市小学、农村乡镇中心小学应有一名教导主任分管德育工作。

第十六条 少先队和共青团工作是中小学德育工作的重要组成部分。中小学校要充分发挥少先队和共青团组织协助学校开展思想政治教育工作的作用。

第十七条 中小学校应通过书面征询、重点调查、访谈等多种方式了解社会各界对学校德育工作的评价以及学生毕业后的品德表现，不断改进德育工作。

第三章 思想品德课和思想政治课

第十八条 思想品德课、思想政治课是小学生和中学生的必修课程。思想品德课和思想政治课的教材包括：课本、教学参考书、教学挂图和图册、音像教材、教学软件等。

第十九条 国务院教育行政部门指导思想品德课、思想政治课课程建设；组织审定（查）思想品德课、思想政治课教材。

第二十条 地方各级人民政府教育行政部门，具体指导思想品德课和思想政治课的教学工作，贯彻落实国务院教育行政部门颁布的课程教学计划、《课程标准》。

各级教学研究机构中的思想品德课和思想政治课教研员具体组织教师的培训工作、开展教学研究和教学评估，帮助教师不断提高教学质量，有计划地培养骨干教师和学科带头人。

第二十一条　中小学校必须按照课程计划开设思想品德课和思想政治课，不得减少课时或挪作它用。中小学校要通过思想品德课和思想政治课考核，了解学生对所学基本知识和基本理论常识的理解程度及其运用的基本能力。

第四章　常规教育

第二十二条　中小学校必须遵照《中华人民共和国国旗法》及国家教育委员会《关于施行〈中华人民共和国国旗法〉严格中小学升降国旗制度的通知》要求，建立升降国旗制度。

第二十三条　中小学校每年应当结合国家的重要节日、纪念日及各民族传统节日，引导学生开展丰富多彩的教育活动，并逐步形成制度。

第二十四条　各级教育行政部门和中小学校应切实保证校会、班会、团（队）会、社会实践的时间。小学、初中、高中每学年应分别用 1～3 天、5 天、7 天的时间有计划地组织学生到德育基地、少年军校或其他适宜的场所进行参观、训练等社会实践活动。

第二十五条　各级教育行政部门和中小学校要认真贯彻落实《小学生守则》、《中学生守则》、《小学生日常行为规范》、《中学生日常行为规范》，形成良好的校风。

第二十六条　中小学应实行定期评定学生品德行为和定期评选"三好"学生、优秀学生干部（中学）、优秀班集体的制度。评定的标准、方法、程序，依据《中学德育大纲》和《小学德育纲要》施行。学生的品德行为评定结果应当通知本人及其家长，记入学生手册，并作为学生升学、就业、参军的品德考查依据之一。

第二十七条　中小学校应当严肃校纪。对严重违犯学校纪律，屡教不改的学生应当根据其所犯错误的程度给予批评教育或者纪律处分，并将处分情况通知学生家长。受处分学生已改正错误的，要及时撤销其处分。

第五章　队伍建设与管理

第二十八条　中小学教师是学校德育工作的基本力量。学校党组织的负责人、主管德育工作的行政人员、思想品德课和思想政治课教师、班主任、共青团团委书记和少先队大队辅导员是中小学校德育工作的骨干力量。中小学德育工作者要注重德育的科学研究，各级教育行政部门要努力培养造就中小学德育专家、德育特级教师和高级教师，要创造条件不断提高思想品德课和思想政治课教师的教学水平。

第二十九条　中小学教师要认真遵守《中小学教师职业道德规范》，爱岗敬业，依法执教，热爱学生，尊重家长，严谨治学，团结协作，廉洁从教，为人师表。

第三十条　中小学校思想品德课和思想政治课教师除应具备国家法定的教师资格外，还应具有一定的马克思主义理论修养，较丰富的社会科学知识和从事德育工作的能力。

第三十一条　各级教师进修学校和中小学教师培训机构要承担培养、培训思想品德课和思想政治课教师的任务。

第三十二条　中小学校要建立、健全中小学班主任的聘任、培训、考核、评优制度。各级教育行政部门对长期从事班主任工作的教师应当给予奖励。

第三十三条　思想品德课和思想政治课教师及其他专职从事德育工作的教师应当按教师系列评聘教师职务。中小学教师职务评聘工作的政策要有利于加强学校的德育工作，要有利于鼓励教师教书育人。在评定职称、职级时，教师担任班主任工作的实绩应作为重要条件予以考虑。各级教育行政部门对做出突出成绩的思想品德课和思想政治课教师应当给予表彰。

第三十四条　中小学校全体教师、职工都有培养学生良好品德的责任。学校要明确规定教师、职工通过教学、管理、服务工作对学生进行品德教育的职责和要求，并认真核查落实。

第六章　物质保证

第三十五条　各级教育行政部门和中小学校要为开展德育工作提供经费保证。

第三十六条　各级教育行政部门和学校要不断完善、优化教育手段，提供德育工作所必需的场所、设施，建立德育资料库。中小学校要为思想品德课和思想政治课教师订阅必备的教学参考书、报纸杂志，努力配齐教学仪器设备。

第三十七条　中小学校应在校园内适当位置设立旗台、旗杆，张贴中小学生守则和中小学生日常行为规范。教室内要挂国旗。校园环境建设要有利于陶冶学生的情操，培养良好的文明行为。

第三十八条　各级教育行政部门应当会同有关部门，结合当地的实际情况和特点，建立中小学生德育基地，为学生社会实践活动提供场所。

第七章　学校、家庭与社会

第三十九条　中小学校要通过建立家长委员会、开办家长学校、家长接待日、家长会、家庭访问等方式帮助家长树立正确的教育思想，改进教育方法，提高家庭教育水平。

各级教育行政部门要利用报刊、广播电台、电视台等大众传媒大力普及家庭教育的科学常识；要与工会、妇联组织密切合作，落实《家长教育行为规范》。

第四十条　各级教育行政部门和学校要积极争取、鼓励社会各界和各方面人士以各种方式对中小学德育工作提供支持，充分利用社会上各种适宜教育的场所，开展有益于学生身心健康的活动；引导大众传媒为中小学生提供有益的精神文明作品；积极参与建立社区教育委员会的工作，优化社区育人环境。

第八章　附　则

第四十一条　本规程自 1998 年 4 月 1 日起实行。

国家教委 1998 年 3 月 16 日颁发（教基〔1998〕4 号）

附 2：小学德育纲要

小学德育即学校对小学生进行思想品德教育。它是属于共产主义思想道德教育体系，是社会主义精神文明建设的奠基工程，是我国学校社会主义性质的一个标志。它贯穿于学校教育教学工作的全过程和学生日常生活的各个方面，渗透在智育、体育、美育和劳动教育之中，与其他各育互相促进、相辅相成，对促进学生的全面发展，保证人才培养的正确方向，起着主导作用。

培养目标

培养学生初步具有爱祖国、爱人民、爱劳动、爱科学、爱社会主义的思想感情和良好品德；遵守社会公德的意识和文明行为习惯；良好的意志、品格和活泼开朗的性格；自己管理自己、帮助别人、为集体服务和辨别是非的能力，为使他们成为德、智、体全面发展的社会主义事业的建设者和接班人，打下初步的思想品德基础。

基本内容和要求

小学德育主要是向学生进行以"爱祖国、爱人民、爱劳动、爱科学、爱社会主义"为基本内容的社会公德教育和有关的社会常识教育（包括必要的生活常识、浅显的政治常识以及同小学生有关的法律常识），着重培养和训练学生良好的道德品质和文明行为习惯，教育学生心中有他人，心中有集体，心中有人民，心中有祖国。

一、热爱祖国的教育

教育学生知道自己是中国人，尊敬国旗、国徽，认识祖国版图，会唱国歌；初步了解家乡的特产、名胜古迹、著名人物，祖国山河壮丽、历史悠久、灿烂文化和社会主义建设的伟大成就以及改革开放带来的巨大变化，培养热爱家乡、热爱祖国、热爱社会主义的感情和民族自尊心、自豪感；知道历史上中华民族曾遭受帝国主义的欺辱和进行的英勇反抗，我国与世界发达国家的经济水平还有很大差距，社会主义现代化建设还会遇到很多困难，逐步树立长大为建设家乡、振兴中华做贡献的理想；知道我国是一个多民族的国家，各族人民要互相尊重、平等相待，完成祖国统一大业是各族人民的共同心愿；逐步懂得"祖国利益高于一切"，爱护国家财产，立志保卫祖国，热爱和平，反对侵略战争。

二、热爱中国共产党的教育

教育学生知道中国共产党领导人民进行革命斗争，建立了新中国，现在领导人民进行社会主义现代化建设，使学生懂得幸福生活是中国共产党领导人民取得的；学习老一辈无产阶级革命家和优秀共产党员英勇奋斗、艰苦创业、大公无私、坚持真理、全心全意为人民等高尚品质，培养热爱中国共产党的感情；知道共产党是中国少年先锋队的创建者和领导者，少先队员要接受党的教育，做党的好孩子。

三、热爱人民的教育

教育学生知道我国劳动人民在旧社会受剥削、受压迫，新社会人民是国家的主人，各族人民共同建设我们的国家；知道我国人民创造了中华文明，了解我国人民勤劳勇敢、自强不息、不畏强暴、热爱和平等传统美德，培养热爱人民的感情；要尊重各行各业的劳动者，向先进人物学习，初步培养为人民服务的思想；要孝敬父母、尊敬师长、尊老爱幼、友爱同学、同情和帮助残疾人、助人为乐、与各族少年儿童、外国小朋友友好相处。

四、热爱集体的教育

教育学生知道自己是集体中的一员，要热爱集体、关心集体，培养集体意识和为集体服务的能力；服从集体决定，遵守纪律，努力完成集体交给的任务，珍惜集体荣誉，为集体争光；在集体中团结、谦让、互助、合作，关心他人，积极参加集体活动，学习做集体的小主人。

五、热爱劳动、艰苦奋斗的教育

教育学生懂得劳动光荣，懒惰可耻，祖国建设离不开各行各业的劳动，幸福生活靠劳动创造；要热爱劳动，参加力所能及的自我服务劳动、家务劳动、公益劳动和简单的生产劳动，掌握一些简单的劳动技能，培养劳动习惯，爱护公物，勤俭节约，珍惜劳动成果；学习老一辈艰苦创业的优良传统，初步培养吃苦耐劳、艰苦奋斗的精神。

六、努力学习、热爱科学的教育

教育学生知道学习是学生的主要任务，是公民的义务；初步懂得建设祖国、保卫祖国离不开文化科学知识，从小把自己的学习与实现社会主义现代化理想联系起来，启发学生的学习兴趣和求知欲望；培养勤学好问、刻苦努力、专心踏实、认真仔细的学习态度和良好的学习习惯；热爱科学，相信科学，反对迷信，不参加封建迷信活动。

七、文明礼貌、遵守纪律的教育

教育学生关心、爱护、尊重他人，对人热情有礼貌，说话文明，会用礼貌用语，不打架，不骂人；初步掌握在家庭、学校、社会上待人接物的日常生活礼节；遵守学校纪律和公共秩序；讲究个人卫生，保持环境整洁；爱护公用设施、文物古迹，爱护花草、树木，保护有益动物。

八、民主与法制观念的启蒙教育

教育学生懂得在集体中要平等待人，有事和大家商量，少数服从多数，个人服从集体；在少先队组织里学习开展批评与自我批评，行使少先队员的权利，学习过民主生活。知道国家有法律；法律是保护人民利益的，公民要知法、守法，学习和遵守《中华人民共和国交通管理规则》、《中华人民共和国治安管理处罚条例》、《中华人民共和国道路交通管理条例》、《中华人民共和国义务教育法》和《中华人民共和国未成年人保护法》等法规中与小学生生活有关的规定。

九、良好的意志、品格教育

教育学生要诚实、正直、谦虚、宽厚、有同情心、活泼、开朗、勇敢、坚强、有毅力、不怕困难、不任性、惜时守信、认真负责、自尊自爱、积极进取。

十、辩证唯物主义观点的启蒙教育

引导学生学习怎样正确看待周围的事物；初步学习全面地发展地看待问题的方法。

实施途径

学校实施德育必须充分发挥校内、校外各教育途径的作用，互相配合，形成合力，创设良好的教育环境，共同完成德育任务。

一、各科教学

各科教学是向学生进行思想品德教育最经常的途径。思想品德课是向学生比较系统地进行思想品德教育的一门重要课程。任课教师要以思想品德课教学大纲和教材为依据，运用教材联系学生实际，着重培养学生的道德情感，提高学生的道德认识和道德判断能力，以指导他们的行为。其他各科教学对培养学生良好的思想品德素质具有重要作用。任课教师要在全部教学活动中，注意培养学生良好的学习态度、学习习惯和良好的意志品格，促使学生养成文明行为习惯；要根据各科教学大纲中关于思想品德教育的要求和教材中的教育因素，按各科自身的教学特点，自觉地、有机地在课堂教学中渗透思想品德教育。

语文教学要贯彻文道统一的原则，将语言文字的训练、句段篇章的学习与思想品德教育统一于教学过程之中，利用课文内容中丰富的思想品德教育因素，充分发挥感染、陶冶作用，使学生受到教育。

数学教学最易于渗透辩证唯物主义观点的启蒙教育，并要通过数学训练，培养学生认真严谨、一丝不苟的学习态度和积极思维的良好习惯。历史教学最易于具体、形象、生动地对学生进行热爱祖国、热爱中国共产党、热爱社会主义的教育。要通过教学，帮助学生了解中国古代科学技术、文化艺术方面的一些重大成就和对人类的杰出贡献；知道近代史上帝国主义列强野蛮侵略我国的主要罪行以及中国人民受欺凌的主要史实；知道中国人民抵御外侮、捍卫中华的重大斗争和一些仁人志士、革命先烈的事迹；知道中国人民在中国共产党的领导下，为建立新中国英勇奋斗的主要史实和社会主义建设的重大成就。教育学生学习中华民族的光荣传统和中国共产党的革命传统，激发他们的爱国情感，增强民族自尊心和自豪感。地理常识教学易于具体、形象地对学生进行国情教育。要通过教学帮助学生初步了解我国和家乡的自然环境和建设成就，激发爱祖国、爱家乡的感情；初步了解我国和家乡的主要资源及其利用状况，初步认识合理利用资源和保护环境的重要；初步了解我国和家乡的人口数量和发展状况；初步懂得控制人口的重要性；初步了解我国是一个统一的多民族的国家，各族人民一律平等，要共同维护祖国统一。

自然常识教学要在讲授自然常识的同时对学生进行热爱科学、反对迷信的教育，培养学生尊重科学、相信科学的精神和学科学、用科学的志趣及能力。

音乐、美术教学要充分发挥艺术教育寓教于乐、生动形象、感人的优势，向学生展示中华民族的优秀艺术传统，培养健康的审美情趣，陶冶情操，增强学生的民族自豪感，激发热爱祖国、热爱中国共产党的感情。

体育教学要在体育技能技巧训练的同时，培养学生良好的卫生习惯和锻炼身体的习惯以及朝气蓬勃、不怕困难、勇敢顽强的精神。并通过体育活动进行集体主义教育，培养集体荣誉感，组织纪律性和合作精神。

劳动教学要把传授劳动知识技能与培养良好的劳动习惯结合起来，通过劳动实践活动，培养学生热爱劳动的思想、吃苦耐劳的精神、珍惜劳动成果的感情和对工作的责任心，养成劳动习惯。

二、校级、班级工作和各种教育活动

校级教育是由学校组织的，结合学校实际，面向全校学生进行的教育工作。学校校长和有关负责人是校级教育工作的组织者和领导者。要认真贯彻本《纲要》、《小学生守则》、《小学生日常行为规范》，建立每周一次的升国旗仪式和每天升降国旗，时事政策教育，利用重大节日、纪念日举行全校性传统教育活动，定期举行主题校会等制度；要开辟教育陈列室，悬挂中国、世界地图和中外名人画像，并通过加强日常管理，建立整洁优美的校容、校貌，创设良好的教育环境，形成良好的校风，创设良好的教育环境。

班级教育是向全班学生进行经常性的思想品德教育和组织管理工作。班主任是班级教育工作的组织者和领导者。要全面了解学生、组织培养班集体，开展各种教育活动，加强班级管理，深入细致地做好个别学生的教育工作，建立和形成良好的班风；协调班级各方面的教育力量，保持教育的一致性。其他各科教师也要给予积极配合。

学校和班级要积极组织丰富多彩的适合小学生年龄特点的教育活动和劳动、社会实践活动，寓思想品德教育于活动之中。要依靠校内外的力量，组织各种兴趣小组，丰富学生的课余生活，培养和发展学生健康的兴趣爱好；要通过参观、访问、劳动、社会调查等活动，扩大学生的视野，帮助他们了解和认识社会；还应重视社会环境和社会信息对学生的影响，选择有益于学生身心健康的书籍、影视、文娱节目等，对学生进行生动、形象的思想品德教育，抵制各种不良影响。

三、少先队教育

少先队教育要按照队章的要求，加强队的组织教育，充分发挥其组织作用。要运用其特有的教育手段，通过队员当家作主的集体生活和丰富多彩的活动来进行。

少先队工作要与学校教育紧密配合，少先队辅导员是少先队工作的指导者，要充分发挥少先队员的积极性、主动性、创造性。

四、家长教育和校外教育

实施教育，学校教育与家庭教育、社会教育要密切配合，学校应起主导作用。学校要指导家庭教育，帮助家长端正教育思想，改进教育方法，提高家庭教育水平。学校和教师要通过家长委员会、"家长学校"、家访、家长会等形式了解家长对子女进行教育的情况，向家长通报学校的教育要求，宣传和普及教育子女的知识，推广家长教育子女的成功经验，促使家庭教育与学校教育协调一致。

校外教育中的思想品德教育是学校教育的重要补充和扩展。学校和教师要主动和少年宫（家）、儿童少年活动中心、文化馆、科技馆、图书馆、纪念馆、业余体校等校外教育单位建立联系，充分利用这些专用场所和教育设施，组织学生参加各种活动，在活动中接受教育。

学校和教师还应重视与革命老前辈、战斗英雄、劳动模范、科学家、企业家等建立联系，发挥他们对学生的榜样教育作用。还要争取关心下一代协会和机关、团体、部队、企事业、街道、乡镇等单位的支持，开辟教育活动场所，共同创造良好的育人环境，提倡全社会关心下一代健康成长的新风尚。

教育原则

一、坚持正确的政治方向

要坚持以马克思主义、毛泽东思想和党在社会主义初级阶段的基本路线为指导，遵照国家对小学生思想品德素质的基本要求，对学生进行思想品德教育，反对和抵制资本主义和封建主义腐朽思想的影响。

二、热爱学生、了解学生

要热爱学生，以对祖国未来和对学生负责的态度，满腔热情地爱护并全面关心每一个学生，要信任和尊重学生，对缺点较多和有特殊情况的学生，更要亲近和帮助他们，切忌偏见和偏爱。要了解不同年级的学生的年龄特点；了解他们的思想品德状况和日常行为表现；了解社会和家庭环境变化给他们带来的影响；了解每个学生的性格和兴趣爱好等，有的放矢地进行教育。

三、加强针对性

要根据小学生的年龄特点，遵循小学生生理心理发展的基本规律，运用生动感人的题材和形象化的方式对学生进行教育，不要给他们讲空洞的大道理和难以理解的政治概念，防止成人化；要针对不同年级学生的知识水平和理解能力，分清层次，由浅入深，由近及远，从具体到抽象，循环反复，不断加深；要针对不同地区的实际情况，学生的思想品德实际以及个性差异，提出不同的要求，采用不同的教育方法，坚持因材施教，避免一般化。

四、坚持正面教育

要对学生进行耐心细致的正面教育，坚持正面启发，积极诱导，使学生掌握正确的道德认识和道德行为标准，调动学生的积极因素；对缺点较多的学生更要鼓励他们积极向上，坚持以表扬为主；对学生的缺点和错误要给予批评并指出努力方向，但要注意防止简单粗暴，严禁体罚和变相体罚。

五、提高道德认识和行为训练相结合

在教育过程中，既要重视正面灌输，提高学生的道德认识，使他们懂得一些浅显的道理，同时也要相应提出一些合理、适度、具体、明确的行为要求，进行严格的管理和行为训练，引导他们在道德行为实践中逐渐加深认识，养成良好的行为习惯。

六、集体教育与个别教育相结合

学生集体既是教育的对象，又是教育的手段。良好的集体是一种巨大的教育力量。教育者要重视培养学生集体，通过开展集体活动，建立正确的集体舆论，形成良好的风气和传统，发挥集体的教育作用。要调动每个学生的积极性，同时还要针对学生的不同情况进行个别指导，促使其个性在集体中得到充分发展，并初步培养他们自己教育自己的能力。

七、言传身教，为人师表

对学生进行思想品德教育是每一位教师的责任。全体教职员工都要树立教书育人的思想，把言传身教和教书育人结合起来。小学生模仿性强，只有以身作则，才能使教师的言教发挥更大的教育作用，才能使学生从教师的形象中感受到所学的道德准则可信，从而激励他们积极行动。

八、保持教育的连续性和一致性

学生思想品德的形成和发展，是长时间多方面教育影响的结果。学校内各年级的教育要注意承上启下，互相衔接；各条教育途径之间要互相联系，协调一致。

学生品德评定

品德评定是德育过程的一个重要环节，它包括操行评定和思想品德课两个方面。

操行评定每学期进行一次，应根据本《纲要》及《小学生守则》、《小学生日常行为规范》的要求，经过学生个人、集体和教师（包括班主任和各科教师）评定（含校外表现），最后由班主任写出评语，记入学生成绩册，通知本人和家长，并作为评选"三好"学生、升级、升学的依据之一。

思想品德课考核，应依据教学大纲和教材，着重考查学生的道德认识，考核成绩列入成绩册。

管理工作

一、校长对德育工作负有领导责任。校长不但要精通教学业务，而且要熟悉德育规律。要把学校德育状况作为考核校长工作的重要方面。学校在校长领导下，还要有人具体管理德育工作。校长要充分发挥德育骨干力量的作用，领导协调校内各条教育途径的工作，指导全体教职工言传身教，教书育人；指导家庭教育，争取社会有关力量的支持。

二、小学学区党支部要发挥政治核心作用，要加强组织建设和思想建设，健全党组织生活制度，充分发挥党支部的战斗堡垒作用和党、团员在学校德育工作中的模范带头作用。要切实加强对全体教职工的思想政治工作，充分调动他们的积极性，发挥共青团和工会的组织作用。

三、全体教职员工都是德育工作者，要在各自的岗位上做好德育工作。学校要把教书育人、管理育人、服务育人分别列入教职员工岗位职责范围内，并作为评估教师工作、评聘教师职务、表彰奖励和晋级的重要依据之一。

四、小学党支部书记、主管德育工作的校长、教导主任、少先队辅导员、思想品德课教师和班主任是学校德育工作的骨干力量，要建立培训制度，不断提高他们的思想业务水平。

五、学校应根据本校实际情况建立德育管理制度。每学期都要做到有目标、有计划、有指导、有检查、有总结，及时交流和推广先进经验，解决工作中的困难和问题。

《纲要》实施本《纲要》是小学德育工作的指导性文件。它是学校实施德育的依据，是家庭和社会配合学校对学生进行思想品德教育的依据，也是各级教育行政部门对小学德育督导和评估的依据。必须认真贯彻执行。

一、从实际出发。鉴于我国幅员广阔，各地情况差异较大，各级教育行政部门和学校，可根据实际情况，制定实施细则；也可对《纲要》的教育内容和要求进行分解，使之成为适合于不同年级段，各有侧重的系列，并可补充一些乡土教育内容。学生品德评定的办法，各地可继续实验。

二、加强指导。各级教育行政部门要对各类小学实施《纲要》进行分类指导，确定专人负责，并把工作重点放在端正教育思想，培训骨干，提高班主任工作水平，总结交流经验等方面。

三、列入评估内容。教育行政部门和学校要把实施《纲要》的情况列入评估学校、考查教师的重要内容。作为评选先进的重要条件之一。成绩突出的思想品德课教师和教研员可评为高级教师，德育工作卓有成效的校长、教导主任和教师可获人民教师奖章。

四、争取有关部门配合。各级教育行政部门在贯彻执行《纲要》时，要注意协调好与共青团、妇联、文化、广播电影电视、司法等有关部门之间的关系和各项教育活动，共同做好工作。对于社会上损害小学生身心健康的不法行为，要与有关部门积极配合，依照法律严肃惩处。

五、开展德育科学实验和理论研究。要结合实施《纲要》积极开展德育科学实验，加强理论研究。要将科（教）单位、学校、教育行政三方面的力量组织起来，调查研究新情况、新问题，探索新时期小学德育工作的特点和规律；要遵循继承、发展改革、创新的原则，积极开展各种形式的学术讨论和理论研究活动，并对小学教育整体改革加以指导。

第七章　学生心理辅导技能

现在学生的心理问题越来越多，如何做好学生的心理辅导就成为迫切需要解决的问题。作为与学生接触最多的班主任如果能掌握一定的心理辅导方面的知识，那么在给学生做心理辅导时就会起到事半功倍的效果。

第一节　心理辅导的概念

一、心理健康

教育部《关于加强中小学心理健康教育的若干意见》指出："青少年正处在身心发展的重要时期，大多是独生子女，随着生理、心理的发育和发展，竞争压力的增大，社会阅历的扩展及思维方式的变化，在学习、生活、人际交往和自我意识等方面可能遇到或产生各种心理问题。有些问题如不能及时解决，将会对学生的健康成长产生不良的影响，严重的会使学生出现行为障碍或人格缺陷。"因此，正处于青少年阶段的中学生，其心理健康问题必须要引起我们的关注。那么，我们首先要解决一个问题：到底什么是心理健康，或者说，心理健康的标准是什么呢？

（一）心理健康的标准

心理健康是一个评价性的概念，反应的是个体或群体的一种生存状态。要评价或衡量个体或群体的这种状态处于什么水平，就需要一个标准，即心理健康的标准。

到底什么是心理健康呢？纵观国内外心理学家对心理健康的定义，不难发现他们都是从个性心理和社会心理的角度出发来研究心理健康。虽众说纷纭，但可以确定的是多数学者认为心理健康是个体能够正确认识自己和他人，能够充分发挥个人潜能，能够妥善处理和适应人与人之间关系，人与环境之间关系的一种状态。[①]

由于分类方法的不同，心理健康的标准也有好多种类型，在这里我们只选择比较具有代表性的一种类型。

美国人本主义心理学家马斯洛和米特尔曼在 20 世纪 50 年代初提出心理健

---

① 杨槐. 心理健康标准的思考［J］. 四川教育学院学报，2009（8）.

康者的 10 条标准，受到心理卫生界的普遍认可，并被广泛引用。这 10 条标准是：①充分的安全感。②充分了解自己，并能对自己的能力作恰当的评价。③生活的目标切合实际。④与现实环境保持接触。⑤能保持人格的完整与和谐。⑥具有从经验中学习的能力。⑦能保持良好的人际关系。⑧适度的情绪表达与控制。⑨在不违背社会规范的条件下，对个人的基本需要给予适当的满足。⑩在不违背集体意志的要求下，能作有限度的个性发挥。①

（二）中学生心理健康标准

当然，以上所说的标准是一般性的。中学生由于其年龄阶段和特殊的社会环境，具有其独有的群体性心理健康标准。天津市红桥区凤诚路中学的李伯仁老师在《天津教育》上发表过一篇文章，对此做了专门的论述，他提出了中学生心理健康的 10 条标准：

（1）能进行正常的学习工作和生活，并保持在一定的能力水平上。

（2）能与同学、老师和亲友保持良好的人际关系，与人为善，团结互助。

（3）情绪基本稳定，对事情反应敏捷，心境持久地处于轻松和愉快状态。

（4）行为符合社会群体要求，与中学生的角色身份相称。

（5）人格逐渐完善，能客观地评价个人及外界；意志坚强，言行一致。

（6）与大多数人的心理意向一致，热爱集体，有浓厚的社会交往欲。

（7）有良好的适应能力及对紧急事件的应变能力，耐挫能力强。

（8）有一定的安全感、信心和自主性，而不是逆反状态。

（9）心理符合其年龄水平。自居及定向能力强，个人理想与实现的可能性之间的距离是可望而又可即的。

（10）能适应快节奏的生活，能够高效率地学习，精力充沛，自我感觉良好。②

有了上述标准，就可以为我们在中学开展心理健康教育或心理辅导提供一个评价依据，有利于心理辅导工作的顺利展开。

二、心理辅导

心理辅导，属于心理咨询的范畴，通常在学校中开展的心理咨询活动，就可以称为心理辅导。具体地说，心理辅导是指学校中的心理健康老师（很多情况下由班主任兼任）依据学生的心理特点，针对"问题"学生表现出的心理问题，采取一系列的干预措施，最终使学生的心理问题得以疏解，并实现其身心健康发展的活动。

---

① 贾金玲，陈岩．大学生心理健康教育教程［M］．开封：河南大学出版社，2007：13.

② 李伯仁．中学生心理健康标准、行为特征及其教育引导［J］．天津教育，2000（4）.

（一）学生心理问题的表现

在学校心理辅导中，心理健康老师要发挥主导作用。这个作用的发挥有一个前提，就是老师必须要了解学生的心理特点，以及处在这一阶段的学生容易产生哪些心理问题。关于学生的心理特点，我们在本节开篇第一段已经提到，就不再赘述，下面简单阐述一下学生易产生的心理问题。

林崇德先生在其《要重视越来越多的学生心理问题》一文中，将中小学生心理问题的表现划分为三类：一是人际关系的紧张；二是学习所造成的压力；三是在"自我"方面出现问题。每一类又有细分，具体内容如下：

1. 心理健康问题表现在人际关系上

具体分为：①师生关系的问题；②亲子关系的问题；③同伴或同学关系的问题；④对异性的看法问题。这四个问题还可以再细分，只要某一个环节人际关系紧张，就会产生中小学生的心理健康问题。

2. 心理健康问题表现在学习上

具体分：①学习压力问题，并由此造成种种心理行为问题；②厌学问题，即厌学情绪突出；③学习困难问题；④学习障碍问题，甚至出现极个别的"学校恐惧症"。

3. 心理健康问题表现在"自我"上

具体分：①自我评价问题，过高或过低的评价会引发自尊心、自信心上的问题；②自我体验问题，由于体验的错误，往往出现自卑、焦虑或逆反心理；③自制力问题，因自我控制能力差，常常表现出耐挫力过弱。如果这三个方面问题联系在一起，则会造成心理行为的严重问题。①

（二）学校心理辅导的原则

了解了学生的心理特点及其心理问题的表现后，心理健康教师再开展心理辅导活动就有了科学的依据。但光有依据是不够的，开展心理辅导活动，应该坚持原则。林崇德先生在其《心理健康的教育原则》一文中为学校心理辅导活动提出了如下几条原则：

1. 坚持心理辅导的科学性

所谓心理辅导的科学性，主要有两层意思。一是要依据学校心理学的理论和方法；二是要尊重学生的客观心理事实。

2. 尊重与理解学生

教师在进行心理辅导时，必须尊重和理解学生。教师要把学生作为一个人、一个与自己平等的人来看待，做到完全地尊重他们。

要对学生进行心理辅导还必须理解学生。理解学生包括同情性理解、认识

---

① 林崇德. 要重视越来越多的学生心理问题 [J]. 思想政治课教学，2002（02）.

性理解两种。同情性理解是指教师要站在学生的角度，用当事的人眼睛去看，用当事人的耳朵去听，用当事人的心去体会，设身处地地理解他们的忧伤与痛苦。认识性理解是指了解学生的心理状况、心理行为问题的实质以及问题产生的原因，这样心理辅导才能做到有的放矢。

3. 预防、治疗和发展相结合

从一方面来看，心理辅导不仅仅针对有心理行为问题的学生，更重要的是促进每个学生最大限度地发展自己。从另一方面出发考虑，上策是预防而不是治疗。因此，在日常的心理辅导中既要坚持预防为主和使每个学生充分发展的原则，又要坚持一旦出现问题积极进行治疗的原则。

4. 全体与个别相结合

心理辅导作为学校教育的一部分，应该是面向全体学生，目的在于使每个学生的心理潜能得到充分发展；当然也同时预防各种心理异常和心理问题的发生。对于一般的日常心理辅导，可以采取面向全体的教育方式，而对于少数需要帮助的学生则宜采取个别辅导、咨询和治疗。

5. 助人自助，最终达到教育目的

心理辅导既然是教育，就必须坚持以教育为最终的、最高的目标，促进全体学生身心健康、全面发展。当然，开展心理辅导也是学校教育的一个环节，而心理辅导是指导学生自己解决问题，而不是替其解决问题。辅导的最终目的是助人自助，即帮助学生学会独立地解决自己面临的问题。[①]

三、心理辅导与思想政治教育工作的异同

关于心理辅导，前面我们已经有所论述。那么对于学校思想政治教育工作，大家可能并不陌生。因为现实中，思想政治教育工作较之心理辅导在学校中更受青睐，更被大家所接受。究其原因有心理辅导自身的局限性，更主要的是由中国的特殊国情所决定的。但随着心理科学自身的发展与完善，其社会影响力越来越大，也逐渐成为中学教育中不可或缺的一部分。那么，心理辅导与思想政治教育之间到底是怎样一种关系呢？二者能否在学校教育活动中有机地整合起来呢？

（一）心理辅导与思想政治教育工作的区别

前面我们已经给出了心理辅导的定义。而思想政治教育是旨在使受教育者形成一定的思想政治观念即政治观点、信念、世界观和道德观的社会活动。[②]

① 林崇德. 心理健康的教育原则 [J]. 思想政治课教学，2000（04）.

② 王克，曹世平. 论心理健康教育与思想政治教育的区别 [J]. 北京城市学院学报，2006（02）.

二者的区别表现在以下几个方面：①

1. 理论基础不同

心理辅导属于应用心理学的范畴，其理论基础是人格心理学、情绪心理学、发展心理学、变态心理学、普通心理学以及心理咨询和心理治疗等心理学理论。而思想政治教育属于社会意识形态的范畴，现阶段的思想政治教育工作以马克思列宁主义、毛泽东思想、中国特色社会主义理论为基础。

2. 工作侧重点不同

心理辅导工作的侧重点在于心理层面的问题，主要是帮助学生对自己与环境有一个正确的认识，促进其人格健康、协调发展。而思想政治教育工作的侧重点不在于个体的心理层面，而在于个体的思想意识层面，在于帮助个体形成正确的世界观、人生观和价值观，在某种程度上，思想政治教育工作是一种价值的指导。

3. 工作方法不同

在心理辅导中，辅导老师一般处于被动地位，不主动出击，而是直接面对来访者心理问题进行处置。而在思想政治教育工作中，教育工作者常常采取主动，通过各种方式对受教育者施加影响，并努力促使受教育者的思想、行为发生方向性的转变。

4. 工作内容不同

心理辅导工作的内容十分广泛，其以心理咨询为主要方式，可分为发展咨询与健康咨询两大类。发展咨询可以帮助学生挖掘心理潜力，提高自我认识的能力；健康咨询的对象是那些自我感觉心理不够健康的人。而思想政治教育工作的内容包括马克思主义理论教育；政治观点、政治信仰、政治态度教育；科学的世界观、人生观、价值观教育；高尚的道德情操教育以及能力培养的教育等等。

5. 对心理辅导工作者与思想政治教育工作者的要求侧重不同

心理辅导工作者要具有必要的心理学理论基础知识并能将其用于具体实践之中；要遵守职业道德，要有健康的心理态度，必须始终保持中立的立场等。而思想政治教育工作者首先要有坚定的政治思想素质，必须始终和党中央保持一致；要有精湛的业务素质；要有高尚的道德素质；要有健康的心理素质等等。

（二）心理辅导与思想政治教育工作的整合

1. 心理辅导与思想政治教育工作的联系性

---

① 孙丽艳．试论心理健康教育与思想政治教育之关系［J］．辽宁农业职业技术学院学报，2009（03）．

心理辅导与思想政治教育工作是有联系的，具有整合的可能性。

二者的联系表现在以下几个方面①：

（1）从属性上看，二者都属于意识形态的范畴；

（2）从思想政治教育的内部结构看，心理健康教育是思想政治教育的核心因素；

（3）二者的目标是一致的，都是为了促进学生健康、全面地发展；

（4）二者的形成过程具有统一性，个体思想品德形成发展过程，在某种程度上也可以说是个体人格的完善过程。

2. 心理辅导与思想政治教育工作相结合的意义

在学校教育工作中把心理辅导与思想政治教育工作相结合具有重大意义，表现在以下几个方面：

（1）丰富了思想政治教育观的内涵；

（2）拓宽了传统思想政治教育的渠道；

（3）充实了思想政治教育的内容；

（4）有利于提高思想政治教育的效果。②

在实际的学校教育工作中，要把心理辅导与思想政治教育工作有机结合起来，并不是一件特别容易的事情，涉及到教育工作者对教育政策的解读方式、思想意识的转变、教学利益的取舍等方面，因此需要教育工作者克服困难，逐步探索，最终得以实现。

第二节　心理辅导的功能

一、发展功能

纵观人类对心理健康的关注，大体上经历了从"心理治疗"到"心理咨询"再到"心理健康教育"这样三个阶段。在初级中学阶段我们侧重关注第三阶段即"心理健康教育"阶段。在此阶段心理辅导的两项最主要的功能就是心理发展和心理补救功能，其中心理发展是学校心理辅导的根本。美国著名心理学家埃里克森（E. Erickson）在 20 世纪 50 年代就提出了以"帮助学生最佳发展，努力排除正常发展障碍"为目标的心理发展观。③

心理辅导的心理发展功能主要是指学校教育工作者或心理辅导人员在了解

---

① ②　李文安．论心理健康教育与思想政治教育的结合［J］．教育探索，2001（02）．

③　刘文．心理健康教育的两种基本功能［J］．辽宁教育行政学院学报，2003（11）．

个体心理发展一般规律的基础上，针对学生在不同阶段所面临的任务、矛盾和个别差异，施以一定的教育和辅导，促使其矛盾妥善解决、心理潜能充分发挥、个性品质和谐发展，从而促进其身心健康顺利发展的功能。国家教委提出的学校教育应该实现由"应试教育"向"素质教育"转变，其中心理素质的发展提高正是整体素质提高的基础。

心理发展功能主要体现在：增强应付技能，发展健全人格，提高适应环境的能力。首先，就如同对疾病我们要具有一定的防御能力一样，要想在纷繁复杂、压力和挫折的生活与学习环境中保持健康的心理和愉快的心情，一个人也必须有一定的处理压力和挫折、处理各种生活事件的技能，学会调节和控制自己的情绪。成功的应付技能可以使人有效而积极地面对心理压力，帮助人重新恢复心理平衡，提高对环境的适应能力，而不成功的应付技能则会使人长时间停留于压力的状态，不断消耗自身潜在的能量甚至产生心理异常。其次，正确认识自我与他人，培养自信心，发展健全人格。许多心理学的研究和现实的事例都雄辩地证明了自信心对一个人生活和事业的重要性：只有有了自信心，个体才能全身心地投入自己的工作，最大限度地发挥自己的能力；也只有有了自信心，才能时刻不怕困难，勇于战胜困难。同时，研究也发现，自信的人活泼、坦诚、大度、无忧虑，更能适应环境，从而得以发展健全的人格。最后，创设有利发展的心理环境，使学生的潜能得以充分发挥。

二、补救功能

心理补救是心理辅导的基础，所谓补救，是在预防无效的情况下所采取的措施。心理补救功能是指心理发展功能失效的情况下，由心理健康教育工作人员运用心理学的原理和方法对学生在学习、生活中出现的问题给予直接的指导、帮助并对有关的心理障碍或轻微的精神疾患进行诊断、矫治的功能。① 因此，正确认识心理补救功能，首先，需要了解心理健康与心理异常的关系。从总体上说："正常"和"异常"之间并无明确的界限，其差别大多只是在量的方面。在学校情境中，心理异常者的基本行为动机并无异于常人，其所用的适应方式一般人偶尔也可能采用，只是心理异常者的反应往往过于夸张，异常反应较为频繁而已。心理异常是可以诊治的，但是在学校情境中，对心理障碍或精神疾患的诊治会受诸多条件的限制，较为严重的心理障碍或重性精神病，如精神分裂症、人格障碍等，多是学校的心理健康教育方面力所不能及的。因此，我们在心理补救功能的定义中加上了"有关的"和"轻微的"这样的限定词。心理补救功能主体体现在：使在生活中有烦恼、有明显的心理矛盾和冲突的学生，使心理困扰的学生减轻心理压力、改善适应能力。例如，使刚进入

---

① 刘文 . 心理健康教育的两种基本功能［J］. 辽宁教育行政学院学报，2003（11）.

中学，因学习方法不适应、成绩下降而产生焦虑症状的学生，使离开父母、生活难以自理而苦恼的学生，使过度自卑、自我封闭、人际关系不良的学生走出心理误区，使其学习与生活步入良性循环；对心理偏常的学生（在认知、情感、意志、行为等方面存在障碍或存在一定的心理疾病症状的学生）进行诊断与鉴别，并进行相应的调整和矫正，帮助他们克服心理障碍。①

心理辅导的这两种基本功能之间是一种既相互区别又相互联系的关系。心理发展功能与心理补救功能都希望通过心理健康教育人员与学生之间的互动，达到学生健康成长的目的，两种功能的实现都注重建立师生间良好的人际关系，这是帮助学生成长的必要条件。两者的区别表现为：首先，实现心理发展功能的工作对象主要是全体学生，而实现心理补救功能的工作对象主要是心理上处于危机状态的学生以及有轻微心理障碍的学生。其次，从两种功能实现的教育方式来看，虽然两者都可采用个别与团体方式来进行教育，但由于心理发展功能关注的是全体学生，它更多的要采用团体或集体教育形式，而心理补救主要针对个别学生，更多采用个别方式进行辅导、咨询或治疗。再次，从实现功能的目标上看，要实现心理发展功能，其着眼点在于青少年学生的整体人格和整体发展；而实现心理补救功能更重视具体的目标，重视在对现有问题分析的基础上，促进青少年学生的改变，使他们恢复心理健康。

同时，我们要给予心理发展和心理补救以准确的定位，在具体的运作中我们要做到两者并重，相互融合，且以发展为主。心理发展与心理补救是学校心理健康教育的两种不同方面上的功能，两者相辅相成，共同为青少年的心理健康发挥作用。因此，心理健康教育既要关注全体学生的发展，又不能忽视个别学生心理问题的防治，强调心理发展与心理补救并重，这比起单纯的心理问题的防治与矫正，是一个质的飞跃。"心理辅导与治疗往往留意那些问题学生，忽略了大多数学生的成长。心理辅导首先要关注的是学生的心理发展，协助学生学会接纳、适应、交往等，给学生以全面的心理支持，其次才是帮助学生面对生活中的困难和成长中的危机。"因此，根据学生的心理发展给予必要的帮助，使学生积极地建设自己良好的心理品质，应该是心理健康教育主要的任务。"心理发展是心理健康教育的主要目标，也是实施素质教育的目标。中学阶段是人生发展的最佳时期，尤其是学生的心理发展将使学生终身受益，也是学生可持续发展的动力源泉。"可见，促进学生的心理发展，开发潜能，应该是心理健康教育的根本功能。②

---

① 刘文. 心理健康教育的两种基本功能 [J]. 辽宁教育行政学院学报, 2003（11）.
② 赵雪江. 发展与补救——心理健康教育两种基本功能的历史回溯与现实确认 [J]. 辽宁教育研究, 2004（09）.

三、德育功能

不可否认，心理健康教育与德育是两种内容不同、学科不同的教育。但是从培养学生健康的心理素质和道德品质的教育目的来看，两种教育又是相互关联、相互补充，互为基础的。道德意识、道德情感、道德意志的培养，必须建立在正常健康的心理之上。学生们的良好心理素质的培养及社会适应性的提高，也依赖于思想道德。缺乏德育提供的理论思想，就难以从思想意识方面帮助学生提高社会适应能力，培养应对各种复杂关系的健康心态。心理健康教育包含的德育功能有：①

1. 心理辅导对德育的渗透和补充功能

心理问题与思想问题是你中有我，我中有你的统一体。思想的发展变化要受心理的影响和制约，而心理活动的方向又受思想的支配。人的思想问题的产生，除了认识问题、道德问题和实际问题等原因外，还可能是由心理问题所引起。所以，人的某些思想问题可以通过心理健康教育来解决，从而间接地达到思想、政治和道德教育所要达到的效果。同样学生的心理问题的产生，除了心理障碍外，还有可能是由观念问题所引起的，所以有些心理问题也可以通过世界观、人生观和价值观的教育得以化解。② 同时心理健康教育对德育也有着补充的功能。在人的意识结构中，心理层面处于相对较低层次的位置，而思想观念层面则处于较高层次的位置，然而两者之间并没有截然的区别，而是递进、互为影响的关系。较高层次的思想观念、政治觉悟、道德修养往往建立在健康心理的基础上，而健康心理的形成和发展亦受良好的思想政治道德诸品质的导引，两者互为制约、相互作用，彼此从对方那里获益或受损。③

2. 指导功能

①在对象的研究上，心理辅导为德育提供了客观基础，使德育工作更具有针对性。②在方法上，心理辅导为德育提供理论基础。

3. 调节功能

①克服意义障碍。所谓学生的意义障碍是指由于学生的某些思想或心理因素的存在，使其对道德要求和意义的理解受到阻碍，从而对教育目的要求、措施手段等表现出不同程度的消极态度和消极行为。采取心理咨询中的一些方法，如疏泄、暗示、角色变换等方法，可以有效地克服意义障碍。②建立良好的心境。心理辅导能有效地改善学生的不良心境，指导他们采用自我暗示、适

① 张继文．高校心理健康教育的德育功能及实现途径［D］．西南师范大学，2001.
② 鲁赛平．心理健康教育在高校德育中的定位研究［D］．长沙理工大学，2008.
③ 马建青．高校心理咨询与德育结合的前景探讨［J］．江苏高教，1997（01）．

当发泄、转移注意等方法来调节自己的心境，以达到人格发展与环境和谐统一。①

第三节 心理辅导的工作程序

心理咨询一词，既表示一门学科，既咨询心理学，也可以表示一种心理技术工作，即心理咨询服务，作为一种技术与服务的心理咨询，其含义是：运用心理学的理论和技术，借助语言、文字等媒介，与咨询对象建立一定的人际关系，进行信息交流，帮助咨询对象消除心理问题与障碍，增进心理健康，发挥自身潜能，有效适应社会生活环境的过程。学校中的心理辅导是学校教育者根据学生心理发展的特征与规律，在一种新型的建设性的人际关系中，有关专业人员运用心理学等专业知识技能，设计与组织各种教育性活动，以帮助学生形成良好的心理素质，充分发挥个人潜能，进一步提高心理健康水平的过程。必须说明的是，上述的概念都是狭义的，而在实际开展学校心理健康教育的活动中，这些概念的使用不仅有很大程度的交替和重叠，而且多数时候都是在广泛意义上使用某个概念，如心理辅导，就可能包括所有的咨询、辅导和治疗在内。②

目前我国学校心理咨询中一次性咨询较多，长期咨询占的比例较小，但是一个完整有效的咨询过程无论咨询时间的长短，无论咨询员持何种理论，必然包含一些基本的咨询阶段。这些基本阶段，虽然国内外不同咨询心理学家提法各异，而且具体到每个咨询员身上，侧重点也不同，但一般都包括一些共同的阶段，这些阶段如下。③

一、信息收集阶段

信息收集阶段的主要任务是：广泛和深入地收集与当事人问题有关的资料，并与当事人建立初步的信任关系。此阶段的主要步骤和要求有：

（一）当来访者登门的时候，咨询人员应热情而自然地对他们表示欢迎，请他们入座

这是咨询过程的第一步，也是贯穿整个咨询过程的一个极为重要的问题，

---

① 唐松林.论心理咨询与德育的关系［J］.高等教育研究，1999（02）.

② 心理咨询、心理辅导与心理治疗的区别与联系.http：//www.psy8.com/wz＿v1＿1145.aspx

③ 欧阳辉，张澜，闫华.大学生心理健康教育与咨询［M］.沈阳：沈阳出版社，2005：236.

咨询的各个阶段对此都不可掉以轻心。心理咨询在我国尚处在初级阶段，有的来访者并不了解咨询的性质、特点和原则，有的人害怕让别人知道，以免造成他人对自己的偏见。因此，初次来访者经常有疑虑，面对这一类来访者，咨询人员首先就要解除他们心中的疑虑。

咨询人员对来访者要热情和自然，让他们精神放松，并向对方简要介绍心理咨询的性质和原则，特别要讲明尊重其隐私权的保密性原则，要告诉他们在这里对自己的心理问题可以畅所欲言，所谈的内容不会向其他人泄露，对于他们心理上的困难，咨询员会尽力给予帮助。

咨询者的简要说明及自然热情的态度，有助于消除初次见面的陌生感，使来访者的紧张情绪得以松弛。咨询双方信任关系的建立对咨询成败有着重要影响。[①]

（二）通过来访者的自述，了解他们存在的问题

这时应注意两个方面：一是来访者的基本情况；二是来访者存在的心理问题：基本情况包括性别、年龄、年级、家庭及其生活的社会文化背景。如果来访者不愿透露姓名，咨询人员也不必追问，这样可以使来访者彻底打消顾虑。了解基本情况有助于分析当事人的心理问题产生的社会背景。了解来访者存在的问题，包括弄清他们当前究竟被什么问题所困扰，问题的严重程度如何，问题的持续时间有多久，问题产生的原因是什么，他本人对此有无明确的意识。

（三）在信息的收集阶段，咨询员要注意倾听对方的谈话，不要随意打断其话头，扰乱对方的思路

咨询员的倾听并非完全被动，也需要对来访者的讲述给予适当的引导，尤其是对那些思路很乱或不善表达的当事人，要在谈话的重点、及时化、条理化等方面给予引导。不过，咨询员的提问也不宜做连珠炮式的连续发问，不给对方思考的余地，会造成过重的心理压力。另外，咨询员切忌在收集资料初期就对来访者所说的某些事情轻率地下断语，以显出自己的内行。[②]

在心理咨询初期阶段应该注意回避以下问题：

（一）回避空头议论

一般而言，咨询者原则上应该避免与来访者之间的议论。心理咨询是通过咨询者和来访者之间的谈话来求得问题解决的。咨询初期，由于对某个问题、某种知识的议论，往往容易导致来访者回避自己的问题，从而影响到心理咨询过程中的感情表现。

---

① 欧阳辉，张澜，闫华．大学生心理健康教育与咨询［M］．沈阳：沈阳出版社，2005：236.

② 王玲，刘学兰．心理咨询［M］．广州：暨南大学出版社，1999：20.

（二）回避对来访者的表扬和夸奖

在心理咨询的初期，对来访者的言行不要轻易、随便给予表扬和夸奖。在心理咨询初期，来自于咨询者的表扬和夸奖，往往意味着咨询者的喜欢、价值观和期待。这就很容易导致来访者盲目地追求来自咨询者的价值认同，从而陷入一种规定来访者自我表现方向的危险性。从另外的含义来讲，这也剥夺了来访者表现的自由和纠正错误的自由。

（三）回避过早的解释

过早的解释，无论妥当与否，都会对来访者产生负面的影响。因为解释毕竟是一种推理，既然是推理或猜测，就总会有不确切的地方。对来访者的问题如果解释错误，往往会引起来访者的误解，认为咨询者没有或不能理解自己，也会认为咨询者在强加于己而出现反抗情绪。

不过，由于心理咨询次数的限制、在心理咨询初期不得不给予一定解释的时候，咨询者一定要注意确认与来访者之间的信赖关系是否已经形成。

（四）回避早期的诊断

如果来访者无论如何都希望咨询者能诊断一下，否则不肯接受心理咨询的话（例如，"我是精神病吗？"），可以依赖或介绍精神科医生。同样，如果咨询者无论如何希望知道来访者的诊断名（病症名），否则对开展心理咨询心存不安的话，可以考虑请医师来做出相应的诊断。为不能成为心理咨询对象的来访者做心理咨询，在伦理规范上也是有问题的。

（五）回避提问敏感的问题

所谓敏感的问题，譬如性的问题、相貌的问题、个人的私生活问题等。从问题的性质来考虑，可能有时必须询问一些敏感的问题（作为咨询者的看法），但是如果来访者并不情愿谈的话，那么，所谈的内容也肯定会缺乏具体性。来访者的这样一些心理反应，作为咨询者应从感觉上洞察到。只有咨询双方确认彼此的信赖关系已经建立并彼此抱有好感时，来访者才愿意谈一些敏感问题，而且往往是自发的。

（六）回避对他人的辩护和责难

来访者在发泄对他人不满的时候，咨询者不应附和的另一个理由，是因为作为咨询者，不去认真详细地了解情况，轻易地相信来访者的一面之词，也未免太轻率了，这也容易失去人们对咨询的信赖感。咨询者是来访者的超我，既是依存的对象，又是敬畏的对象，同时也是模仿的对象。如果这样的咨询者竟会轻易地被来访者的言行所感化的话，就不可能成为来访者值得信赖的对象。

（七）回避过多的提问

过多提问是大多数咨询者常会出现的错误。过多提问使得来访者感到自己好像是在被审讯，而不是在咨询，来访者根本没有机会按照自己的意愿去讲述或讨论问题。这必然会使来访者产生更加强烈的防御和反感。若要建立有效的咨询关系，咨询者应当严格地限制自己连续提出两个以上的问题，而且，提出的问题应是开放式的，特殊的时候才能使用封闭式的。

（八）父母亲来心理咨询时应做的工作

实际的心理咨询中，咨询或治疗的对象并不局限于来访者本人。特别是像青春期不适应、问题行为及青年期、成人期的反社会人格障碍等，可能当事者本人一开始就不愿来心理咨询室，迫于无奈即使来了也不会持续太久就中断咨询的情况时有发生；这个时候，我们往往采取的是对当事者本人的父亲或母亲继续进行心理咨询，其中也有不少尽管没有和来访者本人见过一次面，但咨询或治疗获得了成功的例子。

咨询者应该清楚，前来咨询的父母亲是为自己的孩子而来的。即使咨询的结果成为对父母亲的心理咨询，心理咨询的第一目的也不可忘记。也就是说，父母亲前来心理咨询的目的，是通过父母亲间接的心理咨询达到对孩子的心理咨询或治疗，从这个意义上讲，父母亲本身是辅助咨询者或辅助治疗者。如果固执于对父母亲自身的心理咨询或治疗，有时可以理解为是一种违反契约行为。当然并非没有例外，当母亲在咨询过程中逐渐知觉到自身所存在的问题，并希望给自己做心理咨询或治疗时，就需要重新设定咨询契约。

应该承认，来访者本人的各种心理不适应问题的客观来源，在很大程度上是由于复杂的家庭生活和家庭矛盾造成的。如果咨询人员不能对来访者本人（出现心理问题的当事人）的家庭背景、父母的养育态度等给予恰当的认知和一定的了解，就很难对来访者提供有效的心理援助。[①]

二、心理诊断阶段

此阶段的主要任务是根据收集到的资料，结合心理学有关知识，对来访者的问题进行分析和诊断，辨明来访者问题的类型、性质和严重程度等，以便确立咨询的目标，选择帮助的方法。

（一）要弄清来访者的问题属于何种类型

来访者的问题可能包括有精神病的症状，这属于精神病学范畴，咨询员要注意区别。来访者的问题也可能属于某些神经症症状，如焦虑症、恐惧症、强迫症、忧郁症等，也可能有性行为问题，还有些属于一般适应性问题，如学习工作中的问题、生活中的人际关系问题、或是青春期发育问题、情感问题等。咨询员要对当事人的问题进行辨别，并对其严重程度给予评估。咨询人员正确评估来访者问题的性质和严重程度具有重要的意义，它可以帮助咨询人员做出

---

① 教育部社会科学研究与思想工作司组编．咨询心理学［M］．北京：高等教育出版社，2002：123．

下一步决断。

（二）要弄清来访者问题的原因

来访者问题的原因可能有多种，可能与个人发展、人格特征、世界观等内部特征有关，也可能与外部环境、家庭教育及生活条件等有关。咨询员要充分了解当事人问题发生发展的来龙去脉及影响因素，了解当事人的生活、家庭、社会支持等背景材料，了解当事人看待事物的认知模式，以及当事人应付困难与挫折的方式方法，通过仔细分析以寻找问题的主要原因。

（三）结合心理测试做出诊断

咨询员可借助各种心理测试，如智力测试、个性测试、情绪和行为测试等，帮助当事人分析问题类型、严重程度和可能的原因，以作进一步的判断和诊断。

当然，分析诊断和了解问题这两个阶段并不是绝对分开的。事实上，从来访者踏入咨询室，到他叙述自己的问题，咨询人员了解情况的同时也在进行分析和诊断。只是到了信息收集的后期，诊断的任务才提到日程上来。

三、信息反馈阶段

此阶段的主要任务是信息反馈，即咨询员将自己对来访者问题的了解和判断反馈给当事人，使来访者能够做出进一步的决定，考虑是否继续进行咨询。

在这一阶段，咨询员给予来访者的信息反馈应尽可能清晰、简短、具体，不要过多的术语，以简明的语言说明咨询员对所收到信息的分析与判断。对咨询员的信息反馈，来访者也可提出问题或做出补充，以便更准确地进行诊断。[①]

四、确立咨询目标

从目前我国学校心理咨询的实际情况看，在咨询过程中往往忽视对咨询目标的明确界定，解决问题常带有盲目性和随机性，这直接影响到咨询的效果。咨询员在心理诊断分析的基础上，既要考虑来访者的问题和需要，又要根据咨询理论，与来访者在咨询目标上达成一种共识。不应只根据来访者的要求提供咨询，或只根据自己的理解来确定目标。咨询目标应当是具体的，容易操作和判断、具有可测性。而且，咨询目标不是生理方面或物质条件方面的，应属心理问题。咨询目标要根据来访者本身的潜力、现有水平以及周围环境条件来定，超越现实可能性的目标不会使咨询得到满意的效果。

咨询员与来访者共同确定咨询目标时，不能只考虑眼前的、局部的目标，"头痛医头，脚痛医脚"，使来访者难以在整体上自我成长。终极目标要靠一

---

① 王玲，刘学兰．心理咨询［M］．广州：暨南大学出版社，1999：22.

个个具体的小目标来实现。只有将这些多层次的目标统一起来，才能真正促进来访者更好地成长。①

五、帮助和改变阶段

此阶段的主要任务是咨询员应用心理学的方法和技术来帮助当事人消解心理问题。帮助和改变阶段是心理咨询的关键时期，它对心理咨询的效果起着极为重要的作用。

咨询人员对来访者的帮助，常采用的方法有领悟、支持、解释和行为指导，对比较严重的心理障碍者，则要采用更专业化的心理治疗技术。无论是应用哪些方法和技术，心理咨询员要注意坚持指导、帮助与包办代替相区别的原则。

心理咨询不是替人开药方和抓药，而是以咨询人员自己丰富的专业知识和对人性的深刻领悟，在对来访者心情和处境充分理解的基础上，帮助他分析自己问题的性质，寻找问题产生的根源，树立战胜困难的信心、商讨解决问题的对策等。对每一位来访者的具体问题，咨询人员要和来访者进行各种解决方案的分析讨论，帮助来访者形成新的思路，然后协助来访者实施行动方案。②

以上的第二、第三、第四、第五这四个阶段统称心理咨询的中间阶段，在该阶段我们要注意以下一些问题：

（一）要认清自己的能力界限

因为心理咨询如同其他医学治疗一样，即使是医术很高的名医，也不可能百分之百地治好所有病人的病症。咨询人员也一样，不可能圆满解决所有人的问题，这是认清自己能力界限的一个方面。另一方面，还要认清自己并非在所有方面都是一个优秀的咨询者，尤其是心理咨询工作的新手应在有经验的咨询专家的指导下工作，以便不断改善自己的工作，发展个人独特的咨询方式。在对待他人的态度上，应该接纳他人，接纳他人的优点与缺点，相信和正视他人不同的思维方法、不同的经历、不同的家庭背景、不同的文化程度、不同的兴趣爱好、不同的处世态度、不同的人生价值观念、不同的个性等，能够理解对立行为有相对的合理性，容忍对方而不指责对方，在行动上充分体现出对人格的尊重和理解。

（二）要提高对自己专业职责及专业道德的认识

心理咨询是一种专业的援助过程，不能等同于朋友之间推心置腹的谈话或是亲人的肺腑之言。如果我们不能适切地把握自我概念，不讲原则地对来访者

---

① 欧阳辉，张澜，闫华. 大学生心理健康教育与咨询［M］. 沈阳：沈阳出版社，2005：238.

② 王玲，刘学兰. 心理咨询［M］. 广州：暨南大学出版社，1999：24.

满腔热情，忘记了心理咨询所要求的客观性，或者只是从自己的角度出发向对方提出自己的看法，这就非常可能违背来访者的愿望，并影响自己进一步对来访者的问题进行客观的分析。

另外，受这种客观性的制约，也为了达到帮助来访者的中心目的，咨询人员在咨询过程中，不得以任何口吻，使这一过程服务于自己个人的目的。

（三）适当地把握、有效地处理自己的感情

一般来说，在心理咨询过程中，咨询者的感情处理得好，则表现为情绪稳定而公正，能较好地抑制自己发怒的倾向；能明确地把握自己的情趣并舒适地表现出来，具有肯定自己的倾向；不会轻易卷入他人的感情漩涡而保持自己的独立性，能够较好地表现自己的感情。咨询者的感情处理得不好，则感情起伏激烈；难以控制自己的愤怒情绪；情绪有隐蔽的倾向；有否定自己的倾向；过于注意别人的困惑；不会表现自己的感情等。可见，咨询人员在咨询中处理不好或不会处理自己的感情，直接会对咨询结果产生影响。[①]

六、结束阶段

此阶段的主要任务是对咨询情况作一个小结，帮助来访者重新回顾咨询的要点，检查目标的实现情况，进一步巩固咨询所取得的成绩。

总之，心理咨询是一个过程，是由不同的步骤、阶段构成的，各阶段之间相互交叉衔接，相互关联，形成一个完整的统一体。各阶段各有不同的侧重点，但最终都是为了达到咨询的目标，即解除来访者心理的困扰、促进其心理健康。[②]

在结束阶段应该注意的事项如下：

（一）咨询的长期化问题

初期的咨询目标一旦达到，就应该在双方都可以接受的时候终结咨询，以为来访者自己解决问题创造机会，不必无休止地追求咨询的长期化。对来访者的问题，咨询者更不能有"彻底癖"并试图妙手回春，更应避免"穷追不舍"的做法。

（二）咨询的早期终结

与咨询的长期化相反，过早的终结本身也是有问题的。咨询刚刚开始几次，来访者就诉说"已经好多了"，从而轻易地决定终结咨询即为其例。其实，咨询的经过是呈螺旋状态的，是在时好时坏的反复过程中慢慢发生变化的。

---

① 教育部社会科学研究与思想工作司组编．咨询心理学［M］．北京：高等教育出版社，2002：130.

② 王玲，刘学兰．心理咨询［M］．广州：暨南大学出版社，1999：24.

过早终结咨询的原因，第一，可能是咨询者缺乏白信。随着咨询的深入，往往许多问题会随之出现。如果咨询者缺乏迎战来访者所出现的新问题的自信，就会在出现表面的休止的时候，着急地将咨询终结。

第二，咨询者过分的保守性也会成为早期终结的原因。如前所述，咨询者与来访者之间所结成的咨询关系是一种契约关系，只要是一种契约关系，就要求双力都应遵守契约内容，但契约关系不能是单方面的。

早期终结的第三个原因，可能是由于咨询者的咨询工作过度劳累。也就是说，咨询者从时间上、体力上过于勉强地接受来访者的咨询，感到难以支撑的时候，就想减少咨询次数，从而在一定的时候终结咨询。由于这种做法有招致来访者精神上的混乱和困惑的危险，咨询者应该在自己力所能及的、不勉强的范围内开展咨询工作。

早期终结的第四个原因，是咨询者的误诊，本来来访者存在的问题并没有解决，咨询者却错误地判断为已经解决，已达到预定的咨询目标，就是一种典型的咨询者的误诊。为此，咨询者接受系统的咨询训练和事例分析，是非常重要的。

当最后一次咨询的时候，无论是咨询者还是来访者，两者都可能产生一种失落感。出于咨询过程中强调彼此的共感协调关系和感情上的融洽交流，因此彼此产生一种恋恋不舍的情感也是很自然的。但是，作为咨询者，更重要的是应该帮助来访者去重新面对生活，并去适应现实生活，为此，必须在来访者的问题解决、目标实现等方面经咨询双方确认之后，在祝愿中分手。①

第四节　心理辅导的方法与技术

根据各种心理学理论而创建的心理咨询的方法很多，但根据以下几种理论而创建的方法在心理咨询中却被普遍的应用，在学生的心理咨询中这些也是最常见而且运用最多的。

一、精神分析疗法

精神分析是由奥地利著名的精神病学家弗洛伊德在 19 世纪末创始的。它产生较早、影响较大，现有的任何一种治疗方法都与这个理论有着一定的渊源。弗洛伊德认为，病人的幼年经历是导致病人出现问题的症结所在。这些症结平常并不存在于人们的意识之中，而是被压抑在无意识当中。但是这些无意

---

① 教育部社会科学研究与思想工作司组编 . 咨询心理学［M］. 高等教育出版社，2002：136.

识中的矛盾和冲突并不沉默，它们不断地给病人以影响。有时会表现为神经症，有时会表现为语言，还有时以梦和失误的形式出现。精神分析疗法要做的就是将这些被压抑到无意识当中的冲突重新提升到意识中来，揭开防御机制的伪装，让病人对此有所领悟，从而在治疗者的指导下消除症状，现将常用的方法做一下简单的介绍。

（一）自由联想法

自由联想法是精神分析治疗中最基本的技术。在治疗过程中，治疗者鼓励病人尽情地、毫无保留地倾诉，不管倾诉的内容有多荒谬或是难以启齿，不管病人认为倾诉的内容与治疗有关还是无关。在治疗中，治疗者应该以倾听为主，适当时给予引导，直到医患双方都认为已经找到了真正的症结所在。这一过程较为漫长，短则数周，多则数年。[①]

（二）梦的分析

弗洛伊德将对梦的分析作为触及无意识的途径，是精神分析治疗的有效工具。弗洛伊德把对梦的分析比作猜谜语，有谜面和谜底之分。他把梦者能够体验和回忆起来的梦境比作谜面，即"显梦"，而把隐藏在这些梦境背后的其所代表的潜意识含义比作谜底，即"隐梦"。他认为治疗者应该深入梦者的无意识，将经过化妆之后以梦境形式表现出来的无意识含义挖掘出来，并合理解释，这样才能帮助患者解决深层的矛盾冲突，缓解症状。[②]

（三）移情分析

由于精神分析治疗过程比较长，随着治疗过程的发展，患者和医生之间的关系会有所变化。具体地说，患者可能不再以自身疾病作为关注的焦点，而把注意力转移到对他实施治疗的医生身上，这就是"移情"。移情与患者的幼年经历有很大关系，如果患者幼年生活幸福，与父母有着深厚的情感，则他们同样愿意信赖和爱慕对他们实施治疗的医生，甚至还包括性爱的成分，这就是正移情；但如果患者幼年经历不幸，与父母关系冷淡，则他们也会对治疗者憎恨和怀有敌意，这就是负移情。不管是正移情还是负移情，对于治疗来说都是有意义的，治疗者可以通过患者的移情表现来推断病人的早期经历，从而可以找到病人的症结。有一点需要强调的是，医患之间建立和谐亲密的关系是治疗成功的关键，所以要正确处理移情问题。

（四）阻抗分析

所谓的阻抗，就是患者在自由联想过程中故意回避一些问题的现象，表现为思维迟缓，语速放慢或是焦虑不安。对阻抗进行分析对治疗工作有重要的意义，尤其是病人的那些无意识的阻抗，很有可能据此推断出病人的症结。当病

---

①②　王登峰，崔红．心理卫生学［M］．北京：高等教育出版社，2003：386.

人出现阻抗现象时，医生最重要的工作是让患者意识到阻抗的存在，意识到他所回避的东西的重要性。病人的任务就是倾诉，而所倾诉内容的价值和功用不用病人自己来判断。但是在实际治疗中，要说服患者产生上面所说的意识并不容易，他们会对医生的话表示难以理解，不承认阻抗的存在。在这种情况下，医生一方面应进一步提醒病人注意自己的阻抗，一方面应该通过对阻抗内容的推断，使得联想可以连续进行。对阻抗的分析是非常费时费力的，往往令医患双方都非常苦恼，但是一旦病人认清自己的阻抗的存在，治疗将会有突破性的进展。[①]

（五）解释

即对症状背后的无意识动机的揭示，这是一个缓慢而复杂的过程。一般是在一段时间之内，从问题的澄清入手，使患者预先有一个接受的思想准备，然后再逐步进行解释。

在实施治疗时，首先要注意治疗对象的选择和使患者遵守治疗的规则。一般适宜的治疗对象是癔病、强迫症和恐惧症的患者，治疗中要求患者必须遵守规则，如自由联想时必须如实地报告内心所想到的一切内容。其次，精神分析治疗一般费时较长。通常一周会谈 3~6 次，一次 1 小时。疗程少则半年到 1 年，也有长达 2 到 4 年的。一般在正式开始治疗的前 2 周为试验分析阶段，以排除不适宜做分析的患者。此后进入治疗的第一阶段，建立医生和患者的有意识合作的同盟关系。第二阶段，移情的出现和解释。第三阶段，治疗的修理和扩充阶段。使患者对移情有更深刻的认识，并努力克服治疗中的各种阻力，领悟症状背后的意义。第四阶段，治疗的结束阶段。解决患者对治疗者的依赖和拒绝结束的企图。实际上是彻底解决移情问题或患者的症状的心理根源问题。[②]

精神分析疗法适应的症状主要有：癔病、心理创伤、性心理障碍、人际关系障碍、焦虑症、抑郁性神经症、强迫症、恐惧症、抑郁症、适应障碍。

二、行为疗法

行为治疗与心理分析不同，从一开始它就是植根于实验的发现之中的。行为治疗的基本理论主要来自行为主义的学习原理。这其中主要包括下述三个部分：经典的条件反射原理，操作条件作用原理和模仿学习的原理。其理论及治疗方面的主要代表人物，早期有巴甫洛夫、华生（Watson）和斯金纳，后来有沃尔朴（Wolpe）、艾森克（Eysenck）和班都拉（Bandura）。

---

① 王登峰，崔红. 心理卫生学 [M]. 北京：高等教育出版社，2003：387.
② 吴远，廖志红，施春华. 大学生心理健康与心理咨询 [M]. 南京：海河大学出版社，2002：55.

（一）基本假设

行为治疗的基本假设是：①如同适应性行为一样，非适应的行为也是习得的，但要注意一点，并非所有行为变化都是学习引起的。②个体可以通过学习消除那些习得的不良或不适应行为，也可通过学习获得所缺少的适应性行为。

所谓行为治疗，就是要"利用通过各种实验而确立的有关学习的原则和方式去克服不适应的行为习惯"。

各种行为治疗的共同特点是：①只是针对当前来访者有关问题进行，至于揭示问题的历史根源，自知力或领悟通常被认为是无关紧要的。②治疗是以特殊的行为为目的，这种行为可以是外显的也可以是内在的。那些改变了的行为通常就被看作是症状的表现。③治疗的技术通常都是从实验中发展而来的，即是以实验为基础的。④对于每个来访者，治疗者根据其问题和本人的有关情况采用适当的经典条件作用、操作性条件作用、模仿学习或其他行为治疗技术。①

（二）常用技术

1. 放松训练

放松训练对于应付紧张、焦虑、不安、气愤的情绪与情境非常有用。它可以帮助人们振作精神，恢复体力，消除疲劳，镇定情绪。

第一，准备工作。首先帮助来访者学会放松程序，进而自行练习。帮助来访者找到一个毫无紧张且有轻松感的舒适姿态，可以躺在床上或坐靠沙发。练习环境要选择尽量避免干扰和无关的刺激（如光线太亮、声响过大等），以保证放松练习的顺利进行。

第二，放松顺序。手臂部—头部—躯干部—腿部。顺序也可另行编排。第一遍由治疗者边示范边带来访者做，第二遍来访者以舒服的姿态跟随治疗者指令进行练习。

手臂处的放松要领：

伸出右手，握紧拳，紧张右前臂；

伸出左手，握紧拳，紧张左前臂；

双臂伸直，两手同时握紧拳，紧张手和臂部。

头部的放松要领：

皱起前额部肌肉；

皱起眉头；

皱起鼻子和脸颊（可咬紧牙关，使嘴角尽量向两边咧，鼓起双腮在极度痛苦状态下使劲一样）。

---

① 钱铭怡. 心理咨询与心理治疗［M］. 北京：北京大学出版社，1994：193.

躯干部的放松要领：

耸起双肩，紧张局部肌肉；

挺起胸部，紧张胸部肌肉；

拱起背部，紧张背部肌肉；

屏住呼吸，紧张腹部肌肉。

腿部的放松要领：

伸出右腿，右脚向前用力像在蹬墙，紧张右腿；

伸出左腿，左脚向前用力像在蹬墙，紧张左腿。

综上所述，放松的方法是按照一定的编排顺序，依次对每一部分实施以下五个步骤：集中注意、肌肉紧张、保持紧张、解除紧张和肌肉松弛。[①]

2. 系统脱敏法

系统脱敏法是根据反条件作用原理，利用人的肌肉放松状态去抵抗由焦虑引起的心率、呼吸、皮电等生理的变化反应。放松状态多次与引起来访者焦虑的刺激物结合，即可消除原来因该刺激物引发的焦虑的条件反应。[②]由于人的肌肉放松状态每一次只能对抗一个较低程度的焦虑反应，因此治疗时便从引发来访者较低程度的焦虑的刺激物开始。如果一个刺激所引起的焦虑在来访者所能忍受的范围之内，经过多次反复的呈现，来访者便不再会对该刺激感到焦虑。一旦某一刺激不再引起来访者的焦虑反应时，治疗者就可以向处于放松状态的来访者呈现另一个比前一个刺激略强一点的刺激。所谓系统脱敏就是按焦虑的严重程度由轻到重逐渐地进行下去，使来访者对有关的刺激不再感到焦虑。例如，用系统脱敏法治疗考试焦虑的学生。首先教给学生放松方法，使其放松，然后根据引起焦虑的强弱程度将刺激由轻到重排列。如：听同学谈论考试；听老师谈考试问题；与同学一起讨论考试问题；自己在家里想象考试情景；自己在家里设置考试情景模拟考试；在学校里按考试情景进行模拟。系统脱敏时，从引起焦虑最低的项目开始，达到放松后，再进行下一个阶段的训练，逐渐降低他对考试的焦虑程度，直到来访者对真实的考试不再焦虑为止。

3. 满贯疗法

它是让来访者直接接触引起他恐怖的各种刺激性情境，使之逐渐忍受和适应，进而达到消除焦虑的目的。[③]一开始就鼓励来访者想象最使他恐怖的景象，

---

① 吴远，廖志红，施春华. 大学生心理健康与心理咨询 [M]. 南京：海河大学出版社，2002：63.

②③ 刘红委，牛殿庆. 21世纪大学生心理健康与成才教育 [M]. 北京：中国商业出版社，2004：139.

或治疗者在其身边反复讲述他最恐怖的景象细节，或让其观看最令其恐怖的录像、幻灯等，同时不允许他采取任何逃避的行为。在反复的刺激下，来访者看到即使最令他恐怖的景象出现，也没有出现对他不良的后果，他的恐怖、焦虑情绪就会慢慢消除了。例如，一位同学对讲演紧张，一讲演就心慌、出汗，常常为此忘记讲演内容，治疗者就让他想象他讲演时最糟糕的情况，想象老师的大声呵斥，同学的哄笑等令他尴尬的情况。这样反复进行多次，就能降低他对讲演的焦虑紧张情绪。另外此疗法应当针对来访者的人格特点，选择刺激场景以不至于使对方承受不了而发生意外为前提条件。

4. 决断训练

决断训练就是帮助来访者正确和恰当地与他人交往，表达自己的情绪、情感，教给来访者维护自己的权益而不损害他人的权益。在别人提出过分要求时进行拒绝，或当自己感到做不到某事时说"不"字。决断训练时，首先要找出来访者不能很好表达某一问题的原因，然后建立自信行为的目标，进行角色扮演，并不断逼近所欲达到的行为目标，随后要把决断训练中所学到的技巧运用到实际生活情境中去。通过决断训练，使来访者能够表达或敢于表达自己的正当要求和意见或自己内心的情感体验。例如，一位女同学正在复习明天考试的科目，同学要借走她的课堂笔记，她不好意思拒绝别人，可自己又非常需要这本笔记，为此心中很是苦恼，她在很多时候常常是很难拒绝别人的要求。治疗者首先帮她分析了这样做的利弊，使她认识到自己这样处理是不妥当的；然后治疗者为她示范怎样以不伤害对方感情的方式拒绝别人提出的自己不愿接受的要求，接下来进行角色扮演练习，让她学习新的行为方式。治疗者对其合适的反应进行肯定，指导其进一步改进，反复练习后．来访者就可以将其自如地运用到实际生活情境中去了。

5. 模仿学习

其原理主要来自社会学习理论，利用人类通过模仿学习所获得新的行为反应的倾向，帮助某些具有不良行为的人以适当的反映取代其不适当的反应，或帮助某些缺乏某种行为的人学习这种行为。模仿常采用听录音、看电影、看录像，或者治疗者提供示范等方法进行。例如，一个同学害怕与陌生人交往，也不会与陌生人打交道，就可以采取放有关人们第一次交往时的录像，让其注意观察别人在遇到陌生人时如何打招呼，如何交谈，然后与来访者一起讨论在第一次与陌生人交往时应当注意些什么，应当如何交往等，同时要对其做得好的行为予以强化，使学生通过模仿学会与陌生人交往。[1]

---

① 刘红委，牛殿庆 . 21 世纪大学生心理健康与成才教育［M］. 北京：中国商业出版社，2004：140.

行为疗法适应的症状主要有：恐惧症、强迫症、焦虑症、酒精依赖、海洛因依赖、癔症、神经性厌食、神经性贪食、慢性精神分裂症等。

三、人本主义治疗方法

（一）求助者中心疗法

求助者中心疗法是罗杰斯倡导的一种影响广泛的心理治疗理论、方法与技术，它不是靠探究无意识领域也不是靠改变反应来纠正不良的心理和行为，而是依靠动员求询者自身的潜力来治愈他的障碍。罗杰斯认为，人在自身内部有理解自己、并改变其自我概念和基本态度、并指导自己行为的广阔能源，只要提供适宜的气氛，即真诚、无条件积极关注、移情的理解，人的潜能就可以开发出来。因为人在受到关注、肯定、珍视的情况下，能对自己采取更关心的态度。这种态度能使他更准确地倾听自身内在体验的流露，使他理解自己、使自己与体验和谐一致，促进潜能的发掘。

（二）交朋友小组

交朋友小组是罗杰斯开创的一种集体心理治疗，由背景或问题相似的人组成小组，通过集体活动来帮助参加者改变适应不良的行为或人际交往障碍等心理问题，也可以用于希望提高交往能力与适应能力的正常人。

交朋友小组的活动一般经过四个阶段：相互认识与了解、自我探索、经验分享、活动结束。活动形式多样，可以讨论、角色扮演、自我分析、行为训练等。小组活动可以集中进行，也可以分散进行，每周 1~2 次，持续 4~6 周。交朋友小组的功能是通过特殊的集体反应机制进行心理咨询与治疗，具有效率高、效果好等特点。

（三）支持疗法

支持疗法是以提供支持为心理咨询与治疗内容的方法。根据目的尽可能激发患者的自尊和自信，使他看到自己的优点和长处，鼓起战胜困难的勇气，提高适应能力和社交技能，以便消除心理障碍度过危机。支持疗法的主要方式有悉心倾诉、支持鼓励、分析提示、调整行为。治疗者通过支持和鼓励，使面临困难而无所适从的人看到光明、恢复自信；通过悉心倾诉，使积压在内心的痛苦、怨恨得以宣泄，以减少心理负担；通过解释指导，使因缺乏知识或受不正确观念影响而产生烦恼、忧虑者调整原有的认知结构与观念，培养合理的适应方式。①

人本主义疗法主要适应症：发展性心理问题、适应困难，尤其适合那些希望通过自己的努力来解决心理问题的求助者。

以上就是在中学心理咨询中常用的方法，除了这些方法外常用的方法还有

---

① 樊富珉．大学生心理健康与发展［M］．北京：清华大学出版社，1997：284.

很多，比如艾利斯 ABC 疗法等，在心理咨询中要根据实际情况灵活运用各种方法技术，有时不仅是一种理论方法的运用而是多种的应用，不管哪一种方法，只要对咨询者有效我们就可以选择，只有在不断的实践中进行探索和总结才能在咨询中得心应手。

第五节　心理辅导的类型

学校心理辅导从其目标上可分为两种类型，即适应性辅导和发展性辅导。[1]

适应性辅导主要是针对学生在各个年龄阶段以及相应阶段的生活和学习中遇到的各种问题，结合他们的认识特点和行为特征，给他们提供一些必要的指导，帮助他们提高学习效率，处理好人际关系，学会自我心理调适，更好地处理因环境变化带来的各类问题，增强对环境和自我的适应能力，从而能够很好地解决面临的现实生活问题，很好地完成各个时期的学习任务。

发展性辅导的目标主要在于帮助学生提高心理素质，健全人格，增强学生承受挫折、适应环境的能力。它将针对不同年龄阶段学生的心理特点，遵循人的认识发展规律，通过有针对性的教育和训练，帮助学生培养起良好的心理素质，塑造健康、完整的人格，成为一代适应现代社会需要的合格人才。

在当前的学校教育中，心理辅导工作从内容上来划分主要有以下几种类型[2]：

一、学业辅导

中学时期是人生最重要、最关键的学习阶段。中学所学的知识内容和学生的学习方式、学习兴趣、学习的意志品质、学习的各种能力、智力开发等都将直接成为他们走向社会、走向成功的重要基础和必备条件。学生的智能、学习态度、学习方法是影响学生学习的三大问题。所以心理辅导老师应积极开发学生的智能，帮助学生端正学习态度，形成适合自己行之有效的学习方法，排除焦虑、厌学、注意力困难等学习障碍，提高学习效率，这样才能激发中学生的学习兴趣。

二、人际交往和社会适应辅导

中学生一方面迫切需要友谊，另一方面又由于种种原因在交往中产生困

感。心理辅导老师应帮助学生认识交往的意义，乐于与人交往，掌握正确的交往准则和处理人际关系的技巧，与他人建立相互理解、信任、关心的关系。在交往中求得进步，并让对方了解或接受自己的思想观点，克服自卑、冷漠、猜疑、嫉妒等不良个性，培养学生合群、乐观的良好心理品质。提高学生的交往水平，使学生善于与社会中不同的人交往，并且提高学生在人际交往中的心理适应能力。总而言之，要让他们既能够"接受"最广泛的交往人群，又能够为最广泛的交往人群所"接受"，使他们在这种"接受"中获得强有力的发展力量。

三、自我意识辅导

自我意识在学生个性发展中起着不可估量的重要作用。学生的情感、意志、行为以及他们处理人际关系的特点等，无不受到自我意识的影响和制约。学生心理健康水平的高低与其自我意识的优劣有着明确的相关关系。自我意识水平较高的学生，一般都有较积极的自我形象，容易接纳自己，做到自爱、自重、自信、自尊，而这一切都是保持心理健康，走向成功之路的基本条件。反之，对自己没有一个正确的认识，往往是学生产生各种心理问题的根源。心理辅导老师要在富有情趣的活动中，帮助学生对自身形象、内在气质、性格、兴趣、能力等有正确的认识，学会调节和控制自己的情绪和行为。

四、青春期辅导

青春期是心理冲突、心理困扰最多的时期，是性意识迅速觉醒和发展的时期。正确引导学生渡过青春期对学生的学习、生活乃至一生的发展都有重要意义。青春期心理辅导主要是引导中学生正确对待异性交往和进行性教育。

在学校心理辅导中，还存在生活辅导、情绪辅导等其他形式，在这里就不一一赘述了。

第八章 "问题生"教育技能

班主任不仅要把课教好，还要及时解决好本班学生的各种问题，可以说班主任这份工作真的很辛苦。而对个别"问题生"的处理，更是让班主任们头痛得很。在这方面班主任往往付出了很多心血，但收效甚微，付出与回报明显不对等。

马卡连科说："教育工作中的百分之一的废品，就会使国家遭受严重的损失"。所以即便是面对种种困难，教育工作者也不能轻言放弃。这项工作虽然艰巨，但对每一位教师，特别是班主任来讲却是至关重要的。而且中学阶段是学生生理和心理发展的关键阶段，能否安全地渡过此阶段会对学生今后的成长产生巨大的影响。

要想做好"问题生"的教育工作，就需要认清到底什么是"问题生"？问题生是如何产生的？解决方法有哪些？

第一节 "问题生"

一、"问题生"界定

"问题生"概念的界定是"问题生"研究中最基本的问题。但到目前为止，学者们并没有在该问题上达成共识，依然各执一词。一直以来，国内教育学者对"问题生"有多种称呼，如：差生、双差生、落后生、后进生、学困生、潜能生等。这么多的称呼也透露出"问题生"确实是一个比较模糊的概念。特别需要强调一点，"问题生"这个名称的使用一定要限定在教育研究范围内，教师决不能随便地给学生贴"标签"，这也是对学生人格的尊重。

什么样的学生才能算是问题生呢？

《中国精神疾病分类方案与诊断标准》中将"问题生"定义为品行障碍少年。他们的学习和品德上暂时存在一些问题，跟不上班级的整体要求，完不成课程标准规定的起码目标，在思想品德和心理品质上存在问题和障碍，反复出现违反与其年龄相应的道德准则和纪律，侵犯他人或公共利益的行为。

高军认为所谓"问题生"，主要是指那些沾染上不良习气，经常违反道德准则，不遵守校纪校规，随心所欲，扰乱教学秩序，影响集体学习和生活，或犯有比较严重的道德过错甚至触犯刑律、危害社会治安的学生。①

黄艳认为："问题生"是指长期以来在行为习惯上形成不同程度的不良表现，从而引起学习上的严重困难，完不成国家规定的九年义务教育的基本课程的要求，在思想品德上存在较严重的问题，在行为上肆意违反《中学生守则》、《中学生日常行为规范》，甚至有轻微违法倾向的学生。他们通常表现出以下特征：意志薄弱，是非观模糊、讲哥们儿义气，自我控制能力差，冲动性、攻击性强，做事不计后果，学校和家庭对其教育收效不显著，具有较强的逆反心理，其中少数具有较严重不良行为的问题生更是活动能量大，影响面广，破坏性强。如果不能把握住对他们的教育，则会严重影响良好班风和学风的形成，甚至给其他同学带来不良影响。②

韦兵东认为："问题生"的基本特征——上课基本不听，作业基本不完成，纪律对其无任何约束，教育基本无效果。加上经常与校外不良青少年交往，行为习惯受到网络、社会的影响，成为令当前义务教育阶段每位教育工作者头疼的学生。③

吴佩发在《中学"问题生"的识别及转化》中提到："问题生"除了学习明显落后于别人这一表面特征之外，还有许多突出而又一时难以克服的缺点。其表现主要有以下特征：

①在学习上，不专心，怕刻苦，懒散，对成败无动于衷，嫉妒同学，甚至干扰和破坏别人获得好成绩，贬低别人的成果。

②在道德品行上，不尊重别人的人格和劳动，挑剔别人，对别人做什么事都不满意；成事不足，败事有余；只顾个人利益，妨碍别人和集体利益，以自我为中心，不愿意遵规守纪，社会公德意识差，自己想怎么办就怎么办，常要别人对自己好，好摆布他人。

③在心理意识方面，过分自卑，缺乏自信心，怀疑别人的真诚帮助。有的"问题生"仗着家庭优越，目无他人，玩世不恭，自我吹嘘，刚愎自用，盛气凌人，好高骛远。有的对有权势的人低三下四，阿谀奉承，欺侮和瞧不起弱小的人。他们怀疑别人，甚至采取攻击的方式防备他人，喜欢把责任和过错推给别人。

④在信用方面，对同学不真诚，欺下瞒上，遇事要占上风，贪小便宜，爱搬弄是非，吹毛求疵，对别人虚情假意，常常欺骗、诽谤、诬陷他人。固执己见，出尔反尔，当面一套，背后一套，今天言悔，明天又犯，不吸取经验教

① 高军．问题生的教育方法探讨［J］．喀什师范学院学报（社会科学版），2000（4）.
② 黄艳．用"心"反思用"心"铸魂［D］．华中师范大学，2003.
③ 韦兵东．转化问题学生的几点做法［J］．中学教学参考，2009（9）.

训，孤僻、古怪、喜怒无常。

不是每个"问题生"都有上述特征，一个学生只要具备其中一条或几条，就得不到同龄人的接纳，会成为不受欢迎的人，因而，他就寻求其他方式来满足自己，适应环境，但这些方式总代替不了与同龄人的交往，由此就转而憎恨、排斥他人，进而成为班级包袱乃至社会的包袱。[①]

王晓春老师对"问题生"的界定是："品德、学习态度、习惯、心理等方面，存在较为严重的问题，而且用常规教育手段不能解决其问题的学生，才是问题生。"[②]

上述定义存在以下共同点：①认为"问题生"存在行为方面的问题；②指明了问题主要存在于学习、行为、品德、心理等方面。另一方面，上述定义在对"问题生"的认识角度上存在不同：第一种、第二种和第三种观点是从问题的外在表现的角度界定"问题生"的；第四种、第五种观点是从基本特征的角度界定"问题生"的；第六种观点是从问题的严重程度的角度界定"问题生"的。经过综合分析，笔者认为王晓春老师对"问题生"的界定更加合理。在品德、学习态度、习惯、心理等方面存在较为严重的问题的学生，才可以归入"问题生"的行列，并且绝不是用常规手段可以解决的。这样就明确了"问题生"的问题严重程度，并为问题的解决指明了方向。

二、"问题生"类型

王晓春老师将问题生分为两大类：横向（从问题类型来分）和纵向（从问题严重性上来分）。横向分五个小项：①不良行为习惯型；②厌学型；③心理障碍型；④品德型；⑤"好学生"型。纵向分三个小项：①轻度；②中度；③重度。

横向维度上，也就是根据问题类型来分类：

（一）不良行为习惯型的"问题生"占问题生的大多数

他们一般对老师没有敌意，只是管不住自己，学习成绩、品德方面问题不大。但他们往往给教师带来无穷的麻烦。他们经常知错认错，但屡教不改。对这种问题生的教育特别需要耐心，因为改掉习惯不可能立竿见影，只能慢慢来。

（二）厌学型学生的主要问题就是不学习

他们的成绩很差或严重偏科。这种学生主要问题就是不听讲、不写作业，纪律、品德方面问题不大。这类问题生比不良习惯型的问题生要少一点。这类问题生不稳定，极有可能学坏，而转化为不良习惯型、心理障碍型，甚至品德

---

① 吴佩发. 中学"问题生"的识别及转化 [J]. 铜仁师范高等专科学校学报，2001（2）.

② 魏书生，王晓春，徐安德. 班级管理 [M]. 北京师范大学出版社，2008（7）.

型问题生。

（三） 心理障碍型学生的主要问题在心理方面

外向的有纪律问题，内向的不违反纪律，学习成绩多数不好。品德方面无问题。心理型问题生的思维方式与众不同，行为违反常态，令人费解。这类问题生比品德型问题生相对多一些，但不占问题生的多数。对这类问题生的教育要求教师有一定的心理学知识，才能解决问题。

（四） 品德型学生的主要问题在品德方面

多数品德型问题生学习成绩、纪律都不好。这类学生往往有小群体，并和社会上的不良分子联系。他们对教师一般有敌意，学生则害怕他们。这种学生已经有了反社会的价值观或倾向，破坏性很大，教育起来很困难，必要时需要给予纪律处分。这种问题生占少数。此类学生一般不适合"招安"——安排他们做小干部，否则可能毁坏班风，甚至架空班主任。

（五）"好学生"型"问题生"往往各方面都不错，毛病处于隐蔽状态

常见问题有：双重人格，自我消失，自我中心，虚荣心过强，抗挫折能力极差。这种学生有时会突然惹出大事，如早恋，出走，犯罪，自杀。这类"问题生"身上的问题往往不容易发现，需要提醒老师注意。适当进行心理测验是可以及时发现他们的问题的。

纵向维度上，也就是根据问题严重性来分类：

王晓春老师认为轻度的可用个案诊疗与常规教育手段相结合的方式解决。中度的常规教育手段不起作用，光靠班主任进行个案诊疗也难以解决，需要学校介入。而重度的一般是边缘生，徘徊在社会、学校和家庭之间。心已经不在学校，已经不是学校教育的范畴，需要社会工作者、医院、公安机关介入，专家诊疗。重度问题生不属于班主任的工作范围。

三、"问题生"产生的原因

中学生认知水平还较低，缺乏明辨是非的能力，极易受到来自家庭、学校和社会的不良思想影响。"问题生"的产生有以下四个方面的原因：

（一） 学生自身原因

大多数"问题生"有很强的自尊心和自卑感，学习上缺乏自信心，总觉得自己能力差，与其他同学相比低人一头。他们经常会采用逃避、逆反、破罐破摔等手段来保护自己。中学"问题生"自身通常会有以下问题：

1. 认知能力

一部分学生因记忆力、注意力、反应力等属于下游水平，虽然学习很努力，但考试成绩一直未能达到老师、家长的要求。

2. 感情易冲动

中学生正值青春期，由于神经和激素的调节作用，身体进入第二个生长高

峰期。他们的情绪不稳定，经常处于大起大落的两极状态，感情容易冲动。如果再遇到一些人生的挫折，中学生容易失去理智，感情用事。另外，由于中学生身体发育迅速，"第二性征"开始出现。中学生性意识逐渐成熟，对性知识产生兴趣，对异性充满好奇和向往，也导致他们产生很多的情感困扰。由于身体成熟与思想不成熟之间存在着矛盾，中学生往往会在一些问题上出现困惑或不健康的想法，情绪敏感，且容易感情用事。

3. 意志薄弱

受到挫折或老师批评后，容易自暴自弃。"问题生"因为自己在成绩、行为表现上不如别人，从而产生一种失落感．如果老师在教育教学工作中偏袒优秀生，"问题生"会认为老师忽视自己的存在，越发自卑，长此以往就会认为自己真的不行，最终陷入沮丧状态不能自拔。具体表现为：他们害怕别人的嘲讽，极力维护自己的尊严，封闭内心，拒绝交往。因此，对待"问题生"教师应时时处处给予他们慈母般的关爱，爱他们犹如爱自己的孩子。①

4. 消极心理

有的学生虽然学习很努力，但考试成绩一直未达到老师、家长的要求，逐渐对自己丧失信心，甚至怀疑自己的能力。他们面对一次次的"失败"，开始自暴自弃，消极地对待学习，甚至是采取放弃的态度。

5. 封闭心理

由于"问题生"的学习成绩往往不理想，通常他们不得不面对父母失望的批评、同学蔑视的眼神、老师不重视的对待，甚至歧视。负面反馈多了，他们便认为自己真的是一无是处，在学习上自暴自弃，生活上也不敢向家长、老师敞开心扉。长此以往，他们渐渐从班集体中脱离，自我封闭起来。

6. 懒惰心理

有些学生的依赖性较强，学习过程中又懒于独立思考，并且不爱动笔，对知识只满足于一知半解。当他们发现无法解决的问题堆积如山时，就更显得信心不足，只好选择"捷径"——放弃或逃避思考问题、解决问题。于是，懒惰的心理便开始滋长。

7. 攀比心理

所谓攀比心理，就是刻意将自己的智力、能力、生活条件等方面与别人进行比较，并希望超越别人的一种心理状态。② 当今，中学生群体攀比消费的现象已经蔚然成风，他们成为了一支庞大的消费生力军。中学生群体中出现了无节制地消费、盲目追求名牌或时尚、同学之间"送礼"、炫耀攀比的现象。中

① 苏文红．中学后进生学习心理分析及对策［J］．基础教育论坛．2010（3）．
② 徐峰．中学生攀比心理成因与对策［J］学校党建与思想教育．2010（2）．

学生的判断能力不强，容易受到社会、尤其是广告的影响，再加上强烈的虚荣心作用，促成了他们追求名牌、追求前卫行为的产生。另外，家长的"再苦也不能苦了孩子"的思想，也助长了中学生攀比消费的行为。中学生的经济来源主要是父母，他们这种消费行为给家庭造成了一定的经济负担。

（二）家庭原因

1. 溺爱型家庭

由于现在大部分家庭都是独生子女，家长对子女溺爱、纵容、大事小事都为他们做，只要是孩子的要求就尽量满足，以至于使他们养成了以自我为中心、任性、随心所欲等不好的习惯。这种家庭的孩子大多自我控制力差，情绪波动大，不服管教。

2. 方式粗暴和意见分歧型家庭

有些家庭中家长对子女的教育方式简单粗暴。父母从不耐心说教，非打即骂。当然，简单粗暴的背后可能还有其深层原因，如家长工作忙，没有时间陪孩子，或者有的家长认为自己知识水平低，教不了孩子等等。另外，还有的家庭中父母对子女的要求有分歧，各不一致，使子女感到无准则可循或有空子可钻。这样两种家庭中的孩子都有可能形成撒谎、随意出走等对抗行为和逆反心理。

3. 不良家长型家庭

有些家庭成员有某种恶习，如赌博、打架斗殴、侵占或破坏公私财物等，对子女起着潜移默化的腐蚀作用，子女的某些不良行为得到家庭成员的默许、支持，甚至个别家长唆使孩子犯错误。

4. 重大家庭变故、单亲及留守孩子型家庭

有些家庭环境突变（如亲人去世，父母离婚、生意失败等），使学生在精神上受到了刺激和打击。如父母离异，孩子失去母爱或父爱，倍感孤独和失望，在家无人教导和看管。甚至有的孩子寄人篱下，成了看别人脸色过日子的"孤儿"。这种家庭中的孩子常常会形成孤僻的性格，入学后很难与同学们打成一片。有些单亲家庭，或父母居住外地或父母工作繁忙等不正常的家庭环境，容易使学生形成不良习惯，一旦受坏人引诱，很易学坏。

5. 背景型家庭

有些孩子的父母位高权重或家资雄厚，这种家庭中的孩子往往学习条件优越，但学习却失去了动力。这一类学生出现问题的原因有两点：（1）父母的帮助，成了他们的保护伞，他们从不严格要求自己；（2）父母的安排，就是他们的未来，他们不再思考自己的人生目标。使他们缺少自我认识、对未来的规划能力。

当然，还有很多特殊情况的家庭，有待教育工作者去关注和总结。但有一

点就是无论学生家庭情况怎么样，都需要班主任针对"问题生"的具体情况，从实际出发，才能取得理想的效果。

（三）学校原因

在学校遭受的消极体验是"问题生"自信心不足的重要原因之一。

1. 我国大部分学校判定一个学生好与坏的主要标准就是"分数"

如果学生无法获得好成绩，那么他常常会无可避免地受到老师、同学的鄙视和教师有意或无意的言语中伤。甚至对成绩差或课堂捣乱的学生，个别教师还要对其进行体罚等。这些不恰当的处理方式严重伤害到了"问题生"的心灵，导致学生出现归属感缺乏、自尊心受损、自我价值得不到肯定等问题。

2. 部分学校放松或忽视对学生进行的思想政治教育

有些学校视升学率为学校的生命线，认为德育可有可无。人们对德育的认识出现的这种严重"错位"，不利于学生的健康成长和良好品德的形成。由于有些学生缺乏正确的道德观，不能用正确的道德观去战胜不合理需求，失去自我控制能力，因而有时容易被欲望所驱使，产生种种不考虑社会道德准则和不顾他人利益的行为。

3. 学校教育有时与家庭教育脱节，各行其是，互不配合

这种情况削弱了教育力量，给问题生的问题的形成、蔓延和恶化创造了机会和条件。

（四）社会原因

每个人都是社会的一分子，必然要受到社会环境的影响。杜威在《学校与社会》中曾说过："任何时候我们想要讨论教育上的一个新运动，就必须特别具有比较宽阔的或社会的观点"。[①] 所以，"社会影响"因素是"问题生"产生的重要原因之一。

1. 社会风气

社会风气可以通过家庭、同伴、传媒、流行等渠道来影响人类的心理健康和行为。而中学生由于自身并不成熟，很容易受社会不良习气影响，形成不正确的人生观、世界观。例如：在学校里，老师教育学生要做一个正直、有道德的人，然而学生放学以后走出校门，看到的却是打架斗殴、偷盗等违反道德、法律的不文明行为。在这种情况下，学生的内心就会产生矛盾和冲突。当看到有的人通过不良行为有所获益时，一些学生受其影响，可能会随波逐流，盲从他人，沾上了不良习气，甚至一时冲动而干出傻事来，导致犯罪。

2. 生活环境

很多研究发现生活环境对学生的心理和行为有很大的影响。研究表明：城乡差

---

① 赵祥麟，王承绪. 杜威教育论著选［M］. 华东师范大学出版社. 1981：14.

异、人口密度、环境污染、噪音等与人的生存和心理健康状况密切相关的因素会影响中学生的发展。如城市中生活的中学生，由于住房单元化，交往机会减少，使其缺乏与人交往的技巧，容易形成孤僻的性格。还有一些研究发现，人口密度过大与青少年犯罪率有密切关系。

3. 大众媒体

中学生对信息的获得，可以通过对所处环境的直接观察获得，也可以通过间接途径获得，如电视、报纸杂志、书籍、电影等。健康的信息有助于中学生的心理健康发展，而不健康的腐朽没落的信息，则会造成种种危害。如暴力题材的影视作品会引起中学生的攻击和犯罪行为。加拿大的 Wendy L. Josephus 博士认为电视暴力对青少年的主要影响不是制止犯罪而是有助于启发犯罪。[①]

总之，导致"问题生"产生的四大影响因素（个人、家庭、学校和社会）中，个人因素是内因，家庭因素、学校因素和社会因素都是外因。从这四方面来分析问题产生的原因，才能较全面地找到问题产生的根源。一般来说，社会、学校是两个比较稳定的因素，不可能在短时间内得到改善，但家庭环境和个人心理都具有一定的灵活性，因此要充分重视对家庭和个人因素的改善。

第二节 "问题生"的问题行为列举

一、偶发事件

偶发事件的内容广，时间不定，难以预测，范围难以控制。偶发事件具有偶然性、突变性、多样性和不易控制等特点。

案 例

小佳，男，16 岁，在某中学借读。有一次课间，他与同学因小事发生口角，从此小佳对该同学耿耿于怀。某天，他看到电影上有投毒行为，突然想学着电影中的行为去报复同学。于是，一天中午他趁同学不在，在同学水杯里投放了一些洗衣粉。后来因老师发现那位同学有异常反应，及时送到医院洗胃，才没有造成更糟的结果。结果小佳不仅要接受罚款，还要接受相应的处分。

案 例

某中学学生李某因手被纪某划伤一事，把纪某叫到该校学生宿舍背后的路上，向纪某索赔医药费 5 元。因纪某不肯赔偿，李某便朝纪某身上踢一脚，与

---

① 蔡富有，樊和平. 青年塑造未来（下册）论文文丛 2002 - 2003 年 ［J］. 中国经济出版社. 2005（1）.

李某一起的严某某则从地上拾起一根木棍，朝纪某的身上打去，打中纪某的左腰部，致纪某脾脏破裂，经法医鉴定，纪某的伤属重伤。严某构成故意伤害罪，被判处有期徒刑5年，并和李某共同赔偿人民币147369.55元。①

从以上事件我们不难看出，偶发事件的产生是学生已有的不良心理倾向受到环境中消极因素影响的结果。再加上中学生自身还不够成熟，思想尚未定型，经常处于摇摆之中，更促进了中学生偶发事件的产生。因此，教育与疏导就成了处理好偶发事件的关键，只有抓住教育与疏导这个关键才能治本。

二、不良交往和暴力

（一）不良交往

中学生，有较强烈的交往意识，但如果与不良个体或群体进行交往，后果难以预料。一个不良的朋友，往往能改变青少年一生的命运，使他们误入歧途。苏格拉底说："告诉我谁是你的朋友，我就能说出你是什么样的一个人。"也说明了交往对人影响的重要性。

案 例

17岁的钱某喜欢上网，在网吧结识张某。有一天，两人一起上网到很晚，张某就邀请钱某住到他家里，晚上钱某见张某家大人不在家，就趁张某睡着后将张某父母的金首饰、手机等东西悄悄偷走，然后拿到外面变卖现金后自己花用。公安机关很容易就排查到是钱某所偷，移送到检察机关后钱某被以盗窃罪向法院起诉，后来被判处有期徒刑，罚金2000元，并赔偿张某家的所有损失。非分所得不仅没有得到，而且还获得了牢狱之苦，更为自己今后的人生添上了一笔难以抹去的污点。②

"问题生"进行不良交往，很大一部分原因是他们没有归属感，他们得不到老师、同学和家长的尊重。因为"问题生"学习不好、纪律性差，某些教师往往对其缺乏耐心，习惯于板起面孔训斥，使这部分学生思想苦闷，总觉得在学校没有人理解他，使这部分学生逐渐远离集体，对集体活动不感兴趣。为了找到归属感，他们很容易受到坏人引诱，进行不良交往，走上违法犯罪的道路。

（二）暴力

近些年来，各大报纸、电视和网络上报道了很多关于中学生暴力的事件。中学生打架现象屡禁不止，并有愈演愈烈之势，甚至有的学生还将施暴过程的

---

① 《龙翔高级中学法制教育材料》，http：//www. ralx. com/Article/ShowArticle. asp？ ArticleID =915，2010年7月1日。

② 《打击侵害校园犯罪加强自我防卫能力》，http：//www. cc. ccoo. cn/ty3/newsshow. asp？ id =61072&cateid =511317&nid =512305，2009－6－25

照片、视频上传至网络，引起了人们对当今中学生素质的讨论。

案例

从吴同学的档案材料来看，在父母离异后，他与母亲一起生活。他在四年级之前，也就是他父母离异前，成绩、品行、守纪等方面都还比较好。而之后的他，因为父母离异，母亲又忙于生意、疏于管教，加上他结交了社会上的几名问题青年，从此，出入网吧、赌博闹事、打伤同学、损坏公物、迟到旷课等就成了家常便饭。

进入中学的第一个星期，吴同学还按兵不动，一切风平浪静。第二周的星期三，因为他的英语作业没有交，课代表就把他的名字写在了黑板上（这是通常的做法，以便提醒未交作业的人），这下他终于爆发了：起先是破口大骂课代表，继而把课代表的书包、笔、本子等都扔到了楼下，还与课代表打了起来。①

案例

《东方今报》报道：晚自习放学后，河南南阳市第二高中高三学生刘超（化名）遭到数名同班同学殴打，先是在教室墙角，后来又被拉出教室殴打。经医院诊断，刘超局部软组织肿胀，颈部及左肩部活动受限。

这已经是刘超第四次遭到同学殴打了。高二时，因为大扫除，他被班长打了一顿耳光，之后在宿舍里又遭到4名同学殴打。第三次被打发生在放学路上，同班七八个人把他摁倒在地打了一通。从那以后，家长每天都要送他上学，晚自习放学后也准时到校门口来接。最让刘超自尊心受伤的，是存有他挨打场面的视频一度在同学中间传看。

据家长介绍，刘超多次被打后，学习成绩直线下滑，性格也受到影响，经常在夜里突然惊醒。医生说，刘超已有抑郁症倾向，必要时要去看心理医生。②

案例

2009年12月23日下午4时左右，在河南省虞城县晨光中学初二（七）班教室内发生了一起令人触目惊心的女中学生暴力受辱事件。现场是在虞城县晨光中学初二（七）班教室内发生的，一开始，就是一名年龄约15岁左右的男生刘泰森（化名）对女生周晨晨（化名）进行人身攻击、辱骂，刘泰森先是左右扇周晨晨的耳光，并用拳头向周晨晨右耳门重重地砸去，继而揪住周晨晨的长发向地上按，然后刘泰森右手操起一把板凳，向周晨晨头部砸来，周晨

---

① 程立海. 喜欢暴力的"问题生"［N］. 中国教育报. 2009年4月3日.
② 萧雨. 校内暴力：安全教育日的另类话题［N］.《中国中学生报》. 2010年4月2日.

晨本能地用双手去护头部，结果双手被板凳砸得青一块紫一块。刘泰森边打边骂，终于把周晨晨打倒在地，然后用脚狠狠地踹下去，周晨晨的衣服后背上印下了那只暴力的脚印。因为刘泰森人高马大，同学们十分惧怕，在刘泰森对周晨晨实施暴力的过程中，面对着周晨晨的孤单无助，刘泰森对周大打出手，风头出尽，同学们没有一人敢上前劝阻，自始至终，周晨晨一直低着头，打不还手骂不还口。此时，受辱女生周晨晨的头脸及上半身衣服血迹斑斑。学校班级中发生了暴力，却没有人上前劝解或阻止。①

分析中学生暴力事件可以看出，中学生的暴力犯罪主要是心理承受能力差、易冲动造成的。中学阶段是个体情绪情感急剧变化的时期，情绪的躁动与不安，往往会引发学生间的暴力行为。缺乏自制力的"问题生"，当遇到外界刺激时有可能引发其暴力欲望。

三、吸烟、吸毒、网瘾和浏览色情信息

（一）吸烟

学生吸烟问题已成为社会关注的一个热点问题。2009 年，桂林市某初中曾经对数百名学生做过一项抽样调查，结果显示，男生吸烟比例高达 8%，3% 的男生每天抽 5 根烟以上；女学生吸烟比例为 4%，其中 1.6% 的女生每天至少抽一根烟。由于中学生正处于长身体、长知识的关键时期，一旦染上吸烟的恶习，再想戒是相当困难的。

案 例

前不久，某地破获的一起入室盗窃案，涉案人年仅 15 岁，上小学时就是有名的"小烟鬼"，到了中学烟瘾越发不可收拾。为了每天一包的烟钱花销，他先是编造各种理由向父母骗钱，后来因父母有所察觉管制较严，就去偷拿家里的物品或勒索低年级同学的零花钱。但这仍然满足不了他的买烟所需，于是便铤而走险，干起了入室偷盗的勾当。所盗的数千元钱物，除部分用于上网、玩游戏之外，大部分挥霍于吸名贵香烟。结果，当他再发"烟瘾"行窃时，被冰冷的手铐铐住了沾满"烟味"的双手……②

学生吸烟，家庭是获得香烟的主要途径，学校外是吸烟的主要场所，伙伴是吸烟行为的主要引发者和参与者。

学生吸烟大多是好奇心的驱使，另外还有虚荣心、模仿、好胜心和所谓的叛逆性心理（亦称逆反心理）也是中学生吸烟的重要内在因素；还有一部分

---

① 《虞城县晨光中学发生中学生暴力事件》，http://bbshtml.shangdu.com/20100113/13001001814/814-1.htm，2010-01-13

② 豆浩亮．中学生吸烟现象内幕调查［N］．http://60.164.110.39/bencandy.php？id=394，2006-06-19

学生吸烟是为了加入某个小集团，获得集团成员的接纳，或者是为了与周围人保持一致的从众行为；另外，一部分青少年想通过吸烟来证明自己像个大人似的，认为吸烟时髦、潇洒，互相之间递烟显得很大方。

（二）吸毒

来自国家禁毒委员会办公室的数字表明，我国近几年青少年吸毒的比例在吸毒人口中占 80% 左右。由此可见，我国青少年已成为最易受到毒品侵害的"高危人群"，我国的禁毒工作形势严峻。

案 例

郑某，男，14 岁，初二学生。其父吸毒成瘾，吸空了家财，其母也因此与其父离了婚，其父对这个唯一的儿子也疏于管教。郑某由于经常看到父亲及其毒友们在家里吸毒，便由模仿到吸毒成瘾，被送戒毒所。

案 例

2009 年 4 月 9 日晚上 10 时，在南宁市某中学读书的阿莉接到同学阿珊的短信通知："下课后，大家一起去撮一顿。"看了短信，阿莉马上就明白了。别以为他们说"撮一顿"是去下下馆子，吃吃大餐，他们说的可是去吸毒品！当阿莉来到约定地点时，阿珊已经到了，一起来到的还有阿莉的同班同学阿毛和阿凡。看到人都来齐了，阿珊从身上拿出一包毒品，倒在一张白纸上，然后拿出一张 20 元的钞票，卷成了一条吸管。阿毛接过吸管，第一个吸了起来。当他吸完后，顺手交给阿莉；阿莉吸完后，又交给阿凡。轮到阿珊吸食时，白纸上的毒品的量还很大，阿莉等人叫阿珊不要全部吸完，但阿珊表示："要什么紧，吸完了，反正有人免费给我送货。"说着便一口将所有的毒品吸完了。几分钟过后，因吸食毒品过量，阿珊晕倒在地上……阿珊晕倒后，阿莉等人傻了眼，顿时惊慌起来。至此，一起中学校园内学生吸食毒品事件露出了水面。①

中学生吸毒和吸烟心理一样，也是受到好奇心、虚荣心、好胜心、模仿心理、逆反心理、从众心理的影响。相关调查情况来看，绝大多数吸毒者初尝毒品时基本上都是因为受人诱惑。有些人利欲熏心，为了追求永无止境的买方需求市场，而有些人本身吸毒，为了筹集毒资而转化成卖方。这些人在身边发展买方，而最容易引诱的对象就是那些涉世不深、对毒品缺乏深刻了解、贪玩旷课、闲荡于校内外的中学生。

（三）网瘾

近些年来，中学生上网成瘾，引发了一系列社会问题。

---

① 《4 名中学生相约下课"撮一顿"一女生吸毒过量晕倒》http://www.chinanews.com.cn/edu/xyztc/news/2009/04-30/1671741.shtml，2009-04-30

案 例

小威，14 岁，某校初二年级学生。他原本聪明伶俐，品学兼优，曾荣获学校计算机网络知识竞赛一等奖。自从在网吧迷上网络游戏后，每天一放学，他就往网吧里钻，双休日则更是无所顾忌，全天泡在网吧，有时还和同学们在网吧里"包夜"，十分痴迷。学习时，黑板上的字、课本上的练习，在他的眼里全变成了电子游戏里的五颜六色的方块和跳棋子，在他的眼前晃来晃去，赶也赶不走。后来，为玩电子游戏，他经常逃学，还向同学借钱买卡。

案 例

2007 年 4 月 8 日晚，一男孩从晚上 10 点开始在家玩起网络游戏至凌晨 5 时后导致突发性耳聋。医生检查后说，因为没有及时治疗，他的耳朵可能无法恢复正常听力；2006 年 7 月 11 日，高三毕业生小宇因高考过后几乎全部时间都在进行疯狂的网络游戏导致视网膜穿孔。①

案 例

一名 17 岁中学生网络游戏成瘾，分不清现实与游戏世界，竟在通宵玩游戏时，半夜将网吧里一名男子杀死而全然不知，第二天清晨经网吧的有关管理人员发现后报案，这名中学生才清醒过来。②

2010 年 6 月 18 日，中国少先队事业发展中心、中国社会科学院青年中心、中国社会科学院社会科学文献出版社在京发布我国第一本青少年蓝皮书——《中国未成年人互联网运用报告（2009 - 2010）》。蓝皮书中根据中国互联网络信息中心（CNNIC）提供的数据，截至 2009 年年底，中国网民规模达 3.84 亿人，其中，10 ~ 19 岁的网民占 31.8%。蓝皮书按此数据测算，中国 10 ~ 19 岁网民规模超过 1.22 亿人。

2010 年 6 月 22 日文化部出台《网络游戏管理暂行办法》（以下简称"暂行办法"），其中明确规定，网络游戏运营企业应当要求网络游戏用户使用有效身份证件进行实名注册，并保存用户注册信息。网络游戏虚拟货币交易服务企业提供服务时，应保证用户使用有效身份证件进行注册，并绑定与该用户注册信息相一致的银行账户。"暂行办法"规定网络游戏虚拟货币的使用范围仅限于兑换发行企业自身所提供的虚拟服务，不得用以支付、购买实物产品或兑换其他企业的任何产品和服务。2010 年 8 月 1 日起，"暂行办法"将正式实施，所有的网络游戏都将实施"实名制"，未成年人不得进行网游虚拟货币

① 肖川，曹专. 守护孩子的生命：中国家长要关注的 20 个问题［M］. 中国轻工业出版社. 2009：214.

② 魏晓莉. 奋斗——让生命与梦想接轨［M］. 华艺出版社. 2008：163.

交易。

2010 年 1 月 15 日，中国互联网络信息中心（CNNIC）发布的《第 24 次中国互联网络发展状况统计报告》显示，10～19 岁青少年是各个年龄层网民中最多的一个年龄层次（见图 8－1）；中国青少年网民规模为 1.75 亿人（见图 8－2），半年增幅 5％，目前这一人群在总体网民中占 51.8％。

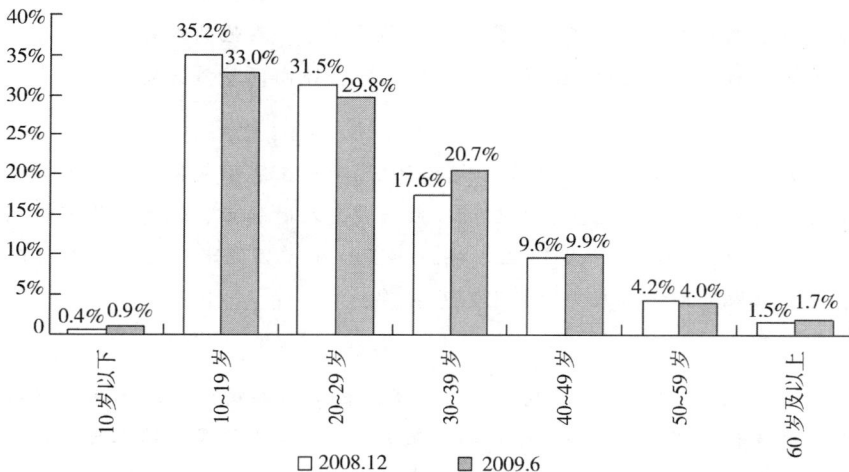

图 8－1 网民年龄结构对比

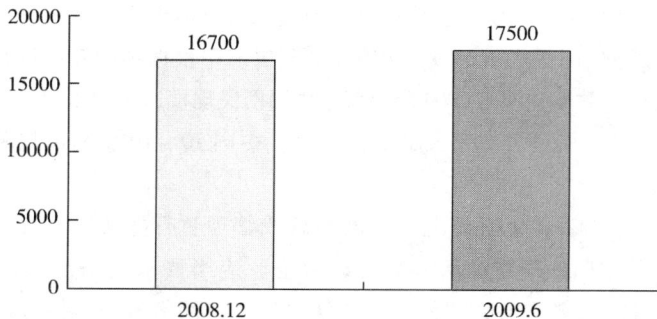

图 8－2 中国内地青少年网民规模对比

中学生"网瘾"的主要表现：

①沉迷于听音乐，看电影。这在中学生群体中是很普遍的现象。利用网络听音乐、看影院，非常方便快捷，网络的这种优点致使众多中学生沉迷于音乐和电影视听。

②沉迷于打网络游戏。这在中学男生中特别普遍。有的学生甚至为了买虚拟世界中的游戏装备等还花费了不少的金钱。

③沉迷于网聊。中学生利用各种聊天工具进行虚拟的人际交流，由于网络

的虚拟性，再加上有的中学生警惕性不高，很容易受骗上当。

④沉迷于色情影像。现在，网络也成为了中学生获得色情信息的主要途径。

学生接受新事物和新知识的能力很强，网络信息量大的特点恰恰满足了中学生开阔视野、认识世界的需要。同时，由于中学课业负担繁重，"问题生"学业成绩一般又不好，他们对学习总提不起兴趣，就把精力放到了学习以外的地方。而且，一般"问题生"都抵触父母，讨厌父母总问起学习的事。有的学生说："网上聊天很开心，没有人问我考几分"。面对网络游戏、网上聊天等的诱惑，"问题生"就自然乐此不疲，容易上瘾了。

（四）浏览色情信息

由于网络信息技术发展迅速，黄色小说、图片等信息的获得已经不再困难。据有关专家调查，网络非学术性信息中，约有一半与色情有关；每天约有2万张色情照片进入互联网。除网络上有一些专门的色情网站外，甚至一些知名网站也有色情网站的链接。学生们私下登陆色情网站、浏览图片、观看色情电影、阅读色情文章、传播色情短信更加方便了。

案例

2006年8月29～30日，全国最大的色情网站——"情色六月天"一案在太原开庭。该案由于注册会员多，发布淫秽电影、图片多，网络点击数超过1000万而受到全社会的广泛关注。庭上受审的"情色六月天"网站的创办者、管理者是青年，在网上浏览色情影视、信息的主要是青少年，青少年是网络色情的最大受害者。

2005年年初，安徽省公安机关破获了"九九情色论坛"案，30万注册会员多数是青少年。网站居然模仿校园体系构建组织体系，网络管理维护人员也冠以"班主任、教导主任、校长"等名称。

案例

昨天李女士的儿子拿着手机玩了一下午，李女士原以为他在和同学短信聊天，经过时无意看了一眼，却发现屏幕上的内容不堪入目。严厉询问后她才知道，从今年2月开始，儿子就瞒着她开通了手机上网包月功能，用手机上网聊QQ、看小说、下载电影等。最近同学介绍了几个黄色网站，他就用手机下载了一些激情视频等，除了网速慢点外，因随时随地都能上网，比电脑还方便。李女士说，她对儿子玩电脑控制得很严，儿子上高中配了手机后，她担心儿子过多联络同学影响学习，每个月都会查儿子的话费，自认能对儿子的行踪了如指掌。没想到儿子悄悄开通了上网包月功能，因为每月只要10元钱，她并没有发现话费有问题，要不是这次亲眼所见，她很难相信原来一部小小的手机也可以很轻易地伤害到儿子。

色情书刊、网络黄毒、黄色影碟、色情声讯台、色情游戏等包含的色情信息对中学生生理、心理健康的影响和危害是不可估量的。近些年，我国加大了对网络黄毒的打击力度，一些不法分子不敢顶风作案，转而采取了更加隐蔽的方式，将色情网站开到了手机 WAP 网。中国科学院科技政策与管理科学研究所李强博士说：这条通道很通畅，而且非常隐蔽。手机用户只要用 WAP 上网，就能进到淫秽色情网站，同样的网址，用电脑上网去查，看不到内容，什么都没有。一些自制力差、意志力弱、道德品质低劣的中学生，谁能保证他们不会身陷"色"中，想入非非，进而跃跃欲试，以身试之呢？

四、自卑、虚荣和懒惰

（一）自卑

自卑是青少年性格发展过程中的一种缺陷，他们极易贬低自己的能力和品质，在自卑心理的作用下还会伴有一些特殊的情绪体验，诸如悲伤、羞怯、内疚、自责等。

案例

高某，男，高二学生，为自己的长相而苦恼，对别人的言行反应敏感，认为别人都在讥笑他。有一次他向班长借工具书，班长冲他笑了一下，他立刻认为班长的眼神里充满了不悦与嘲讽，因此愤然而去，很长时间不再理班长。他曾经试过重塑自我，竭力待人真诚、友善，但时间不长，他那潜在的深深的自责感、自卑感重新抬头，他开始破罐子破摔，故意和同学发生冲突，破坏自己的形象。

自卑心理往往会影响人际关系，从而又反过来加深自卑感。大量事实说明：考试分数经常偏低、留级，经常挨批评，甚至长相、身材不符合社会审美标准等，都可能成为产生自卑心理的原因。自卑心理极易造成青少年自暴自弃，不求上进。

（二）虚荣

虚荣心是一种追求表面荣耀、光彩，以虚假方式来保护自己自尊心的一种心理状态。这种消极的心理是为了取得荣誉和引起普遍注意而表现出来的一种不正常的社会情感，是一种歪曲了的自尊心，极不利于青少年的健康成长。虚荣心理在中学生中表现较为突出。如为了得一个好分数，有面子，考试偷看作弊；为了引得同学羡慕，过分化妆打扮等。

案例

2007 年 4 月 2 日下午 3 时许，苏某来到赫章县城的一家手机销售店里，让老板拿一款价值 1800 元钱的手机给他看。乘手机销售店老板不注意时，苏某拿起手机撒腿就跑。听到呼喊声后，2 名巡逻民警奋起直追，将苏某当场抓获。

赫章城关镇派出所郭警官说，自 3 月 25 日以来，赫章城区发生的"两抢"案件有绝大部分是赫章县城周边乡镇来城里读书的在校中学生所为。因涉嫌抢劫、抢夺而被刑事拘留的中学生就多达 20 余人，这些离家在外读书的中学生大多数都是因不甘穷苦，与同学攀比，赶时髦想方设法弄钱而走上犯罪道路的。

在中学生中虚荣心通常表现在以下几方面：

①说谎。学生违犯纪律后，不让同学们跟老师汇报，老师知道此事调查则编出一套谎话企图蒙骗老师，不承认自己做的错事。

②改分数。有不少成绩差的同学为了家长满意，为了不受家长惩罚，往往在成绩单上把自己的低成绩改成高成绩。

③窃取他人劳动成果。有的同学上课不认真听讲，等到别人做完作业后，拿过来一抄了事，有的甚至在考试时也抄袭他人答案。

④比花钱，比穿着。有的学生明知自己家里经济很拮据，却以好时装及贵重物品在同学面前摆阔；乱吃零食；有的学生还欠账、借钱，却在同学面前表现得很有钱，很大方。

（三）惰性

懒惰是人的本性，常常有好逸恶劳，不思进取，缺少责任心，缺少时间观念的不良表现。中学"问题生"的懒惰表现尤为突出。所罗门王说过："懒惰使人沉睡，懈怠的人必受饥饿。"

从城乡角度看，农村一般比城市学习条件艰苦，学习机会也来之不易，因此农村中学生勤奋程度也明显比城市中学生要高。从贫富角度看，即使一个地域的中学生，由于贫富不同，他们的努力程度也不同，贫穷家的孩子往往更加刻苦些。从家庭中孩子的数量来看，独生子女往往从小养成"衣来伸手、饭来张口"的习惯，没有主见，缺少独立性，他们在家靠父母，在学校依靠老师，在社会上依靠其他人。这种依赖性是导致他们懒惰的主要原因。而"90后"的中学生在家里基本上都是独生子女，宠爱得不得了。学校以前老师是老大，而现在学生是上帝，家长是老大。在这样一种特殊环境中教养出来的"90后"的学生就可想而知了。

心理学认为，人处于稳定的、平衡的状态是很难产生内驱力的，这样的状态下极易产生惰性。只有当一个人处于极度缺乏或者不平衡状态时，内驱力才能产生，从而形成勤奋品质。因此，不要让中学生有依赖条件，不给他们提供额外的保护，让他们能为自己的人生负责，才是消除惰性的根本方法。

五、人际关系困扰

中学阶段是个体社会化的重要时期，而社会化的过程离不开人与人之间的交往。所谓"人际交往"，就是人与人之间通过一定方式进行接触，从而在心理上和行为上发生相互影响的过程。在交往的基础上形成的人与人之间的心理关系称为人际关系。

中学生的人际关系问题突出表现在与教师、同学以及与父母的关系问题。"问题生"在这三者的关系中都可能存在着不同程度的对抗、消极等情况。

（一）孤独感

中学生除希望得到老师的理解与支持外，也希望在班级、同学间有被接纳的归属感，寻求同学、朋友的理解与信任。有研究表明，大多数人都认为自己结交朋友最多的是中学时期。中学时期的同学友谊占据着十分重要和特殊的地位。中学生都喜欢友情，但当被同学拒绝，被同学远离的时候，他们就像与世隔绝一样，感到非常孤独。

案 例

一位因为父母离异变得性格内向的中学生写下的"成长的烦恼"日记：

在我们这个年龄，烦恼是每个人都有的，各不相同，而且有的多有的少。我有个烦恼，这个烦恼就是觉得同学们好像不怎么喜欢和我说话或者和我在一起，我不知道这是为什么。我想只要是人就怕寂寞，如果我知道为什么，我可以改，可是我不知道。不知什么时候我多么希望和同学多说几句话，大多数时候，同学只会说："烦死了"或者"你不烦啊？"这让我感觉很无奈，甚至气愤。要说好朋友我可没几个，每次放学看一些同学等其他同学一块走，我只有等的份，没有被等的份。每当看到几个同学等别的同学时，心里就会泛起无限的羡慕之情。我不想要同学的嘲笑，因为它让我难受，但我想要同学们的笑声。因为别人开心我会更开心。但我不知道从什么时候起，我从一个想让别人笑的人变成同学眼里的怪人。有时别人说我什么坏话，我也说自己就是这样。我很少看到别人的笑，自己却总是没有事就傻笑。这似乎已经成了一个习惯。不管见到哪个同学都是笑着的，连生气时都是这样。我有时甚至怀疑这是一种毛病。我希望我的烦恼不是一堆天体上的逗号，而是一个圆滑而又饱满的句号。

（二）早恋

中学阶段是异性交往的敏感时期。中学阶段不得不谈到"早恋"的问题，而早恋已不是新鲜的话题，但由于至今没有找到较好的解决问题的方法，仍需要不断探讨、不断研究。

案 例

据《华西都市报》2007年3月31日报道，在常州开小副食店的尹某和马某夫妇，一直很好的儿子忽然成绩急剧下滑。马某通过跟踪孩子，发现儿子早恋了。任凭夫妻俩怎么打骂，尹辉辉都不愿和女孩断绝来往。后来，得知那女孩名叫丹婷，其父亲贾某是老总。于是，夫妻俩改变了主意，愿意让儿子攀上丹婷家做女婿。从此，他们对儿子早恋积极支持，叫儿子带高档食品给丹婷吃、送化妆镜、逛恐龙园、甚至叫尹辉辉休学带丹婷到老家等。当孩子们回来时，丹婷已怀孕。贾某立即报案。尹辉辉因涉嫌强奸而被拘留。学校得知情况后，经校领导反复商议，决定将尹辉辉从学校除名。而辉辉由于不断的被提审、录口供，加上高强度的体力劳动，精神受到严重摧残。警方考虑到辉辉精神状况不稳定，而丹婷又承认是自由恋爱，只好释放他。2007 年 3 月，经南京脑科医院鉴定，尹辉辉已构成中度智力伤残。丹婷被父母带到医院做了流产，因年龄太小，身体受到极大的损伤。在父母责骂下，丹婷性格变得自卑。①

案 例

卢凤云是沭阳县某中学学生，一直暗恋本班女同学小丽。今年春天，他发现小丽开始与班上男同学小强交往，于是心生不满。4 月 8 日下午，卢凤云强行将小强拖拽至中学附近一个小巷里殴打，他还掏出水果刀刺伤小强左肩部。案发后，卢凤云主动到公安机关投案，后来又赔偿了小强的经济损失。

法院经审理认为，卢凤云持械殴打公民，情节恶劣，其行为已构成寻衅滋事罪。但他犯罪时已满 16 周岁未满 18 周岁，属于未成年人，犯罪后主动投案，并能积极赔偿被害人的经济损失。据此，法院依法予以从轻处罚。不久前，江苏沭阳县人民法院以寻衅滋事罪判处被告人卢凤云拘役 3 个月，缓刑 6 个月。

中学生"早恋"话题由来已久，但现在却与以往情况有所不同：以前的中学生如果发生早恋，他们很怕周围同学、老师和家长知道，心理压力巨大。而现在的中学生认为身边有男（女）朋友是他们受人欢迎的证明、炫耀的资本。无论在公交、地铁、街道，或是公园，你随处可以看见一对对身着校服的中学生互相牵手、拥抱甚至热吻的场景，甚至在网络上也可见到许多关于中学生不雅行为的照片或视频。

总结造成中学生异性情感萌生乃至早恋的因素，大概有以下几种：生理的发育；大众传媒的影响；缺乏家庭的关爱；家庭社会环境的不良影响；好奇心驱使等。总之，中学生早恋势必分心，直接影响学习。那么，要想真正帮助学生解决感情问题，班主任需要讲究艺术，切忌粗暴压制。

（三）逆反心理

逆反心理是学生对外来的教育、规范、制度等产生的对立、反抗的心理状

---

① 潘家玲，孟志中．关于"早恋"教育对策的案例分析 ［J］．现代教育科学．2007：5.

态或情绪反应。它是中学生的独立意识突显的非理性产物。由于处在青春期的"多事之秋"，中学生，尤其是"问题生"往往与家长、老师关系矛盾重重，他们很容易产生逆反心理。

2007年，北京某区针对3000多名中学生心理状况的抽样调查显示，目前家庭教育和亲子关系让人担忧，只有不到5%的孩子表示喜欢自己的父母，近七成中学生表示"反感父母"或"极度反感父母"。这份调查报告是在对该区30余所中学的教师和学生测查后得出的。同时，调查统计表明，中学生与家庭的矛盾高于师生矛盾。

在中学校园里面，学生因对教师的管理和教育不服而表示拒绝的语言和行为，我们视为顶撞行为。这种顶撞行为在中学低年级里发生得较普遍，男生要多于女生，普通中学比重点中学更为常见。

案例

余某，初三学生。学习成绩中下，智力较好，自尊心强，有时又有自卑感，做事很情绪化，爱表现自己，逆反心理十分严重，自我要求不严，做事随意性强。常和父母、老师发生冲突、顶撞，有很强的抵触情绪。经受不起老师、家长的批评。每当老师批评他时，他就会激动地眼睛直视着老师，一副不服气的样子，甚至还和老师顶嘴。有一次在家，因姥姥说他偷拿了家里三百元钱，他与姥姥吵了起来，还骂了姥姥，事后母亲知道了批评他，结果他因此而几天不理母亲，并且在家不好好做功课。

北京大学社会学系教授夏学銮认为当前青少年不健康心理表现有：一是自私；二是任性；三是嫉妒；四是叛逆；五是浮躁；六是忧郁；七是自卑；八是自恋；九是自残；十是自杀。[①] 由此看出，叛逆是当前危害青少年心理健康的重要因素之一。

逆反心理是中学生对老师、家长产生顶撞行为的主要原因。对待中学"问题生"的逆反心理，老师和家长首先要在思想上意识到他们存在逆反心理是正常的。逆反心理是一种跨文化的社会心理现象，它不会随着时间而消失，它过去存在，现在存在，将来还会存在。所以，面对"问题生"的逆反行为，班主任要有充足的心理准备，泰然处之，切忌乱发脾气，与学生对立，那样会适得其反。

六、病态人格

病态人格，也称为人格障碍、精神病态。

所谓人格，心理学上是指人的个性。精神症状的人格适应缺陷，通常以固

---

① 夏学銮．青少年心理健康与问题面面观［M］．中国青年研究．2003：6.

定的反应方式对环境做出反应，从而形成不被社会公允的、不得体的行为模式。有些人把人格障碍看成精神病，这种观点是错误的。严格意义上讲，人格障碍是介于精神病与正常人之间的一种不正常的个性特征，是危害青少年心理健康的重要个性因素。[①]

中学生正值青年早期，正处于"心理断乳期"，个性由不稳定走向成熟，各种心理矛盾比较突出，如独立性与依赖性、闭锁性与开放性、情绪的冲动与自制力、求知欲强与识别能力低下、理想与现实等矛盾。如果这些矛盾得不到及时的疏导，便会形成"心结"，并产生困惑、紧张、不安等消极体验。

很多分析中学生病态人格方面的专著，都认为中学生人格障碍主要表现类型有：①阳奉阴违型；②争强好胜型；③孤僻冷漠型；④固执敏感型；⑤依赖从众型；⑥自我中心型；⑦反社会型。[②]

第三节 "问题生"的教育和转化

班主任在对什么是"问题生"以及对他们的问题行为有了一定的认识之后，就需要了解相应的科学诊治之道了。"问题生"是怎么产生的？在王金战[③]看来，一个学生反复遭遇失败的打击，就变成了"问题生"。要转变"问题生"，就要让他反复体验成功的喜悦，积累进步的成果。如何让"问题生"体验成功？那就要不断挖掘他的优点。王金战认为，"问题生"和优秀生的区别，从来不是天生的，而是家长和老师造就的，是阶段性现象。那么，既然是阶段性现象，要把"问题生"身上的问题解决掉，就必然提到如何对"问题生"进行教育的问题。以下是针对"问题生"的几种教育方法：

一、需要理论与心理辅导

（一）需要理论

马斯洛提出人类有五种需要，并且由下而上属于不同的层次：生理需要、安全需要、归属和爱的需要、尊重的需要、自我实现的需要。后来他又增加了认知需要和审美需要，至此需要层次理论一共包括七种需要。归属和爱的需要、尊重的需要仅次于生理需要和安全需要，是需要层次序中的基石。如果学

---

① 陈文君，杨雅清．完善自我中学生人格心理辅导［M］．河北科学技术出版社．2002：147．
② 蔡启姣．中学生人格障碍浅析［J］．武汉市教育科学研究院学报．2006（6）．
③ 王金战：人民大学附属中学数学特级教师。他被称为"中国最牛的班主任"。2003年，他带的一个班级，49人参加高考，37人考上北大清华，10人进了英国剑桥大学、牛津大学、美国耶鲁大学等国外名校。更牛的是，他还是一位成功的父亲，把原本中考时高中都没考上的女儿送进了北大。

生失去了归属与尊重感，就会导致他们自我实现需求的降低，他们身上的问题也得不到解决。

由于"问题生"的爱和尊重需要很少得到满足，越是这样，他们对归属和尊重的需求就会越迫切，他们的自尊心也越强。班主任要想解决他们的大多数问题，就必须抓住他们这一心理。班主任要信任"问题生"，相信他们有能力改变现状；要与他们真心沟通，给予"问题生"尊重；发现"问题生"身上的闪光点，在班上及时表扬和鼓励。

同时，班主任要让别的同学一同帮助"问题生"，使他们在班级中找到归属感，激荡起他们心灵深处的力量。班主任的态度会暗示、影响着其他学生对"问题生"的态度。如果老师不喜欢这个"问题生"，那么这个"问题生"的处境将非常困难，周围的学习成绩比较好的学生也会不喜欢他，不愿意接近他，这就是"破窗理论"。①

（二）学校心理辅导

心理辅导（*PsychologicalGuidance*）是学校教育者根据学生心理发展的特点和规律，在一种新型的建设性的人际关系中，有关专业人员等运用心理学知识和技能，设计和组织各种教育性活动，帮助学生形成良好的心理素质，充分发挥个人潜能，进一步提高心理健康水平的过程。

心理咨询（*PsychologicalCounseling*）即指一门学科，即咨询心理学，也指一种技术和工作，即心理咨询服务。作为一种技术和服务的心理咨询，其含义是：运用心理学的理论和技术，借助语言、文字等媒介，通过与咨询对象建立融洽的人际关系，进行信息交流，帮助咨询对象消除或缓解心理问题或障碍，增进心理健康，发挥自身潜能，进而有效地适应社会生活环境的过程。

心理治疗（*Psychotherapy*）是指在良好治疗关系的基础上，由经过专业训练的治疗者运用心理学的有关理论和技术，对当事人进行帮助，以消除或缓解当事人的严重心理问题或障碍，促进其人格向健康协调方向发展，进而恢复其心理健康的过程。

这些概念之间有区别：①处理问题的轻重不同；②达到的目标不同；③对工作者的要求不同；④花费的时间不同。②

有关学校心理辅导的具体功能与实施方法等已经在第七章做了比较详尽的阐述，这里就不再重复了。

二、行为矫正

行为矫正是通过适当的强化手段，增进学生积极行为的发生，减少并逐渐

---

① 朱凯．破窗理论［J］．青年教师．2007（5）．

② 冯海英，成云，李雪平．现代心理学［M］．电子科技大学出版社．2007：314－315.

克服不良行为的一种技术。[1] 行为矫正技术的目的是帮助"问题生"塑造良好的行为，并改变不适当的行为，是班主任进行"问题生"转变工作常用的技术。行为主义的基本理论就是认定行为是通过学习而获得的，并且认为一个习得行为之所以得以持续，那么一定是被它的结果所强化。[2]

系统脱敏法、认知治疗、强化法、示范法都属于行为矫正的方法，但强化法一般在学校中用得比较多。正强化法是行为矫正中最基本的方法，又称阳性强化法或积极强化法。阳性强化法以正强化为主要手段，及时奖励正常行为，漠视或淡化异常行为。

阳性强化法一般分为四个步骤：

（一）确定靶目标

靶目标就是要实现的预定目标。如一个学生总是不能按时交作业，使用阳性强化法来进行行为矫正，这里靶目标就是每次按时交作业。

（二）监控靶行为

靶行为就是要改变的行为。监控靶行为包括对目前靶行为的基础水平的评定，发生频率、程度和后果的观察和记录。如：班主任监控上面例子中这个学生不按时交作业的行为，发现这个学生总是在课代表催要后，利用上课或下课时间来抄袭别人的作业，对该生来讲迟交作业行为的结果就是可以不用动脑子，可以用写作业的时间打游戏等等，那么不用动脑子，可以用写作业的时间打游戏带来的精神上的满足就是对其不按时交作业行为的强化。

（三）设计新的行为结果

设计新的行为结果来取代不良行为产生的直接后果。如：班主任为上面例子中这个"问题生"设计了新的行为结果，就是按时交作业，并且此学生能够从写作业的活动中获得满足。

（四）实施强化

当个体出现适当行为时及时给予强化。需注意的是：每当适当行为出现，应立即给予强化；所选择的强化物要与被试的需要相吻合；一旦目标行为多次按期望的频率发生时，可采用逐步撤销强化物的方法，或用社会性强化物（如表扬、鼓励等肯定性的言语评价）来代替，以继续维持所需行为。

强化物有如下几种：

①消费性强化物，如糕点、饮料、水果等。

②活动性强化物，如室内外的活动，郊游、运动会、看电影等。

③操作性强化物，如拍球、跳绳、骑车、游戏等。

---

[1] 吴增强. 学校心理辅导通论［M］. 上海科技教育出版社. 2004：250.

[2] 张亚林. 行为疗法［M］. 贵州教育出版社，1999：92.

④拥有性强化物，如奖状、证书、笔记本等。

⑤社会性强化物，包括表扬、鼓励等肯定性的言语评价和积极的动作姿态。①

三、说服教育

对学生进行思想品德教育时，说服教育是运用得最为广泛的方法，但这种方法也是最难用好的。在实际工作中，班主任们经常会碰到说而不服的学生。

《教育百科辞典》将"说服教育"解释为：通过摆事实讲道理，启发引导学生心悦诚服地接受和改变某种观点、信念，明辨是非善恶，提高觉悟，从而指导行为实践的一种教育方法。说服教育是向受教育者灌输某种他此前没有或不同的观念，其目的就是最大限度地改变受教育者的态度，使他接受教育者的观点，并采取相应的行动。②

（一）建立平等的师生关系

要想说服"问题生"，首先班主任要和学生建立一种平等的关系。尊重学生的人格，把"问题生"看作发展中的人。不挖苦、歧视、打击"问题生"。班主任要在理解"问题生"的基础上，了解他们的苦衷，体会他们的心情，用心与心的交流打动学生，用耐心的说服教育代替批评，用朋友式的面对面交流代替当众的指责。

法国作家拉封丹写过一则寓言："北风和南风比威力，看谁能让行人把身上的大衣脱掉。北风首先来个凛凛寒风冰冷刺骨，行人为了抵御北风的侵袭，把大衣越裹越紧；南风则徐徐吹动，顿时风和日丽，行人因此觉得春暖上身，始而解衣敞怀，继而脱掉大衣，最后南风获得了胜利。"③ 这就是心理学上的"南风效应"。它启示我们，采用强硬的手段，往往达不到教育的效果，而采取温和的方法反而会使学生心悦诚服。

"问题生"在犯了错误之后，他们一般不会主动承认错误。他们会找到各种借口，和老师讲这样那样的理由，这时千万不要用过激的方法来压制学生，使其承认错误。压制的后果会适得其反，学生会产生叛逆心理，不利于问题的解决。如果这时班主任换一种方式，用亲切、友善和真诚的态度面对问题，则能使学生保持理性，逐渐打开"心门"，有助于达到说服的效果。

（二）把握恰当的时机和场合

唯物辩证法认为事物的运动都是在一定的时间、空间条件下进行的。在不同的时间、空间条件下，运动着的事物的矛盾有着不同的特点。因此，班主任

---

① http://chenlipingapple.blog.163.com/blog/static/86584206200881355316942/

② 张念宏．教育百科辞典［M］．中国农业科技出版社．1988.

③ 张锋．几种心理效应的教育解读［J］．教书育人．2003（4）．

应选择恰当的时机和场合对"问题生"进行说服教育，这是保证教育效果的先决条件。

班主任要注意观察"问题生"的行为表现、情绪波动。在察言观色的基础上，掌握学生的心理动态，并善于抓住有利时机（如心情好的时候、思想变化的关键时刻、环境影响的有利时机）进行说服教育，那样会取得事半功倍的效果。

班主任利用以下时机，将会取得较好的教育效果：

1. 新学期开始时

新学期开始时，学生一般都想有好的表现，想在新学期取得进步。班主任在这时对学生进行鼓励，会激发学生的干劲。班主任可以告诉学生："今天是崭新的开始。良好的开端，是成功的一半。"这样可以让"问题生"放下以往的思想包袱，给自己确立新的目标。班主任应热情鼓励"问题生"，并表达自己对他们的信任以及美好的愿望，为学生增添动力。

2. "问题生"取得进步时

如果"问题生"取得进步后（如考试进步、帮助同学、最近没有犯错误等等），得到了老师及时的表扬与鼓励，就会强化他们这种好的行为方式，有利于他们形成好的行为习惯。

3. "问题生"对以前的错误悔悟时

中学生虽然思想不成熟，但已有了反思的能力。"问题生"犯过错之后，经过一段时间的思想斗争，往往会产生悔悟的想法，它也是"问题生"改过的开端。班主任要抓住这个大好时机，激励学生，促进他们的进一步成长。

为了达到说服别人的目标，大多数人会滔滔不绝地向别人灌输自己的观点。老师更是"恨铁不成钢"，经常"苦口婆心"，但效果却不甚理想。由于大多数"问题生"有屡教不改的毛病，并且老师、家长对他们经常采用反复"灌输"的说教方法，他们早已"耳朵磨出了茧子"。如果继续采用单纯的说教方法，不但得不到预期效果，反而会促使他们产生逆反心理和抵触情绪。要想说服对方，卡耐基认为："应尽量给对方创造一些说话的机会"。班主任要耐心地倾听，抱着开放的心胸，给学生畅所欲言的机会，让"问题生"说出他们的真实想法，从情感上达到融通。只有让"问题生"畅所欲言，他才能把实话讲出来，让老师了解到问题的深层原因，也才能真正地解决问题，效果也才能立竿见影。

四、纪律教育

林格伦（H. C. Lindgren）曾提到，"纪律"一词有多种含义。一个含义是"惩罚"；另一个含义是"以强迫顺从或服从命令的行为加以监督"；还有一个含义是"改正错误与强化的训练"。"问题生"的自控能力、自我约束能力差，纪律意识淡薄，如经常性迟到、早退、旷课、整天泡网吧、打架斗殴、抽烟酗酒等等，而且屡教不改，个别学生甚至走上犯罪道路。纪律问题既是"问题生"行为管理的重点问题，也是关乎"问题生"能否健康成长的重要问题。纪律教育对"问题生"的转化工作有重要的促进作用。

（一）组织学生学习规章制度

班主任要组织学生学习学校的规章制度。让学生明白什么是该做的，什么是不该做的，什么是学校纪律允许的，什么是绝对禁止的。但学校的规章制度可能在形式或内容上与当前中学生的特点结合得不很紧密，这就要求班主任结合学生的实际制定一套可操作的班级管理制度，如《班级行为规范》、《学生违纪处理办法》、《班级奖励办法》等等。这些制度要和学生平时表现联系在一起。班级管理制度可以使班级管理有章可循，使"问题生"产生自我约束感。

（二）要坚持严格管理的原则

如果学生违反学校规章制度和班级管理制度，必须要受到相应的处罚。如果在执行制度的过程中，老师对有的学生管得松点，对有的学生管得紧点，那么制度就会在学生的心里失去效力，对"问题生"的约束力也就不明显了。

（三）掌握"度"

处罚要讲究"度"——学生既能够承受，又不影响心理健康。要让学生认识到：惩罚只是一种手段，目的是使他们认识到问题，及时纠正错误；只要他们改好了，老师还是喜欢和尊重他们的。

（四）防患于未然

班主任要在平时做好预防工作。利用好每周的一节班会课进行纪律教育，防止他们在行为或思想上出现偏差。

五、法制教育

在"分数是分辨学生优劣的第一标准"的这种衡量尺度下，老师、学生和家长普遍"重分数、轻道德"，这种现象致使一些中学生形成了不正确的价值观，不良行为与日俱增，甚至有些学生逐渐滑向了犯罪的深渊，造成终生遗憾。而可悲的是，一些犯罪的学生被捕后，并不知道自己已经触犯了法律。可见，他们的法制观念是何等的淡薄。因此，对中学生，尤其是"问题生"更要进行法制教育，以免他们触犯法律，遗憾终生。法制教育对提高学生的法律意识和自护能力具有现实意义。

班主任要如何对"问题生"进行法制教育呢？主要有以下几点：

（一）为学生敲响法律的"警钟"

中学生法制教育是一个普法的过程。班主任要让学生学会分辨生活中存在哪些"陷阱"，如何识别、如何求助，并知道哪些是触犯法律的行为，等等。

其次，法制教育不仅要向中学生宣传遵纪守法的重要意义，还要让他们学会用法律的武器来保护自己，让学生明辨是非、增强自我约束能力。开展法制教育的目的，除了培养学生法律观念之外，还在于增强学生责任意识、守法用法意识和自我约束意识。

（二）使法制教育的形式和方法灵活多样

中学生正是增长知识的关键时期，他们好奇心强，思想可塑性大。因此，对中学生进行法制教育，在教育的形式和方法上要注意灵活多样。除了固定的法律文件等材料外，还可以采用更为生动的形式，如看法律影片、小组讨论、组织"与犯罪青少年面对面"活动、角色扮演，等等。其中，角色扮演颇为生动，班主任可以组织学生在课堂上进行，让学生扮演不同的角色，使学生潜移默化地受到教育，并做到寓教于乐。

（三）使法制教育与家庭教育相结合

要求家长配合，家长本人要学法、懂法、守法，用法律知识辅导学生、教育学生，形成学校教育与家庭教育的良性互动，创建一种促进中学生健康成长的良好法制环境。

总之，"问题生"的教育虽然是教育工作中棘手的问题，但也是班主任成长的重要契机。可以说，"问题生"的教育与转化是一项"双赢"的工作，在这个过程中，"问题生"和班主任都得到了成长。班主任要想做好这项"双赢"工作，要克服主观上的"晕轮效应"，[①] 在平时的学习生活中要尊重"问题生"，用耐心、细心和真诚感化他们。当然，工作能否成功还需要学生家庭的积极配合，才能使每一个"问题生"真正受到教育，发生改变。

---

① 晕轮效应又称光环效应，指人们对他人的认知判断首先是根据个人的好恶得出的，然后再从这个判断推论出认知对象的其他品质的现象。

附　录

附录1　中小学生守则（修订）

1. 热爱祖国，热爱人民，热爱劳动，热爱科学，热爱社会主义，热爱中国共产党。

2. 遵守国家的法律，增强法律意识，遵守社会公德，遵守学校纪律。

3. 刻苦学习，勤于思考，勇于实践。

4. 热爱生活，珍爱生命，注意安全，锻炼身体，积极参加有益的文体和科技活动。

5. 自尊自爱，自信自强，生活习惯文明健康。

6. 积极参加劳动，生活俭朴，消费合理，自己能做的事自己做。

7. 孝敬父母，尊敬师长，礼貌待人，国际交往，注重礼节。

8. 热爱集体，维护集体的荣誉，团结同学，乐于助人。

9. 明辨是非，诚实守信，言行一致，知错就改，有责任心。

10. 热爱大自然，珍惜资源，节约能源，保护环境。

附录2　中学生日常行为规范（修订）

一、自尊自爱，注重仪表

1. 维护国家荣誉，尊敬国旗、国徽，会唱国歌，升降国旗、奏唱国歌时要肃立、脱帽、行注目礼，少先队员行队礼。

2. 穿戴整洁、朴素大方，不烫发，不染发，不化妆，不佩戴首饰，男生不留长发，女生不穿高跟鞋。

3. 讲究卫生，养成良好的卫生习惯。不随地吐痰，不乱扔废弃物。

4. 举止文明，不说脏话，不骂人，不打架，不赌博。不涉足未成年人不宜的活动和场所。

5. 情趣健康，不看色情、凶杀、暴力、封建迷信的书刊、音像制品，不听不唱不健康歌曲，不参加迷信活动。

6. 爱惜名誉，拾金不昧，抵制不良诱惑，不做有损人格的事。

7. 注意安全，防火灾、防溺水、防触电、防盗、防中毒等。

二、诚实守信，礼貌待人

8. 平等待人，与人为善。尊重他人的人格、宗教信仰、民族风俗习惯。

谦恭礼让，尊老爱幼，帮助残疾人。

9. 尊重教职工，见面行礼或主动问好，回答师长问话要起立，给老师提意见态度要诚恳。

10. 同学之间互相尊重、团结互助、理解宽容、真诚相待、正常交往，不以大欺小，不欺侮同学，不戏弄他人，发生矛盾多做自我批评。

11. 使用礼貌用语，讲话注意场合，态度友善，要讲普通话。接受或递送物品时要起立并用双手。

12. 未经允许不进入他人房间、不动用他人物品、不看他人信件和日记。

13. 不随意打断他人的讲话，不打扰他人学习工作和休息，妨碍他人要道歉。

14. 诚实守信，言行一致，答应他人的事要做到，做不到时表示歉意，借他人钱物要及时归还。不说谎，不骗人，不弄虚作假，知错就改。

15. 上、下课时起立向老师致敬，下课时，请老师先行。

三、遵规守纪，勤奋学习

16. 按时到校，不迟到，不早退，不旷课。

17. 上课专心听讲，勤于思考，积极参加讨论，勇于发表见解。

18. 认真预习、复习，主动学习，按时完成作业，考试不作弊。

19. 积极参加生产劳动和社会实践，积极参加学校组织的其他活动，遵守活动的要求和规定。

20. 认真值日，保持教室、校园整洁优美。不在教室和校园内追逐打闹喧哗，维护学校良好秩序。

21. 爱护校舍和公物，不在黑板、墙壁、课桌、布告栏等处乱涂改刻画。借用公物要按时归还，损坏东西要赔偿。

22. 遵守宿舍和食堂的制度，爱惜粮食，节约水电，服从管理。

23. 正确对待困难和挫折，不自卑，不嫉妒，不偏激，保持心理健康。

四、勤劳俭朴，孝敬父母

24. 生活节俭，不互相攀比，不乱花钱。

25. 学会料理个人生活，自己的衣物用品收放整齐。

26. 生活有规律，按时作息，珍惜时间，合理安排课余生活，坚持锻炼身体。

27. 经常与父母交流生活、学习、思想等情况，尊重父母意见和教导。

28. 外出和到家时，向父母打招呼，未经家长同意，不得在外住宿或留宿他人。

29. 体贴帮助父母长辈，主动承担力所能及的家务劳动，关心照顾兄弟姐妹。

30. 对家长有意见要有礼貌地提出，讲道理，不任性，不要脾气，不顶撞。

31. 待客热情，起立迎送。不影响邻里正常生活，邻里有困难时主动关心帮助。

五、严于律己，遵守公德

32. 遵守国家法律，不做法律禁止的事。

33. 遵守交通法规，不闯红灯，不违章骑车，过马路走人行横道，不跨越隔离栏。

34. 遵守公共秩序，乘公共交通工具主动购票，给老、幼、病、残、孕及师长让座，不争抢座位。

35. 爱护公用设施、文物古迹，爱护庄稼、花草、树木，爱护有益动物和生态环境。

36. 遵守网络道德和安全规定，不浏览、不制作、不传播不良信息，慎交网友，不进入不健康的网站，不进入营业性网吧。

37. 珍爱生命，不吸烟，不喝酒，不滥用药物，拒绝毒品。不参加各种名目的非法组织，不参加非法活动。

38. 公共场所不喧哗，瞻仰烈士陵园等相关场所保持肃穆。

39. 观看演出和比赛，不起哄滋扰，做文明观众。

40. 见义勇为，敢于斗争，对违反社会公德的行为要进行劝阻，发现违法犯罪行为及时报告。

附录3 中学班主任工作的暂行规定

国家教委 1988 年 08 月 20 日

第一章 班主任的地位和作用

第一条 班级是学校进行教育、教学工作的基本单位。班主任是班集体的组织者、教育者和指导者，是学校领导者实施教育、教学工作计划的得力助手。班主任在学生全面健康的成长中，起着导师的作用；负有协调本班各科的教育工作和沟通学校与家庭、社会教育之间联系的作用。

第二章 班主任的任务和职责

第二条 班主任的基本任务是按照德、智、体、美全面发展的要求，开展班级工作，全面教育、管理、指导学生，使他们成为有理想、有道德、有文化、有纪律、体魄健康的公民。

第三条　班主任的职责是：

（一）向学生进行思想政治教育和道德教育，保护学生身心健康，教育学生热爱社会主义祖国，逐步树立为人民服务的思想和为实现社会主义现代化而奋斗的志向，培养社会主义道德品质的良好的心理品质，遵守《中学生守则》和《中学生日常行为规范》

（二）教育学生努力完成学习任务。会同各科教师教育帮助学生明确学习目的，端正学习态度，掌握正确的学习方法，提高学习成绩。

（三）教育、指导学生参加学校规定的各种劳动，协助学校贯彻实施《体育卫生工作条例》，教育学生坚持体育锻炼，养成良好的劳动习惯、生活习惯和卫生习惯。

（四）关心学生课外生活。指导学生参加各种有益于身心健康的科技、文娱和社会活动。鼓励学生发展正当的兴趣和特长。

（五）进行班级的日常管理。建立班级常规，指导班委会和本班的团、队工作，培养学生干部，提高学生的自理能力，把班级建设成为奋发向上、团结友爱的集体。

（六）负责联系和组织科任教师商讨本班的教育工作，互通情况，协调各种活动和课业负担。

（七）做好本班学生思想品德评定和有关奖惩的工作。

（八）联系本班学生家长，争取家长和社会有关方面配合，共同做好学生教育工作。

第三章　班主任工作的原则和方法

第四条　调查研究、全面了解学生。要从学生特点和思想实际出发，进行工作和教育活动。讲求思想教育工作的科学性、针对性、实效性。

第五条　正面教育、积极引导。寓教育于活动和管理之中。要表扬先进，树立榜样，充分调动积极因素。对学生的思想认识问题，不要简单地批评压制，要循循善诱，以理服人。要引导学生进行自我教育，发扬学生的主动精神和创造精神。

第六条　热爱学生、尊重学生。对学生严格要求，耐心帮助，热情关怀。要努力做好后进学生的转化工作。工作中发扬民主作风。严禁体罚、变相体罚和侮辱学生人格。注意发挥集体的教育作用，在进行集体教育的同时注意培养学生良好的个性品质。

第七条　以身作则、言传身教。衣着整洁，仪表端庄。在思想、道德、文明行为等方面努力成为学生的表率。

第四章　班主任的条件和任免

第八条　班主任的条件：拥护中国共产党的领导，坚持四项基本原则；热爱教育事业、教育思想端正、工作责任心强；作风正派；有一定教学水平和组织管理能力。

第九条　对于不履行班主任职责、玩忽职守或其他原因，不适宜做班主任工作的，应撤销或免去其班主任职务。

第十条　班主任由校长任免。

第五章　班主任的待遇和奖励

第十一条　班主任任职期间一律享受班主任津贴（包括民办教师）。各地可根据实际情况，在国家拨发的班主任津贴基础上，适当增加津贴。

第十二条　建立班主任表彰制度。各地应根据实际情况对教育思想正确、班主任工作成绩显著的优秀班主任进行表彰奖励。国家教委对成绩突出，贡献卓著的优秀班主任予以表彰和奖励。

第六章　班主任工作的领导和管理

第十三条　校长和政教主任应加强对班主任工作的领导，定期召开班主任会议，了解情况，听取意见，指导工作。

第十四条　教育行政部门和学校应有计划地对班主任进行培训，组织班主任学习教育理论、交流工作经验，不断补充进行思想教育所需要的新知识，努力提高班主任队伍的思想水平和业务能力。对于连续担任班主任工作达一定年限的教师，应给予休整、总结、提高的机会。

第十五条　学校建立班主任工作档案，作为考核晋级、评定职务、评选先进的重要依据。

第七章　附　则

第十六条　本规定自一九八八年九月一日起施行。

附录4　中小学班主任工作规定

教育部 2010 年 08 月 12 日

第一章　总　则

第一条　为进一步推进未成年人思想道德建设，加强中小学班主任工作，充分发挥班主任在教育学生中的重要作用，制定本规定。

第二条 班主任是中小学日常思想道德教育和学生管理工作的主要实施者，是中小学生健康成长的引领者，班主任要努力成为中小学生的人生导师。

班主任是中小学的重要岗位，从事班主任工作是中小学教师的重要职责。教师担任班主任期间应将班主任工作作为主业。

第三条 加强班主任队伍建设是坚持育人为本、德育为先的重要体现。政府有关部门和学校应为班主任开展工作创造有利条件，保障其享有的待遇与权利。

第二章 配备与选聘

第四条 中小学每个班级应当配备一名班主任。

第五条 班主任由学校从班级任课教师中选聘。聘期由学校确定，担任一个班级的班主任时间一般应连续 1 学年以上。

第六条 教师初次担任班主任应接受岗前培训，符合选聘条件后学校方可聘用。

第七条 选聘班主任应当在教师任职条件的基础上突出考查以下条件：

（一）作风正派，心理健康，为人师表；

（二）热爱学生，善于与学生、学生家长及其他任课教师沟通；

（三）爱岗敬业，具有较强的教育引导和组织管理能力。

第三章 职责与任务

第八条 全面了解班级内每一个学生，深入分析学生思想、心理、学习、生活状况。关心爱护全体学生，平等对待每一个学生，尊重学生人格。采取多种方式与学生沟通，有针对性地进行思想道德教育，促进学生德智体美全面发展。

第九条 认真做好班级的日常管理工作，维护班级良好秩序，培养学生的规则意识、责任意识和集体荣誉感，营造民主和谐、团结互助、健康向上的集体氛围。指导班委会和团队工作。

第十条 组织、指导开展班会、团队会（日）、文体娱乐、社会实践、春（秋）游等形式多样的班级活动，注重调动学生的积极性和主动性，并做好安全防护工作。

第十一条 组织做好学生的综合素质评价工作，指导学生认真记载成长记录，实事求是地评定学生操行，向学校提出奖惩建议。

第十二条 经常与任课教师和其他教职员工沟通，主动与学生家长、学生所在社区联系，努力形成教育合力。

第四章　待遇与权利

第十三条　学校在教育管理工作中应充分发挥班主任的骨干作用，注重听取班主任意见。

第十四条　班主任工作量按当地教师标准课时工作量的一半计入教师基本工作量。各地要合理安排班主任的课时工作量，确保班主任做好班级管理工作。

第十五条　班主任津贴纳入绩效工资管理。在绩效工资分配中要向班主任倾斜。对于班主任承担超课时工作量的，以超课时补贴发放班主任津贴。

第十六条　班主任在日常教育教学管理中，有采取适当方式对学生进行批评教育的权利。

第五章　培养与培训

第十七条　教育行政部门和学校应制订班主任培养培训规划，有组织地开展班主任岗位培训。

第十八条　教师教育机构应承担班主任培训任务，教育硕士专业学位教育中应设立中小学班主任工作培养方向。

第六章　考核与奖惩

第十九条　教育行政部门建立科学的班主任工作评价体系和奖惩制度。对长期从事班主任工作或在班主任岗位上做出突出贡献的教师定期予以表彰奖励。选拔学校管理干部应优先考虑长期从事班主任工作的优秀班主任。

第二十条　学校建立班主任工作档案，定期组织对班主任的考核工作。考核结果作为教师聘任、奖励和职务晋升的重要依据。对不能履行班主任职责的，应调离班主任岗位。

第七章　附　则

第二十一条　各地可根据本规定，结合当地实际情况，制定中小学班主任工作的具体实施办法。

第二十二条　本规定自发布之日起施行。

参 考 文 献

专著:

[1] 白铭欣. 班级管理论 [M]. 天津：天津教育出版社，2000.

[2] 白铭欣. 班主任的科学与艺术 [M]. 北京：华龄出版社，1996.

[3] 北京思海经典文化传播中心. 礼记 [M]. 北京：中华书局，2005.

[4] 边守正等. 班主任必读 [M]. 大连：大连海事大学出版社，1996.

[5] 陈佑兰. 家庭教育 [M]. 北京：北京大学出版社，1990.

[6] 樊富珉. 大学生心理健康与发展 [M]. 北京：清华大学出版社，1997.

[7] 冯晓林. 班主任管理手册 [M]，北京：开明出版社，1996.

[8] 姬玮娟，戴宁新. 班主任工作方法 [M]. 北京：中国人民公安大学出版社，19970.

[9] 贾金玲，陈岩. 大学生心理健康教育教程 [M]. 开封：河南大学出版社，2007.

[10] 教育部社会科学研究与思想工作司组编. 咨询心理学 [M]. 北京：高等教育出版社，2002.

[11] 夸美纽斯. 大教学论 [M]. 傅任敢译. 北京：人民教育出版社，1984.

[12] 刘福国等. 班主任工作概论 [M]. 重庆：重庆出版社，1991.

[13] 刘红委，牛殿庆.21世纪大学生心理健康与成才教育 [M]. 北京：中国商业出版社，2004.

[14] 倪敏. 新时期怎样做好班主任——100个优秀班主任工作心得 [M]. 南京：江苏人民出版社，2008.

[15] 聂希训. 大教育 [M]. 北京：中国广播电视出版社，1990.

[16] 欧阳辉，张澜，闫华. 大学生心理健康教育与咨询 [M]. 沈阳：沈阳出版社，2005.

[17] 钱铭怡. 心理咨询与心理治疗 [M]. 北京：北京大学出版社，1994.

[18] 实用班主任词典 [M]. 北京：中国工人出版社，1992.

[19] 史爱华. 班主任工作典例与研究 [M]. 北京：北京师范大学出版社，1997.

[20] 史秋琴，杨雄. [M]. 城市变迁与家庭教育，2006.

[21] 宋运来. 影响教师一生的100个好习惯 [M]. 南京：江苏人民出版社，2008.

[22] 唐云增. 学校班集体建设词典 [M]. 北京：文献出版社，1992.

[23] 田恒平. 班主任理论与实务 [M]. 北京：首都师范大学出版社，2007.

[24] 涂光辉等. 班主任工作技能 [M]. 长沙：湖南师范大学出版社，1997.

[25] 涂光辉. 班主任工作技能 [M]. 长沙：湖南师范大学出版社，1996.

［26］王宝祥．新时期班主任工作［M］．内蒙古：内蒙古教育出版社，1990．

［27］王登峰，崔红．心理卫生学［M］．北京：高等教育出版社，2003．

［28］王玲，刘学兰．心理咨询［M］．广州：暨南大学出版社，1999．

［29］王丕主编．学校教育心理学［M］．河南：河南人民出版社，1988．

［30］魏书生．班主任工作漫谈［M］．桂林：漓江出版社，2008．

［31］吴远，廖志红，施春华．大学生心理健康与心理咨询［M］．南京：海河大学出版社，2002．

［32］许高厚、郑维新、王新凤、张忠山．初中班主任［M］．北京：北京师范大学出版社，1997．

［33］许拓，于德勇等．家庭教育误区［M］．北京：科学出版社，2001．

［34］杨连山．施教先施爱：名师讲述班主任的核心教导力［M］．重庆：西南师范大学出版社，2008．

［35］杨同银．班主任工作技能训练指导［M］．北京：中国林业出版社，2001．

［36］易连云．班主任工作［M］．重庆：重庆出版社，2006．

［37］张书欣．成功家庭教育一本通［M］．东营：中国石油大学出版社，2005．

［38］赵世平，赵贤吉等．现代家庭教育咨询［M］．天津：天津社会科学院出版社，1992．

［39］中共中央马克思恩格斯列宁斯大林著作编译局．列宁全集（第十五卷）［M］．北京：人民出版社，1988．

期刊：

［1］曾乾炳．试论对班主任工作的考核评估［J］．成都教育学院学报（班主任工作研究），2002（4）．

［2］曾蓉蓉．班主任如何建立家校联系制度［J］．教育理论与实践，2008（6）．

［3］曾仲．对现代大教育观与成人高等教育关系的探索［J］．继续教育，2005（10）．

［4］陈桂生．学生集体的建构——马卡连柯教育文集摘编［J］．河南教育，2003（7）．

［5］程福蒙．家长参与——常被课程改革忽略的一环［J］．教育发展研究，2006（16）．

［6］范丰慧，黄希庭．中学校风因素结构的探索性分析［J］．心理科学，2005（3）．

［7］冯世斌，危鸣辉．从大教育观的角度看我国大学英语教学改革［J］．沙洋师范高等专科学校学报，2005（3）．

［8］郭建华，林朝晖．论中学生心理健康状况及对策［J］．南昌职业技术师范学院学报，2000（4）．

［9］韩仁生．中学生同伴交往的现状及其教育对策［J］．当代教育科学，2003（21）．

[10] 何丽明．谈课堂交际中的师生阻隔现象与沟通内涵［J］．基础教育研究，2005（10）．

[11] 贾莉莉．美国家长怎样参与学校教育［J］．上海教育科研，2007（3）．

[12] 李伯仁．中学生心理健康标准、行为特征及其教育引导［J］．天津教育，2000（4）．

[13] 李文安．论心理健康教育与思想政治教育的结合［J］．教育探索，2001（02）．

[14] 李亦桃．美国学校如何组织好家长会［J］．外国中小学教育，2004（7）．

[15] 李忠东．美国家长参与办学贡献大［J］．上海教育，2005（22）．

[16] 梁萍．网络时代学生思想道德教育的新思路［J］．教学与管理，2005（12）．

[17] 林崇德．心理健康的教育原则［J］．思想政治课教学，2000（04）．

[18] 林崇德．要重视越来越多的学生心理问题［J］．思想政治课教学，2002（02）．

[19] 林玮．孔子"有教无类"教育思想初探［J］．决策管理，2009（11）．

[20] 刘文．心理健康教育的两种基本功能［J］．辽宁教育行政学院学报，2003（11）．

[21] 刘晓明，褚丽萍．试论学校心理辅导［J］．吉林教育科学，2000（10）．

[22] 罗炯彬，于平．在美国中学开家长会［J］．教师博览，2001（7）．

[23] 雒焕国，王美蓉．论班级公共关系［J］．河西学院学报，2002（2）．

[24] 马建青．高校心理咨询与德育结合的前景探讨［J］．江苏高教，1997（01）．

[25] 潘彬深．中学行政管理的和谐艺术［J］．中外教学研究，2008（1）．

[26] 任静．谈学校管理的科学化与民主化——普通中学管理问题研究［J］．黔东南民族师范高等专科学校学报，2003（1）．

[27] 石杨．从埃里克森自我同一性理论探析我国青少年心理健康发展［J］．牡丹江教育学院学报，2008（6）．

[28] 宋鉴．班主任在班级教师集体中的协调作用［J］．德育园地，2003（7）．

[29] 孙丽艳．试论心理健康教育与思想政治教育之关系［J］．辽宁农业职业技术学院学报，2009（03）．

[30] 唐松林．论心理咨询与德育的关系［J］．高等教育研究，1999（02）．

[31] 王君．论"有教无类"的教育主张及其对当代教育的启示［J］．海南师范学院学报（社会科学版），2004（6）．

[32] 王克，曹世平．论心理健康教育与思想政治教育的区别［J］．北京城市学院学报，2006（02）．

[33] 王兴国．中学生的心理特点分析与引导［J］．新西部，2010（4）．

[34] 项红专．南开校风建设揭秘［J］．中国德育，2009（1）．

［35］许伟泽．心理辅导——班主任工作的新天地［J］．教书育人，2001（07）.

［36］杨槐．心理健康标准的思考［J］．四川教育学院学报，2009（8）.

［37］杨慧敏．美国的家长会［J］．广东教育，2004（11）.

［38］杨天平，孙孝花．美国家长参与学校教育管理角色的嬗变［J］．教育研究，2007（6）.

［39］张显辉．班主任的基本素质［J］．机械职业教育，2000（5）.

［40］赵红菊，赵振忠，徐长进．谈班主任应具备的素养［J］．教育实践与研究，2001（10）

［41］赵雪江．发展与补救——心理健康教育两种基本功能的历史回溯与现实确认［J］．辽宁教育研究，2004（09）.

［42］郑然．浅谈新形势下的中学生心理健康教育［J］．中国科技信息，2009（23）.

［43］周月朗．近年来美国家校合作的研究与实践［J］．湖南师范大学教育科学学报，2006（4）.

［44］朱红芳．当前中学生心理问题成因及对策探析［J］．产业与科技论坛，2009（4）.

其他：

［1］江泽民．关于教育问题的谈话［N］．人民日报，2000－3－1（1）.

［2］金和．名人格言录［C］．北京：中央编译出版社，1996：282.

［3］教育部．关于发布中小学生日常行为规范的通知［R］．2004.03.25.

［4］白云霞．班级管理的理论思考与实践探索［D］．上海：华东师范大学硕士学位论文，2003.

［5］鲁赛平．心理健康教育在高校德育中的定位研究［D］．长沙理工大学，2008.

［6］张继文．高校心理健康教育的德育功能及实现途径［D］．西南师范大学，2001.

［7］冯建军．多元文化背景下学生生活方式及价值观教育研究，http：//www. docin. com/p－10821668. html

［8］坚持以人为本和依法治校相结合推进学校管理民主化和科学化，http：//stqz. stedu. net/jybk/qzjy/qzjy3/2－1. htm.

［9］心理咨询、心理辅导与心理治疗的区别与联系，http：//www. psy8. com/wz_v1_1145. aspx

［10］校园环境在学校心理生态环境中作用的研究，http：//shzx. jm. e21. cn/bencandy. php？id＝61.

［11］百度百科